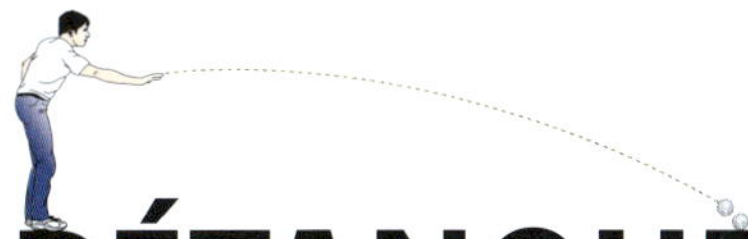

PÉTANQUE

Ich danke meiner Frau Carmen für ihre verständnisvolle Begleitung des Buches, obwohl sie keine Kugelspiele spielt.

Meinem Boulefreund Walter Sick (†) danke ich für seine Unterstützung.

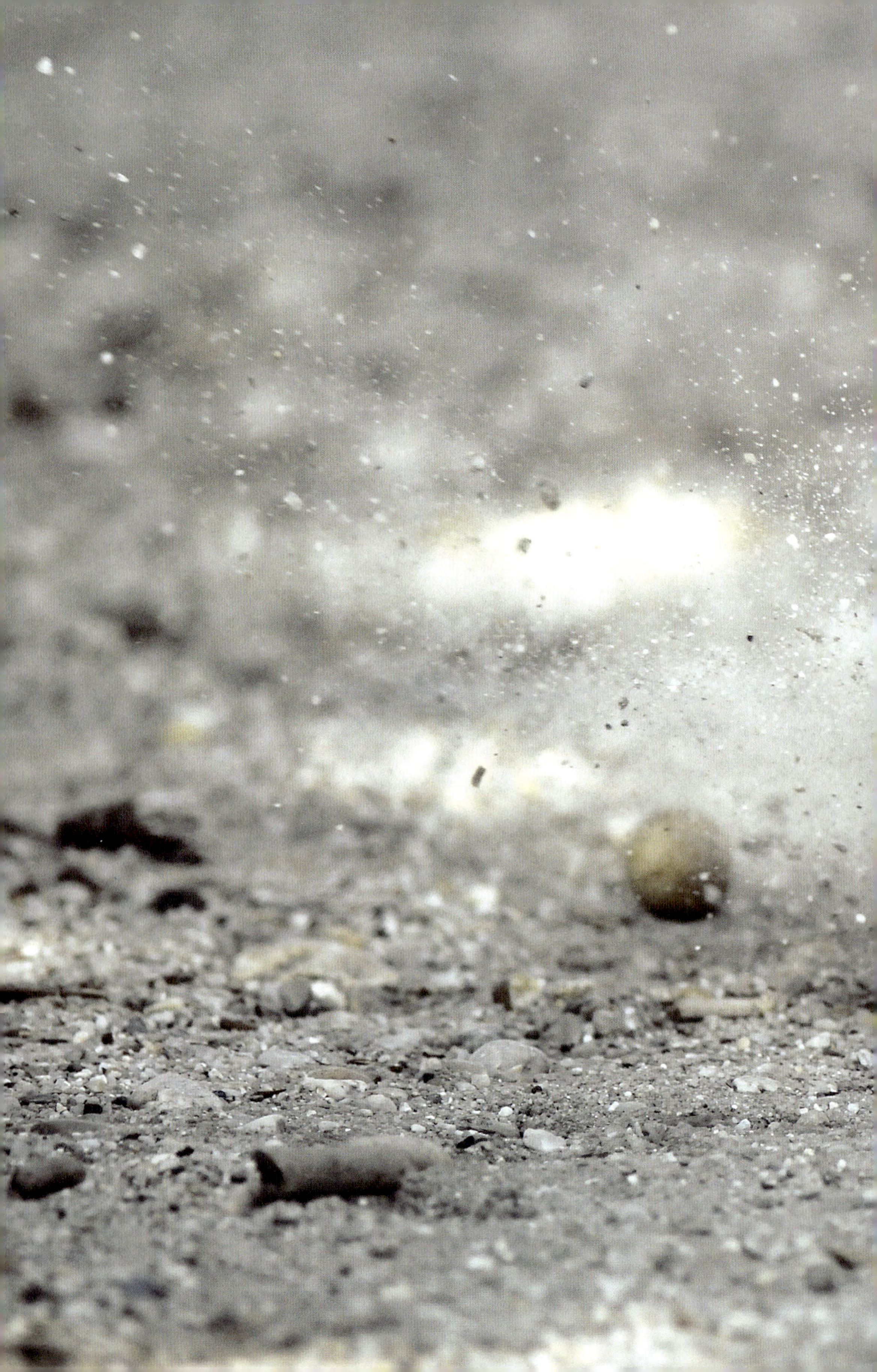

JOACHIM KOPP

PÉTANQUE

GRUNDLAGEN • TECHNIK • TAKTIK • TRAINING • SPIELFORMEN

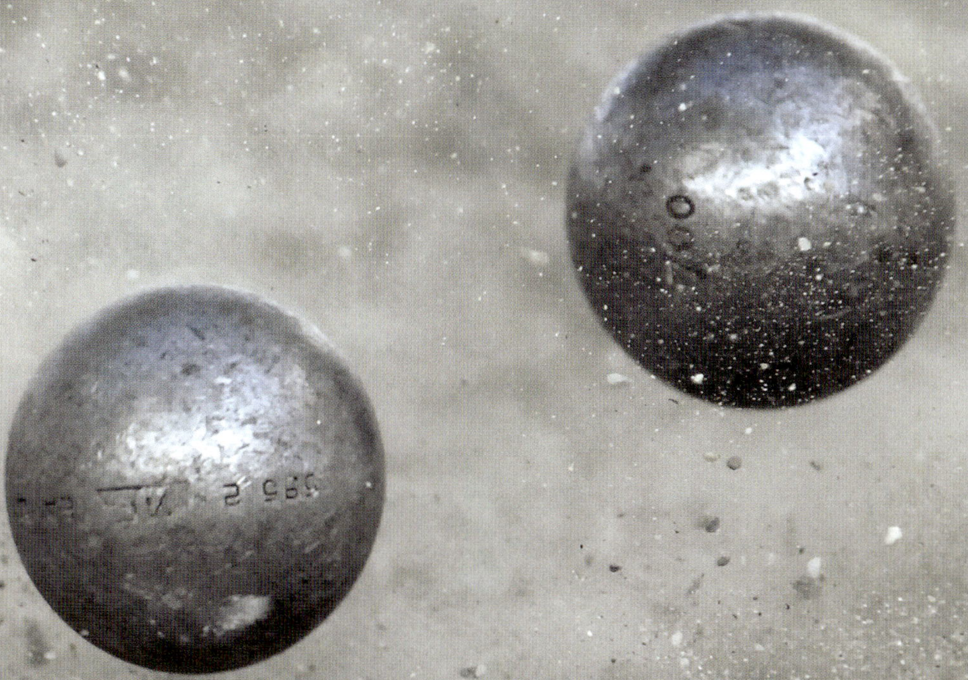

COPRESS

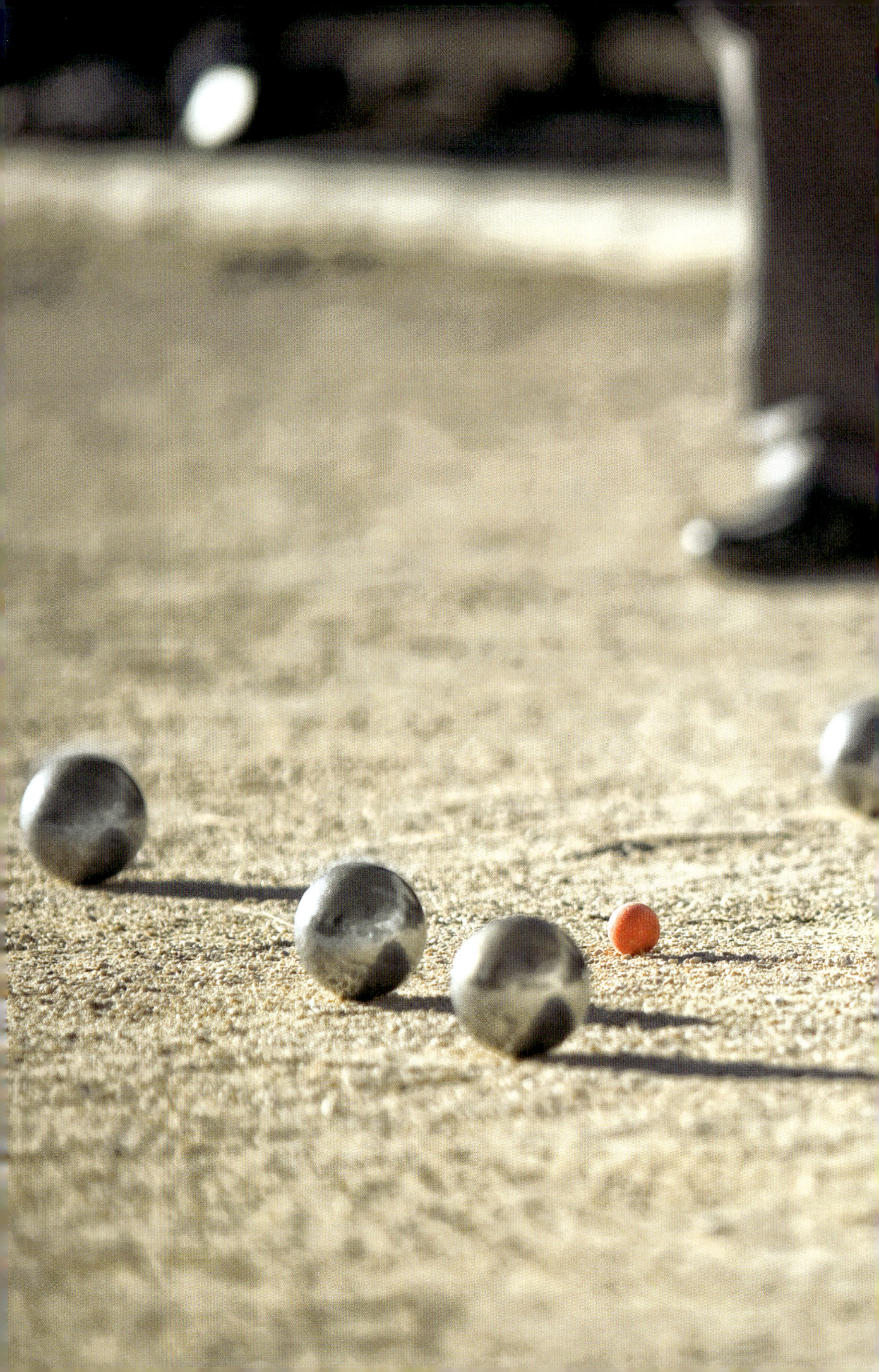

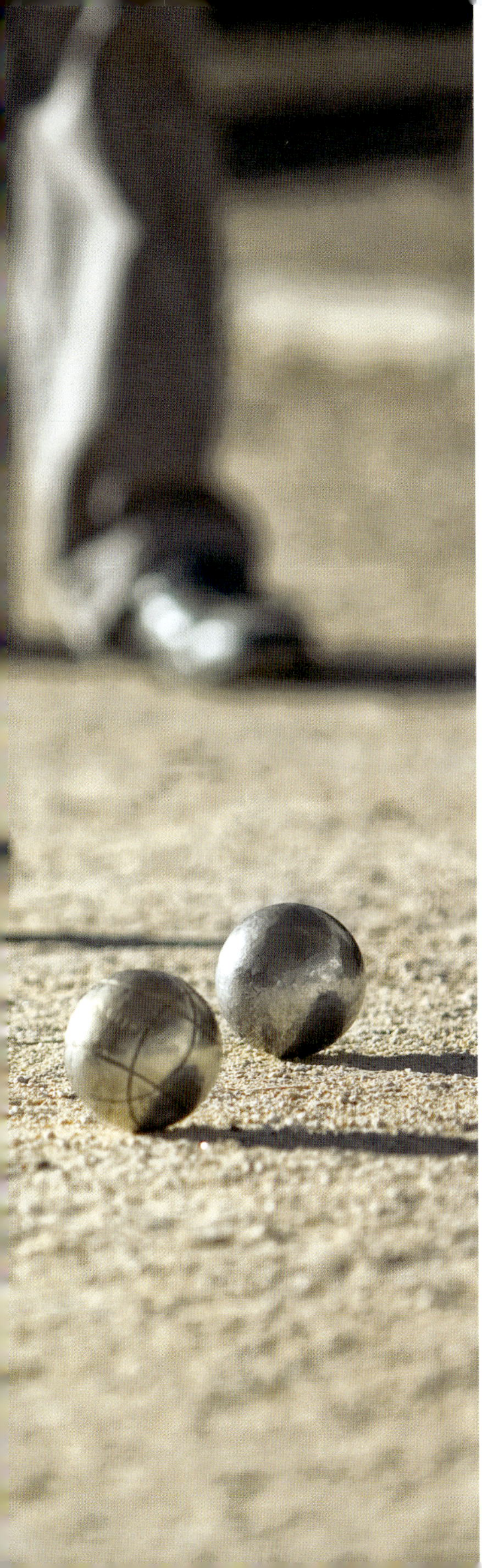

Impressum

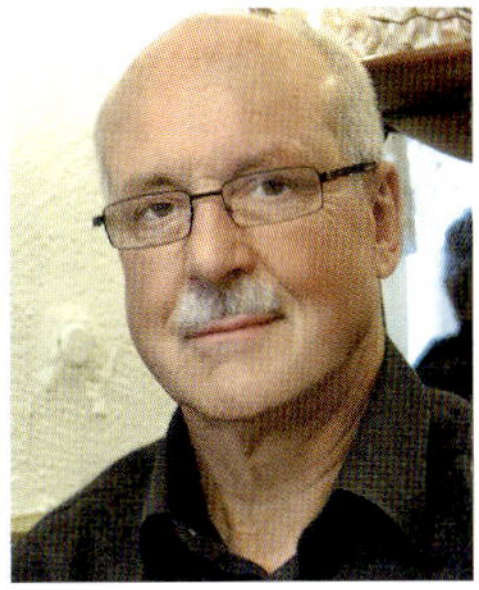

Der Diplom-Volkswirt und Diplom-Wirtschaftsingenieur (FH) Joachim Kopp war über zwölf Jahre in der Führung eines großen und traditionsreichen Pétanque-Vereins in Freiburg tätig, davon fünf Jahre als Vorsitzender. Als langjähriger Wettkampfspieler tritt er für seinen Club mit unverminderter Begeisterung in Ligawettbewerben an.

Satz/Layout (nach einer Vorlage von VerlagsService Dietmar Schmitz, Heimstetten sowie einem Entwurf von Guter Punkt, München): Dirk Brauns, Berlin
Reproduktion: digiartworx, Hilgertshausen
Illustrationen: Anneli Nau, München
Umschlaggestaltung/Lektorat: Pierre Sick

Abbildung Umschlagvorderseite: Imago
Abbildung Umschlagrückseite: Fotolia/lilufoto
Alle Abbildungen im Innenteil – sofern nicht anders vermerkt – sind aus dem Archiv des Autors, außer: Guillaume Samama (S. 4/5); matmoon (S. 6/7); Emmanuel Marzin (S. 14); lightpoet (S.26); cedricruffini (S. 30); lilufoto (S. 52/53); Vely (S. 58/59); momsarev (S. 110/111); Christian Villes (S. 126/127) alle Fotolia.

Bibliografische Information der Deutschen Nationalbibliothek
Die Deutsche Nationalbibliothek verzeichnet diese Publikation in der Deutschen Nationalbibliografie; detaillierte bibliografische Daten sind im Internet über http://dnb.dnb.de abrufbar.

5., durchgesehene Neuauflage 2025

Gesamtherstellung: Stiebner, München
Gedruckt bei Graspo printing house, Tschechien

ISBN 978-3-7679-1296-0

Dieser Titel ist auch als E-Book erhältlich
ISBN 978-3-7679-2108-5

www.copress.de

Inhalt

VORWORT ZUR DRITTEN ÜBERARBEITETEN NEUAUFLAGE 11

KAPITEL 1 Entstehung des Pétanque-Spiels 13

KAPITEL 2 Das Handwerkszeug 15
Die Kugel 15
Die Zielkugel 21
Der Lappen 21
Die Messgeräte 22
Die Kugeltasche 23
Kleidung und Utensilien 24

KAPITEL 3 Der Spielablauf 27

KAPITEL 4 Erste Regeln 31

KAPITEL 5 Die Mannschaften 35
Die Triplette (3:3) 36
Die Doublette (2:2) 36
Das Tête-à-tête (1:1) 37

KAPITEL 6 Die Wurftechniken 39
Die Haltung 40
Das Kugelfassen 41
Der Wurf 41
Das Legen (pointer) 43
Das Schießen (tirer) 48

KAPITEL 7 Das Terrain 55
Das Relief 55
Auf Terrain libre 56
Im Boulodrome 60
In der Halle 63

KAPITEL 8 Die Taktik 65

KAPITEL 9 Das mentale Spiel 73

KAPITEL 10 Auf dem Platz 79

KAPITEL 11 Das Training ... 83

KAPITEL 12 Übungen ... 89
Legeübungen ... 90
Der gerade Lauf der Kugel ... 91
Der kurze Lauf der Kugel ... 93
Legespezialitäten wie Drücken, Sau ziehen und Bec ... 94
Schießübungen ... 95
Die Anordnung der Übungsaufgaben ... 97
Die Durchführung und Wertung der Schüsse ... 98
Ergebnisprotokoll ... 98
Taktik ... 100

KAPITEL 13 Die Ernährung ... 101

KAPITEL 14 Vereine und Verbände ... 103

KAPITEL 15 Die Wettbewerbe ... 107
Im Turnier ... 107
Das Ligaspiel ... 115
Meisterschaften und Pokale der Verbände ... 116

KAPITEL 16 Der Schiedsrichter ... 119

KAPITEL 17 Selbst ein Turnier veranstalten ... 123
Rundenturnier ... 124
Poule A-B k. o. ... 128

ANHANG ... 133
Nützliche Internet-Adressen ... 133
Deutsche Verbände ... 133
Internationale Verbände ... 133
Bezugsquellen für Bouleartikel ... 133
Bouleschulen ... 134

GLOSSAR ... 135

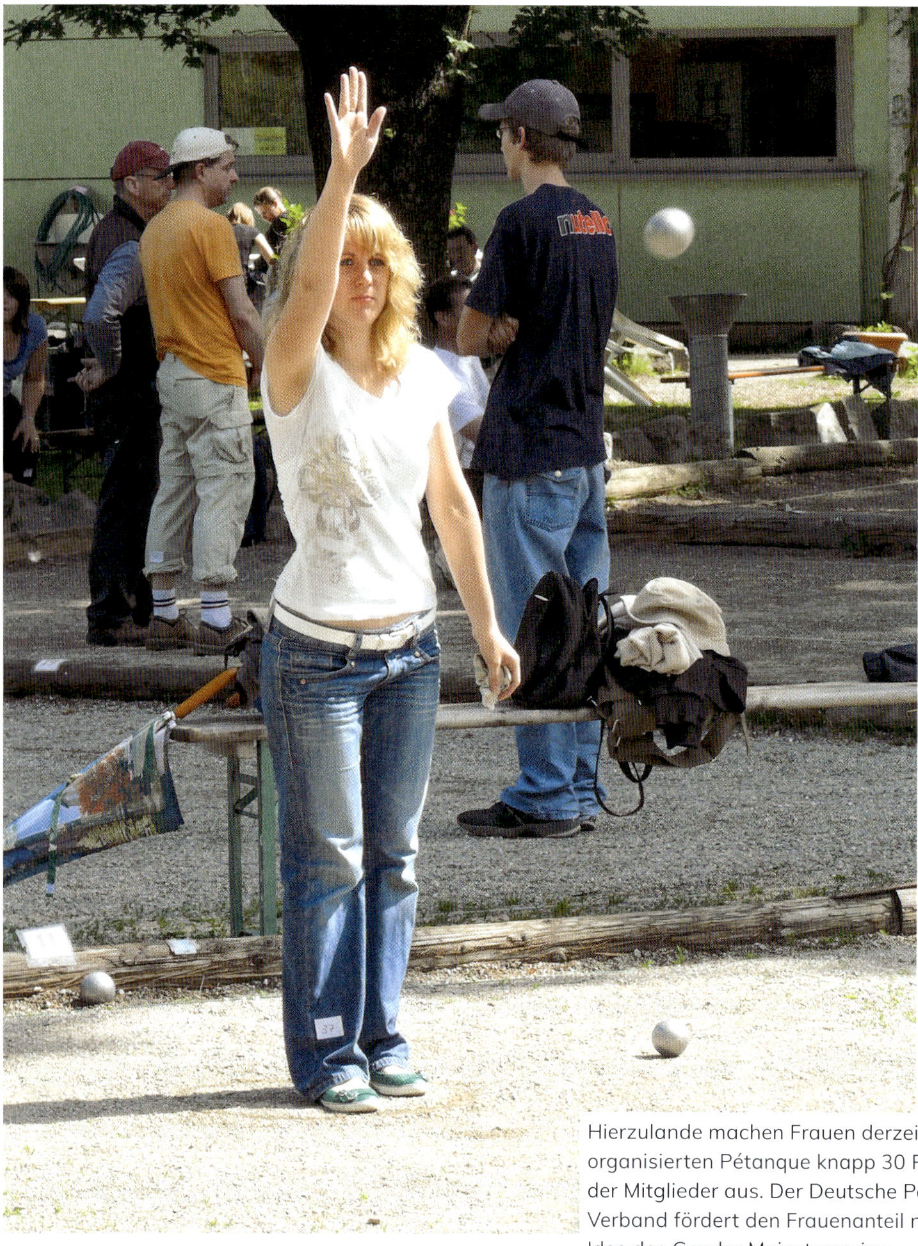

Hierzulande machen Frauen derzeit im organisierten Pétanque knapp 30 Prozent der Mitglieder aus. Der Deutsche Pétanque Verband fördert den Frauenanteil nach der Idee des Gender Mainstreaming.

Vorwort zur dritten überarbeiteten Neuauflage

Vorliegender Band richtet sich in erster Linie an Spieler, die im Urlaub oder auf andere Weise Gefallen an dem Kugelspiel Pétanque gefunden haben und jetzt mehr darüber wissen wollen. Er kann den Spieler begleiten bis zu einem gehobenen Spielniveau. Erfahrene Turnier- und Ligaspieler der oberen Spielklassen können sich mittels dieser Schrift nicht weiterentwickeln. Diese Spieler gehören in die Betreuung lizenzierter Trainer des Deutschen Pétanque Verbandes e. V.

Das Buch gibt Antworten auf typische Fragen, die am Beginn einer Spielerlaufbahn auftreten können:

- Wie spielt man Pétanque?
- Welches Handwerkszeug brauche ich?
- Wo spielt man das Spiel?
- Wie finde ich Mitspieler?
- Wie verhalte ich mich im Spiel?
- Kann ich das Spiel steuern?
- Gibt es den »idealen« Wurf?
- Was bringt mir ein Training?
- Beeinflusst meine Ernährung meine Spielqualität?

Natürlich sind das nicht alle Fragen, die sich stellen, und die meisten können auch nicht erschöpfend beantwortet werden. Aber solche Fragen machen Probleme bewusst, die nicht nur Anfänger haben, und eine Problemlösung beginnt immer mit der richtigen Frage. Und das Wichtigste ist natürlich: spielen, spielen, spielen ...

Zwei abschließende Bemerkungen: Ich versuche Dinge wie die ausführlichen Spielregeln oder ein komplettes Adressenverzeichnis der Verbände und Vereine durch Links auf kompetente und in der Regel aktuelle Websites zu ersetzen, um Raum zu haben für die wichtigsten Fakten des Spiels. Und ich bitte die Boulespielerinnen um Nachsicht, dass ich im Folgenden für beide Geschlechter die männliche Ansprache verwende, um den Lesefluss nicht dauerhaft zu stören.

In diesem Sinne: Allez les boules,
Joachim Kopp, im Frühjahr 2022

KAPITEL 1
Entstehung des Pétanque-Spiels

Im Mittelmeerraum sind seit dem Altertum Kugelspiele gespielt worden. In Frankreich lässt sich das Boulespiel aufgrund von Verboten seit 1319 belegen. 1894 wird das erste Turnier im »Boule Lyonnaise« ausgetragen, ein kompliziertes Spiel auf speziell präparierten Bahnen, das viel Training erfordert. Das »Boule Lyonnaise« verbreitete sich die Rhone abwärts. In der Folge entwickelte sich in der Provence das »Jeu Provençal« mit kleineren und leichteren Kugeln. Das »Jeu Provençal« benötigt keine speziellen Bahnen mehr. Gelegt wird mit Ausfallschritt, geschossen mit drei Schritten Anlauf auf einem Bein.

Die Schöpfungssage des Pétanque-Spiels geht zurück in die Jahre 1907 beziehungsweise 1910. Der Ort der Handlung ist die südfranzösische Siedlung La Ciotat bei Cassis in der Nähe von Marseille. Der Hauptdarsteller des Geschehens ist Jules Le Noir; er leidet an Rheuma und ist daher nicht mehr in der Lage, die drei Anlaufschritte zu machen, die das Jeu Provençal verlangt. Sein Freund Ernest Pitiot erfindet daraufhin ein Spiel auf kürzere Entfernung, ohne Anlauf und mit geschlossenen Füßen. Daraus wird der Name des Spiels abgeleitet. Die Bezeichnung für »geschlossene Füße« heißt auf provenzalisch *ped tanco*.

Das Pétanque-Spiel hat gegenüber seinen Vorläufern »Boule Lyonnaise« und »Jeu Provençal« einige entscheidende Vorteile, die schließlich zum Siegeszug dieser Kugelspiel-Variante führten:

- Pétanque kann auf praktisch jedem Gelände gespielt werden und braucht keine teuren Spezialbahnen.

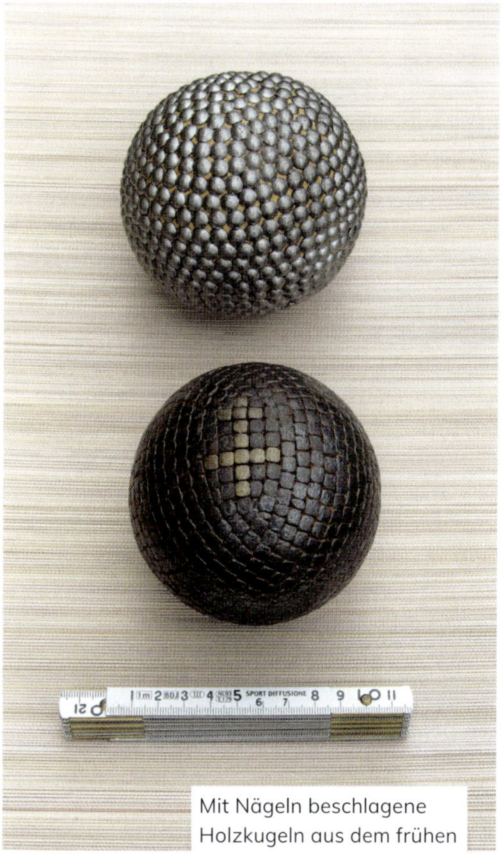

Mit Nägeln beschlagene Holzkugeln aus dem frühen 19. Jahrhundert.

- Es wird auf kürzere Entfernung gespielt und ermöglicht deshalb mehr Erfolgserlebnisse.
- Der Spieler muss keine athletische Konstitution haben, um einen Turnier-Spieltag von 10 Stunden und mehr durchzustehen.
- Der Bewegungsablauf ist unkomplizierter als beim »Boule Lyonnaise« und »Jeu Provençal«.

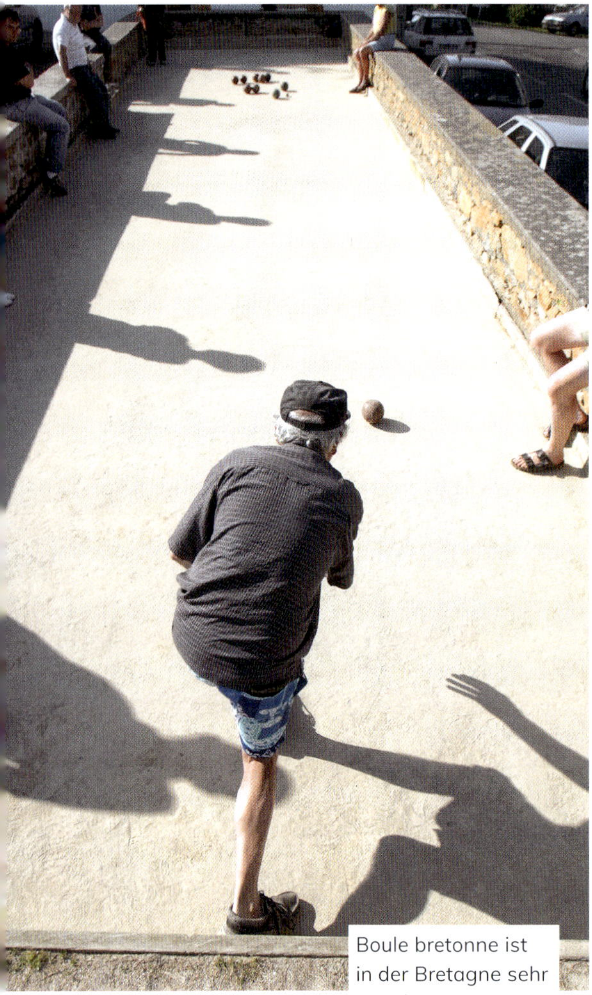

Boule bretonne ist in der Bretagne sehr populär.

Das Pétanque bahnte sich nach dem Zweiten Weltkrieg zunächst über französische Garnisonen seinen Weg nach Deutschland. In Bad Godesberg bei Bonn wurde 1963 der erste Pétanque-Club gegründet, 1966 zog Saarlouis an der französischen Grenze nach. Neben Bonn und dem Saarland, wo weitere Vereine entstanden, etablierte sich Freiburg im Breisgau als weitere Keimzelle des Pétanque. In der Folge emanzipierte sich die deutsche Pétanqueszene von der »militärischen Geburtshilfe« und es gründeten sich ab den 80er-Jahren bis heute zahlreiche weitere Bouleclubs in Deutschland. Ende 2020 gab es deutschlandweit 22 994 Pétanquespieler in 717 Vereinen (Quelle: Deutscher Pétanque Verband). Hierin nicht erfasst sind unorganisierte Freizeitspieler. Im Übrigen schätzt der Deutsche Pétanque Verband anhand der verkauften »Freizeitkugeln«, dass es etwa eine Million Freizeitspieler in Deutschland gibt.*

Ein Rückblick in die Entstehung des Pétanque-Spiels klärt auch anschaulich den teilweise verwirrenden Begriff »Boule«. Boule ist – wie fast alle Bezeichnungen im Pétanque – französisch und heißt Kugel. Folglich wäre eine Boulekugel eine »Kugelkugel«, was natürlich Unsinn ist, denn Boule bedeutet einerseits Kugel, andererseits werden damit Kugelspiele bezeichnet. Das wiederum führt zum Umstand, dass viele zwar »Boule« sagen, aber »Pétanque« meinen. Hierzulande wird überdies oft die Ansicht vertreten, dass Boule die gemütliche Variante des Spiels beschreibt und Pétanque den sportlichen Wettkampf.

* Unter Verwendung von Texten aus Wikipedia

KAPITEL 2
Das Handwerkszeug

Die Kugel

Im Sommer 2009 ist in der Schweiz ein Billigfabrikat völlig überraschend explodiert. Die Kugel lag in einem Schrank und hat glücklicherweise nur Materialschaden verursacht. Am 4. September 2016 meldet *rp-online.de*: Bei einem Nachbarschaftsfest in Lobberich (Viersen) in der Nähe des Wasserturms ist am Samstag eine Boule-Kugel explodiert. Dabei riss sie ein Loch in die Decke des Zeltes, unter dem gespielt wurde, und hinterließ einen Krater im Boden.

Alle stählernen Pétanquekugeln sind innen hohl und aus zwei Hälften zusammengeschweißt. Billigkugeln werden, um Material zu sparen, mit dünnerer Metallwand als bei zugelassenen Wettkampfkugeln gefertigt. Um dennoch ein normales Gewicht zu erreichen, wird in die Kugeln Füllmaterial eingebracht. Das war im Schweizer Fall ein mörtelähnliches Gemisch. Der Füllstoff enthielt Feuchtigkeit, die zur Korrosion der inneren Metallwand führte und Wasserstoffgas unter hohem Druck erzeugte. Zusätzlich schwächte eine schlechte Schweißnaht die Festigkeit der Kugel. Die Folge war eine Explosion von enormer Wucht, die zu lebensbedrohlichen Verletzungen hätte führen können. (Quelle: Schweizer Fernsehen SF: »Ist Pétanque gefährlich?« in »Einstein« vom 10. Juni 2010, 21:06 Uhr)

Billigkugel nach der Explosion;
Quellen: SF, www.polizeibericht.ch
10. 07. 2009

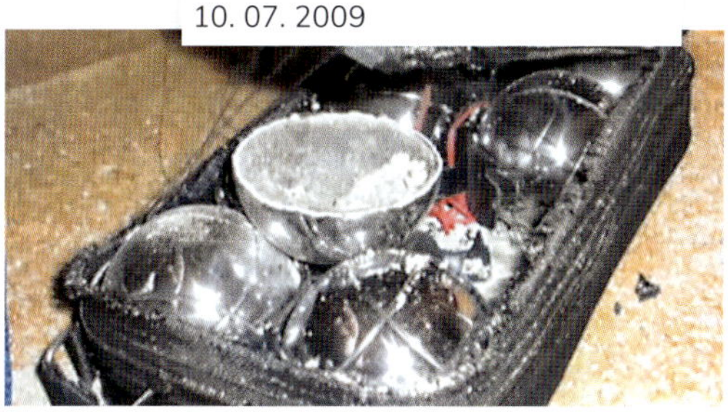

In Kontrast zur Billigkugel steht die Beschreibung einer zugelassenen Wettkampfkugel. Das Reglement des Deutschen Pétanque Verbandes legt in Artikel 2 fest:

Eigenschaften der zugelassenen Kugeln

Pétanque wird mit Kugeln gespielt, die von der F. I. P. J. P.* zugelassen sind und folgenden Eigenschaften entsprechen:

1. Sie müssen aus Metall sein;
2. Einen Durchmesser zwischen 70,5 mm (Minimum) und 80 mm (Maximum) haben;
3. Ein Gewicht zwischen 650 Gramm (Minimum) und 800 Gramm (Maximum) besitzen; Logo (Marke des Herstellers) und Gewichtsangabe müssen auf den Kugeln eingraviert und immer lesbar sein. Bei Wettkämpfen, bei denen lediglich 11 Jahre alte (im aktuellen Kalenderjahr) und jüngere Jugendliche startberechtigt sind, dürfen Kugeln mit einem Gewicht von 600 Gramm und einem Durchmesser von 65 mm einge-

setzt werden, vorausgesetzt, sie wurden von einem zugelassenen Kugelhersteller gefertigt.

4. Die Kugel muss hohl sein und darf kein Material wie z. B. Blei, Sand, Quecksilber etc. enthalten. Generell dürfen die Kugeln nach der Fertigstellung (nur durch zugelassene Hersteller) auf keine Art gefälscht und keiner Verformung oder Veränderung unterzogen werden. Insbesondere darf die vom Hersteller vorgegebene Härte durch nachträgliches Ausglühen nicht abgeändert werden. Name und Vorname des Spielers (oder die Initialen) dürfen jedoch eingraviert werden, ebenso verschiedene Logos, Siegel und Kürzel gemäß dem Pflichtenheft (»Cahier des Charges«) zur Herstellung von Kugeln.

* Die Féderation Internationale de Pétanque et Jeu Provençal [F. I. P. J. P.] wurde am 8. März 1958 in Marseille gegründet. Sie richtet die Weltmeisterschaften aus. Ihr Reglement wurde vom Deutschen Pétanque-Verband e. V. im Wesentlichen übernommen.

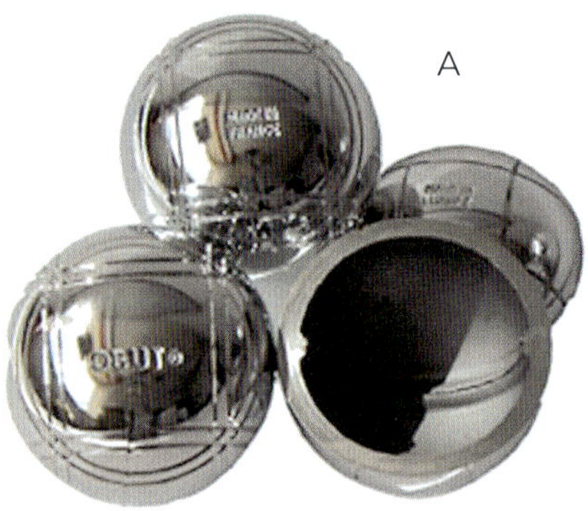

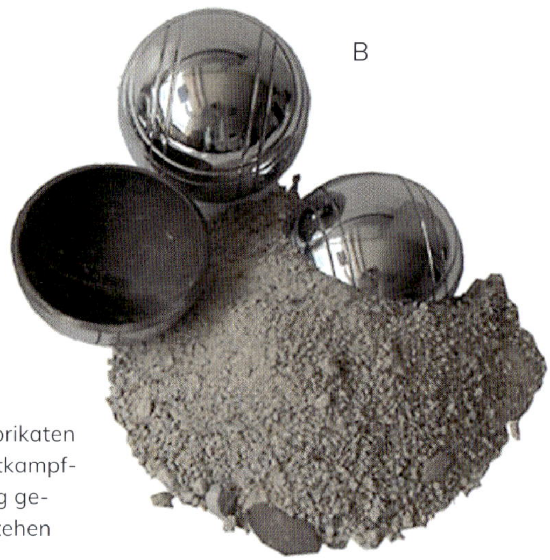

Billigkugeln (B) sind im Vergleich zu Qualitätsfabrikaten (A; hochwertige Freizeitkugeln ohne die für Wettkampfkugeln vorgeschriebene Gewichtsangabe) häufig gefüllt, haben eine geringere Wandstärke und bestehen zumeist aus minderer Stahlqualität.

Im Kern sagt der Artikel aus, dass eine gültige Wettkampfkugel

- ein Herstellerlogo trägt von einem zugelassenen Hersteller,
- das eingestanzte Gewicht der neuen Kugel in Gramm zeigt.

Beide Angaben müssen lesbar sein.

Wenn Sie neue Kugeln kaufen, dann entdecken Sie noch eingestanzte Zeichen (z. B. »5F34«). Mit dieser individuellen Seriennummer (repère) kennzeichnet der Hersteller einen Kugelsatz, das heißt alle 3 Kugeln tragen die gleichen Zeichen. Damit können Sie ähnliche Kugeln auseinander halten. Weiter stanzt der Hersteller noch das Kugelmodell ein. Meine Kugeln tragen fünf unterschiedliche Prägungen:

- OBUT® (Hersteller)
- 700 (Gewicht einer Kugel in Gramm)
- 5F34 (Seriennummer des Satzes)
- MATCH+ (Kugelmodell)
- Joachim Kopp (mein voller Name, es sind auch Initialen üblich)

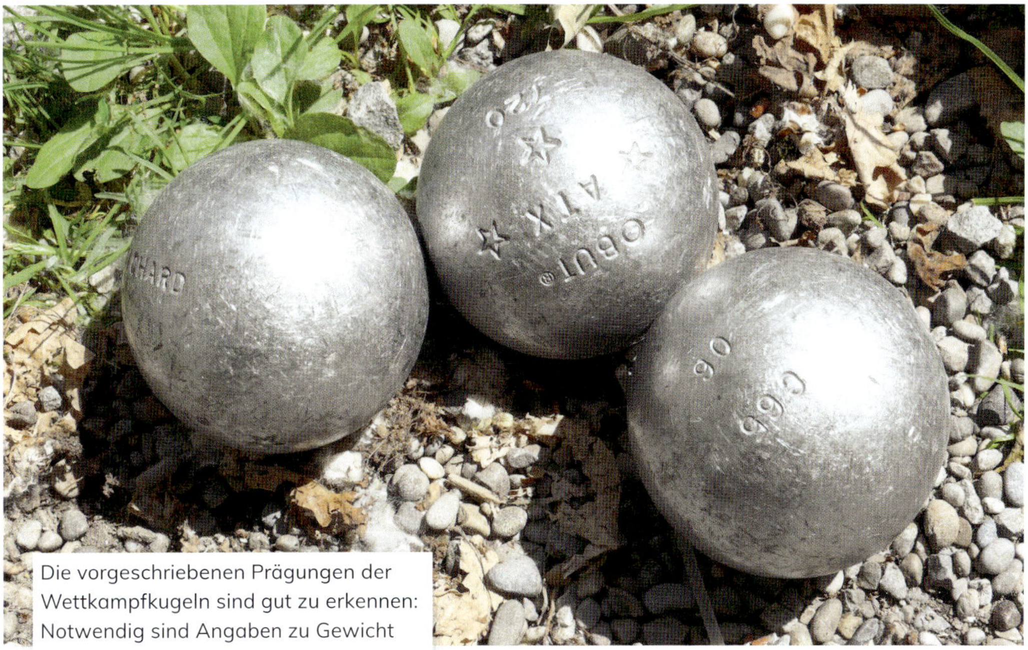

Die vorgeschriebenen Prägungen der Wettkampfkugeln sind gut zu erkennen: Notwendig sind Angaben zu Gewicht (720 g) und Hersteller (OBUT).

Diese Kugeln habe ich im Herbst 2018 gekauft. Sie haben 165 Euro zuzüglich 20 Euro für die Namensprägung (alles inklusive MWSt) gekostet. Es sind gute Kugeln aus halbweichem Stahl, aber nichts Exklusives. Ich habe den Namen einprägen lassen, weil Kugeln gerne verwechselt werden. Wenn auf einem Turnier eine meiner Kugeln verwechselt werden sollte, dann kann anhand der Einschreibeliste sofort festgestellt werden, in welchem Verein ich spiele. Von Zeit zu Zeit schmiere ich Farbe in meine Namensprägung, damit das Erkennen der Kugel im Spiel erleichtert wird, denn es ist lästig, nach jeder Aufnahme das Spiel »meine Kugel – deine Kugel« zu spielen. Manche nehmen einfach einen dicken Flipchart-Marker und markieren ihre Kugeln auf diese Weise. Eigentlich soll diese Funktion die Riffelung einer Kugel übernehmen, aber in der Praxis sind oft nur noch blanke oder einstreifige Kugeln zu sehen.

Die Riffelung (la strie = Rille, Riefe) der Kugel beeinflusst das Spielverhalten in der Praxis nicht merklich. Allerdings gleitet das sogenannte »Waffeleisen«, eine Kugeloberfläche, die durch die Riffelung in kleine Felder aufgeteilt ist, schwerer aus der Hand als eine glatte Kugel.

Die Größe der Kugel muss zur eigenen Hand passen. Eine zu kleine Kugel reagiert beim Wurf sehr nervös auf den geringsten Haltungsfehler, während eine zu große Kugel sich nicht richtig steuern lässt (Rückdrall, Effet). Wenn die Kugel in der Hand kein gutes Gefühl vermitteln kann, dann stimmt die Größe nicht. Bei einer passenden Kugel reichen die Fingerkuppen knapp über den »Äquator« der Kugel.

Was die Größenklassen der Kugeln für »Tireurs«, »Milieus« oder »Pointeurs« (Schießer, Mittelspieler, Leger, siehe Seite 36) betrifft, hält sich folgende Legende mitunter noch zäh: Ein Tireur soll Kugeln von 75 mm Durchmesser aufwärts haben, damit das größere Geschoss eine höhere Trefferwahrscheinlichkeit aufweist. Im Gegenzug soll der Pointeur mit möglichst kleinen Kugeln spielen, um dem Tireur ein schwierigeres Ziel zu bieten und um die Kugel schlanker durch Kugelhaufen steuern zu können.

Das gehört, mit Verlaub gesagt, ins Reich der Fabeln, denn das einzig wahre Maß für einen guten Spieler ist genau an die Hand angepasst und sonst nichts. Wenn mir die Kugel gut in der Hand liegt, dann kann ich auch gut spielen. Ich kenne eine Frau mit einer kleinen Hand, die deshalb 72 mm führt – sie schießt gut.

Große Kugeln haben eine bessere Überschreitfähigkeit über kleine Bodenunebenheiten beim Legen, das bedeutet, sie laufen besser geradeaus als kleine. Aber das kann man nicht unabhängig vom Gewicht sehen, weil große und schwere Kugeln (schwerer als 710 g) noch besser geradeaus laufen. Somit sind wir beim Gewicht angelangt.

Eine Kugel kann laut Reglement zwischen 650 g und 800 g wiegen. Das ist ein enormer Unterschied von 150 g. Beim Gewicht (poids) ist jetzt wirklich die hauptsächliche Funktion des Spielers zu berücksichtigen:

- Der Leger bevorzugt schwere Kugeln, weil diese besser mit kleinen Unebenheiten fertig werden. Auch verspringen schwere Kugeln weniger beim Aufprall als leichte. Ab 710 g aufwärts.
- Der Schießer muss bei einem Turnier viele Stunden lang vorrangig schießen. Das braucht bei einer leichten Kugel unter 700 g einfach weniger Kraft und vermindert über die Jahre auch die Beanspruchung für Bänder und Gelenke.
- Der Milieu legt und schießt und macht deshalb einen Kompromiss. Seine Kugeln bewegen sich zwischen 690 und 710 g, ich spiele 700 g.

Welche Kugel passt zu Ihnen?

Für die richtige Größe kann als Näherung der Abstand zwischen der ersten Handwurzelfalte und der Fingerspitze des Mittelfingers dienen.

Daraus können folgende Werte resultieren (nach www.planetboule.de):

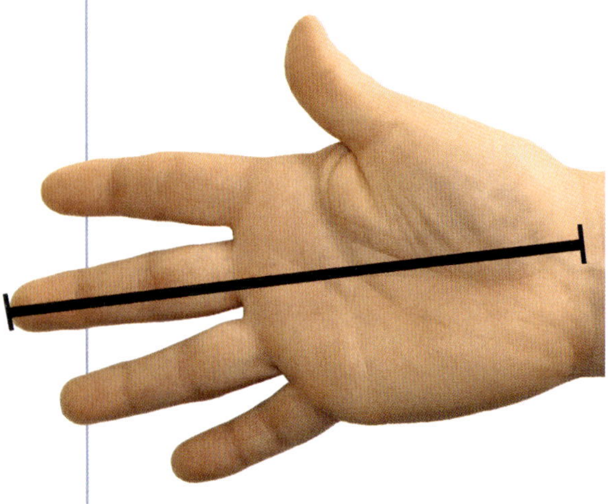

gemessener Abstand/
Durchmesser der Kugel (diametre)
ab 135 mm / 71 mm
ab 150 mm / 72 mm
ab 165 mm / 73 mm
ab 180 mm / 74 mm
ab 195 mm / 75 mm
ab 210 mm / 76 mm
ab 225 mm / 77 mm
ab 240 mm / 78 mm

Aber bitte: Das ist nur eine Näherung. Sie und Ihr Gefühl für die Kugel sind der wirkliche Maßstab. Gehen Sie auf einen Bouleplatz und fragen Sie Spieler nach der Größe ihrer Kugel und nehmen Sie verschiedene Größen in die Hand. Ihr Gefühl sagt Ihnen dann schnell, was für Sie passt. Falls Sie sich bezüglich des Kugeldurchmessers unsicher sind, dann nehmen Sie die Kugel lieber 1 mm kleiner. Fast alle Boulistes fangen mit größeren Kugeln an und nehmen später dann kleinere.

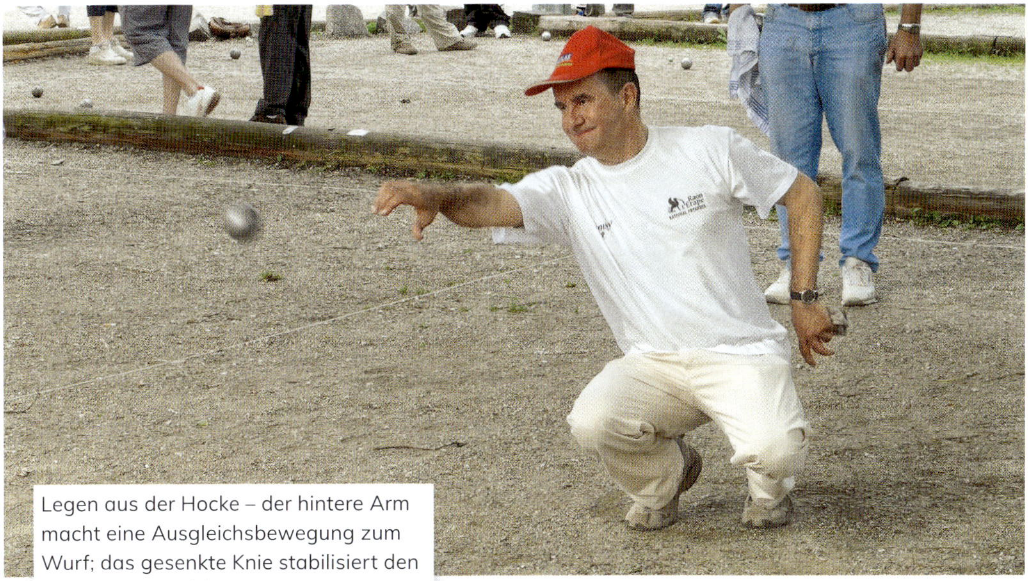

Legen aus der Hocke – der hintere Arm macht eine Ausgleichsbewegung zum Wurf; das gesenkte Knie stabilisiert den Oberkörper nach hinten.

Jetzt kommt die finale Eigenschaft: das Metall. Um es gleich vorweg zu sagen, es gibt gegossene Kugeln aus Messinglegierungen (Allergiker!) von guter Qualität, die sich jedoch schneller abspielen als weicher Stahl. Die Stanzungen sind dann nicht mehr lesbar, was die Kugeln im Wettkampf ungültig macht – allerdings sind meine Kugeln in den letzten 25 Jahren nie geprüft worden.

Das Metall der Kugel ist zumeist Stahl in verschiedenen Härten und mit unterschiedlichen Eigenschaften:

- Ab 130 kg/mm^2 Härtegrad aufwärts ist die Kugel hart (dure) und hat deshalb einen hohen Abprall-Effekt. Für den Leger ist dies von Vorteil, weil die Schusskugel dann weniger im Umfeld der Zielkugel liegen bleibt. Außerdem nützen sich harte Kugeln kaum ab und sind deshalb sehr langlebig.
- Bei ca. 110 kg/mm^2 Härtegrad spricht man von weichen (tendre) Kugeln, die der Schießer bevorzugt. Eine weiche Kugel hat einen geringeren Rebond (Abprall-Effekt) als eine harte. Das erhöht die Chance, dass die Schusskugel im Zielbereich liegen bleibt. Weiche Kugeln nutzen sich naturgemäß stark ab. Das ist angenehm, weil die Kugel Struktur bekommt und sich dadurch besser anfühlt. Dafür ist eine weiche Kugel kurzlebiger.
- Der Milieu benutzt meist Kugeln von 115 bis 120 kg/mm^2 Härtegrad, das sind halbweiche (demi-tendre) Kugeln. Sie stellen analog zur Gewichtsfrage einen Kompromiss dar und sollen für das Legen und Schießen gleichermaßen brauchbar sein.

Aufpassen sollten Sie, wenn Hersteller aufgrund von speziellen Bearbeitungen des Stahls und der Kugeloberfläche Versprechungen zu einem geringen Rebond machen: So sollte eine halbweiche Kugel durch solche Behandlungen das Verhalten einer weichen aufweisen. Ein lizenzierter Trainer hat zu Vergleichszwecken weiche und halbweiche Kugeln mit angeblich reduziertem Rebond aus gleicher Höhe auf planen Stein fallen lassen: Die halbweichen Kugeln seien eindeutig höher zurückgeprallt als die weichen.

Weiter werden rostende oder nichtrostende Kugeln angeboten (nichtrostende Inox-Kugeln fühlen sich glatter an als Karbonstahl). Ich

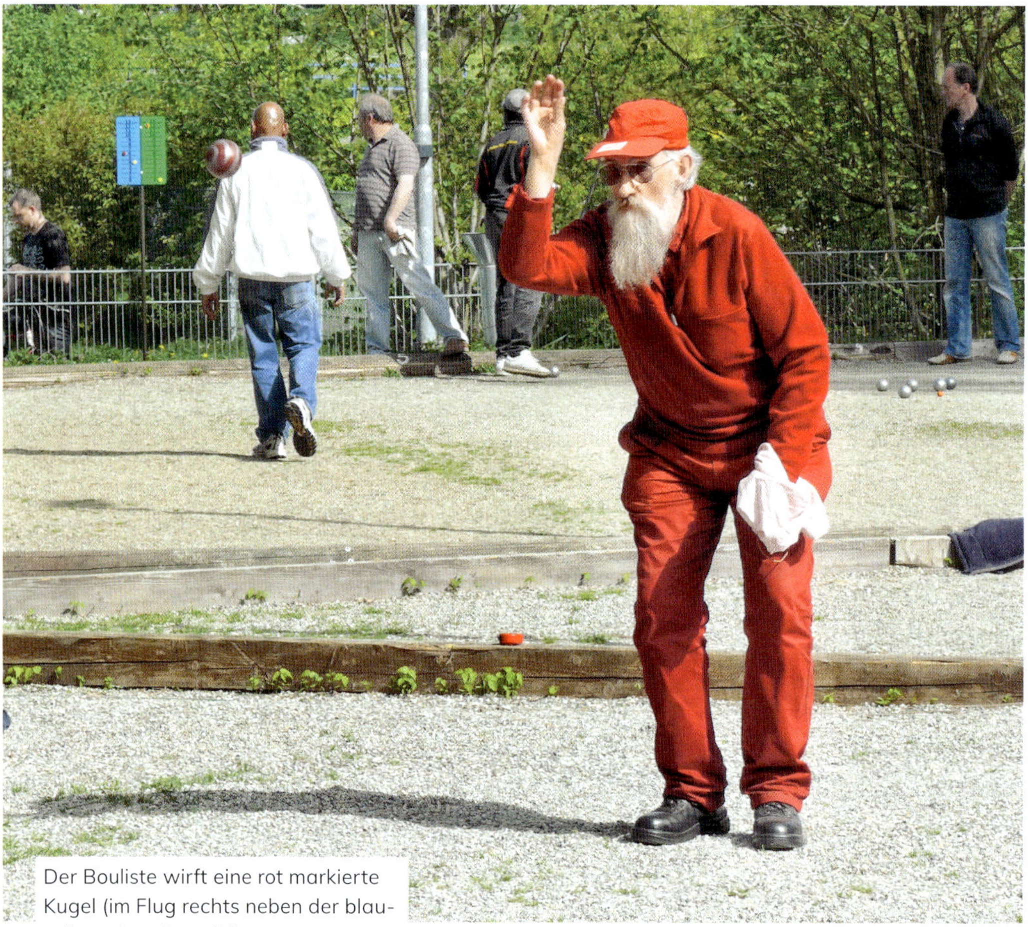

Der Bouliste wirft eine rot markierte Kugel (im Flug rechts neben der blau-grünen Anzeigetafel).

persönlich bevorzuge Kugeln, die rosten können und reibe diese ab und zu mit einem Tropfen Waffenöl ein. Verchromte »Christbaumkugeln« rosten. Mit Rostbefall müssen Sie besonders in Meeresnähe rechnen, da können Ihre Kugeln innerhalb einer Nacht im Freien rostrot werden. Neue Kugeln können auch farbig grundiert sein (meist schwarz oder blau). Diese Grundierung geht ab und Sie haben nach einiger Zeit die normale Farbe des Stahls vor sich.

Zusammenfassend kann man sagen:

- Der Leger spielt mit schweren harten Kugeln (schwerer 710 g, Härtegrad ab 130 kg/mm^2).
- Der Schießer spielt leichtere weiche Kugeln (ab 700 g abwärts, Härtegrad 110 kg/mm^2).
- Der Milieu bevorzugt mittleres Gewicht und Härte (Gewicht 690 bis 710 g, Härte 115 oder 120 kg/mm^2).

Die Zielkugel

Sie wird auch Cochonnet oder Schweinchen, But (Ziel) oder Bouchon (Korken) genannt. Manche sagen auch einfach die »Sau«. Es gibt weitere Bezeichnungen, aber das ist hier nicht das Thema. Das Reglement des Deutschen Pétanque Verbandes EV legt in Artikel 3 fest:

Eigenschaften der zugelassenen Zielkugeln

Die Zielkugeln sind aus Holz oder aus synthetischem Material. Zielkugeln aus synthetischem Material müssen das Herstellerlogo tragen, durch die F.I.P.J.P. zugelassen sein und den Normen entsprechen, die im Pflichtenheft (»Cahier des Charges«) festgelegt sind.

Der Durchmesser muss 30 mm Toleranz ± 1 mm betragen. Das Gewicht muss zwischen 10,0 Gramm (Minimum) und 18,0 Gramm (Maximum) liegen.

Gefärbte Zielkugeln, gleich in welcher Farbe, sind zulässig, aber weder diese, noch Zielkugeln aus Holz dürfen mit einem Magneten aufzuheben sein.

Eine gefärbte hölzerne Zielkugel aus dem Automaten kostet bei uns im Klubheim einen Euro. Es gibt auch neonfarbene Zielkugeln mit Holzkern, die sind ziemlich weich und nach wenigen Sauschüssen eiförmig. Ich mag diese neonfarbenen Zielkugeln mit ihren aufdringlichen Farben nicht, denn sie saugen den Blick förmlich an und lassen das direkte Umfeld der Sau nicht mehr richtig zur Geltung kommen. Prüfen Sie vor einem Spiel den Zustand der Zielkugel. Ist sie deformiert, dann läuft sie nicht mehr oder nur unberechenbar auf dem Boden. Dann ist es sehr schwer, die Sau zu »ziehen« (Sau ziehen heißt, mit einer Kugel die Lage des Schweinchens verändern). Kunststoff-Zielkugeln halten zwar Schüsse aus, dafür verschwinden diese gerne nach einem Schuss auf Nimmerwiedersehen im Gelände, weil sie schwerer sind als Holz und deshalb weit fliegen können – was nebenbei nicht ungefährlich sein kann. Kunststoffschweinchen kosten etwa drei Euro das Stück. Zielkugeln sind im Handel in Päckchen zu ca. drei bis fünf Stück aufwärts zu kaufen.

Der Lappen

Es geht die Sage um, dass Spieler mit kleinen Lappen besser spielen als die mit großen ... Auf jeden Fall ist der Lappen für mich inzwischen ein wichtiges Utensil. Er sorgt nämlich dafür, dass die Kugel sich in meiner Hand konstant verhält. Wenn die Kugel oder die Hand feucht oder schmutzig sind, ist das Abwurfverhalten anders als gewohnt. Sie merken es spätestens, wenn Ihnen ein Wurf misslingt. Außerdem wird das Säubern der Kugel Teil des Wurfrituals und trägt so zur Konzentration bei. Wobei schmutz- und wasserabweisende Lappen nicht geeignet sind (z. B. Nanoimprägnierung). Bei Regen sollte man mehrfach am Tag den Lappen wechseln können. Es gibt allerdings auch Spieler die den Lappen und damit die Hand anfeuchten um besseren Grip für den Rückdrall oder Effetwurf zu haben; das ist im Turnier verboten. Manche Spieler spucken stattdessen in die Wurfhand ...

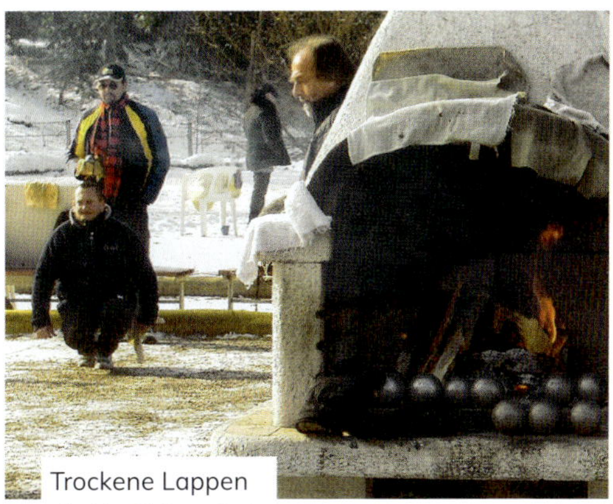

Trockene Lappen sind heiß begehrt.

Die Messgeräte

Zuerst ist das ganz normale Maßband zu nennen, das praktisch jeder Spieler hat. Man muss Millimeter ablesen können. Diese Rollbänder von 2 m Länge, die es in jedem Baumarkt gibt, sind beim Ausziehen leicht konkav und deshalb steif, und das ist prima. Man kann es über einen Meter an die Kugel reichen lassen und trotzdem das prüfende Auge senkrecht über Skala und Zielkugelkante haben, was bei einiger Übung ziemlich genaue Messungen zulässt. Man muss aber aufpassen, dass man kein Maßband erwischt, das an der Spitze einen Magnet trägt, denn das kann dazu führen, dass die zu messende Kugel bewegt wird und dann ist der Punkt verloren. Haben Sie ein Band mit Magnet, dann kann man den Magnet stark erhitzen damit er nicht mehr wirkt.

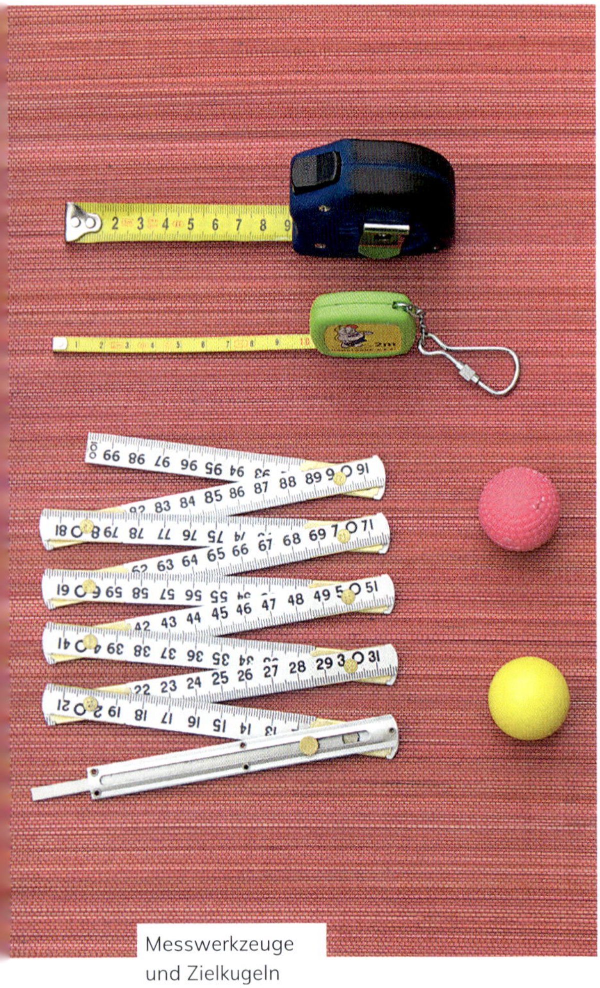

Messwerkzeuge und Zielkugeln

Es gibt besonders schmale (6 mm, bei zwei Metern Länge) und leichte Maßbänder für Boulespieler im Handel, von denen ich jedoch abrate. Die Bänder sind nicht steif und ohne fremde Hilfe kann man damit nicht gut messen. Außerdem ist die Lesbarkeit der kleinen Skala erschwert, was bei schlechten Lichtverhältnissen nachteilig ist. Ganz zu schweigen, wenn man mit der Brille für die Ferne im Scheinwerferlicht auf dem Platz steht. Dazu muss ich sagen: Ich kann mit einer Gleitsichtbrille auf dem Bouleplatz nichts anfangen.

Man kann sich auch das Profiwerkzeug »Tirette« besorgen, aber das ist am Anfang eindeutig zu weit gegriffen. Sie müssen jedoch wissen, was eine Tirette ist. Sie kennen doch die Klappmeter aus Holz, die jedem Handwerker aus der Schenkeltasche gucken. Wenn Sie das einschrumpfen auf eine Länge von 13,5 cm, dann sind sie schon nahe dran. Jetzt kommt die Besonderheit: Der oberste Schenkel enthält eine Zunge in einer Führung. Diese schwergängige Zunge kann vorsichtig herausgeschoben und mit einer Schraube arretiert werden. Damit sind Sie in der Lage Differenzen von unter einem halben Millimeter festzustellen. Die Tirette ist aus Metall oder Kunststoff. Alles, was besser messen kann, ist Schiedsrichterwerkzeug.

Es gibt auf dem Bouleplatz oft längere Diskussionen, ob eine Kugel den Punkt hat. Da gibt es nur eine Zeit und Nerven sparende Methode: messen! Dabei bin ich immer wieder verblüfft, wie man sich täuschen kann. Also: bei Unklarheit sofort messen. Und zwar mit dem Metermaß. Übrigens muss die Partei messen, die zuletzt gespielt hat. Das ist deshalb wichtig, weil es passieren kann, dass beim Messen die Kugel oder das Schweinchen bewegt wird, dann wird zum Nachteil der messenden Mannschaft entschieden.

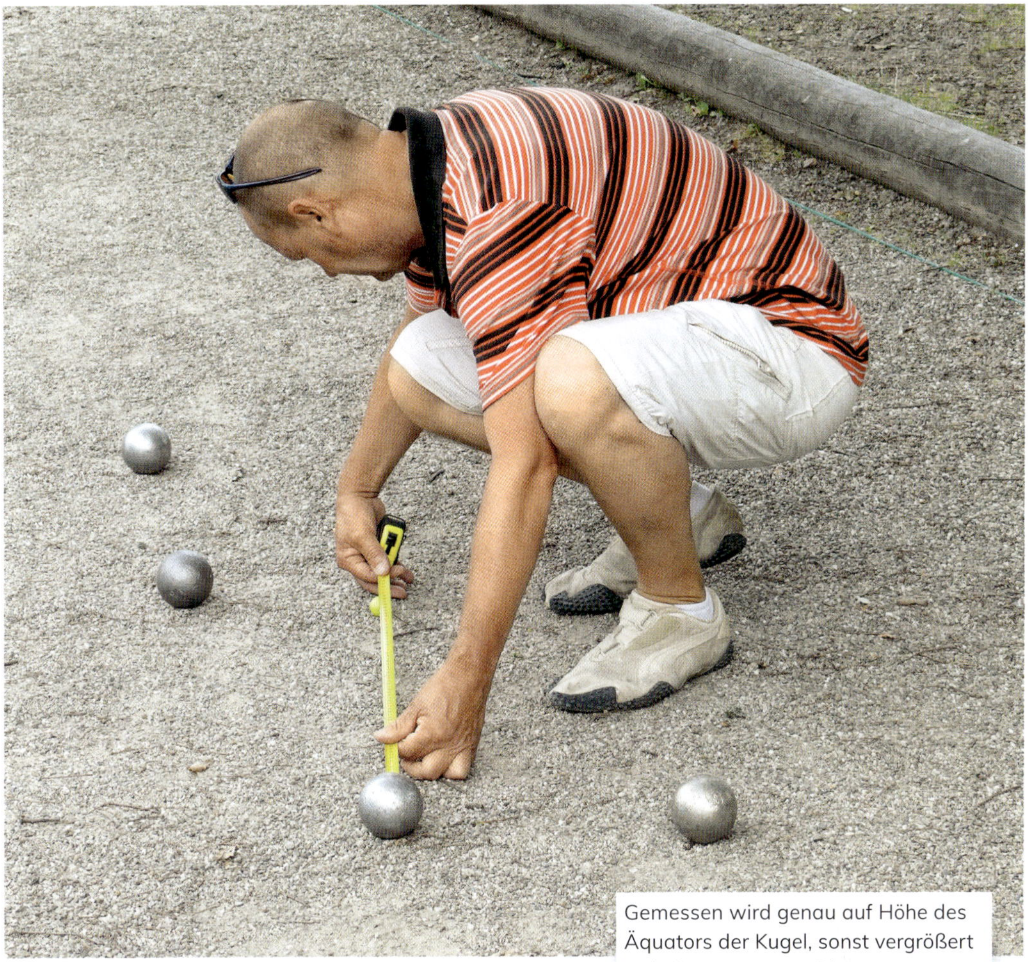

Gemessen wird genau auf Höhe des Äquators der Kugel, sonst vergrößert sich die gemessene Distanz.

Die Kugeltasche

Ich rate dringend davon ab, die Kugeln einzeln im Auto herumkullern zu lassen. Außerdem ist meist der Parkplatz nicht auf dem Bouleplatz, also braucht man einen Transportbehälter. Der Fantasie sind keine Grenzen gesetzt. Vom Aluminiumkoffer über das rindslederne Etui bis hin zur Jute-Einkaufstasche gibt es alles, was Sie sich nur denken können. Ich habe auch schon einen handgestrickten Strumpf als Kugelbehältnis gesehen. Hauptsache ist, man kommt gut zum Turnier und die Verwechslungsgefahr ist gebannt.

Kleidung und Utensilien

In schlechter Kleidung spielt man mit Handicap! Das beginnt mit den Schuhen. In offene Schuhe oder Sandalen schleichen sich kleine Steinchen vom Bouleplatz ein. Wenn Sie sich dann konzentrieren wollen, bekommen Sie die Meldung von der Fußsohle: es piekst! Das stört die Konzentration – und sich alle fünf Minuten die Sandalen auszuschütteln, lenkt einfach vom Spiel ab. Der Boulespieler trägt also geschlossene Schuhe (im Turnier Pflicht), im Winter mit dicken Sohlen gegen die Bodenkälte.

Hose und Oberkörperbekleidung sollen einerseits nicht zu weit sein, sonst kann man beim Wurf in der Kleidung hängen bleiben. Andererseits darf die Bewegungsfreiheit nicht eingeschränkt sein: Mit elastischen Stoffen sind Sie gut beraten. Das Spielen mit freiem Oberkörper ist im Wettbewerb nicht gestattet.

Ein Regenschutz braucht eine gewisse Fülle und einen guten Schnitt, weil wasserdichte Kleidung selten elastisch ist. Außerdem soll die Oberbekleidung lang sein, weil sonst bei jedem Wurf die Hüfte frei liegt. Auch ist wichtig, dass der Hosenbund nicht den Bauch einschnürt. Ich trage deshalb eine Hose ohne Gürtel mit Hosenträgern und darüber das Trikot.

Alle Vereine haben eigene Trikots, Westen und Anoraks, die bei Turnieren, Ligaspielen und Meisterschaften zum Einsatz kommen. Diese sind dann gleichfarbig und tragen ein Emblem.

Eine Kopfbedeckung gegen die Sommersonne ist unabdingbar. Wenn Sie beim Turnier viele Stunden in der Sonne stehen, brauchen Sie diesen Schutz. Oft hat die Kopfbedeckung einen Schirm gegen Blendung. Brillenträger brauchen den Schirm gegen Spiegelung und bei Regen wird die Brille nicht mit Wasser bespritzt. Spezialkleidung für Boulespieler vertreiben Kugelhersteller und deren Händler zu vernünftigen Preisen.

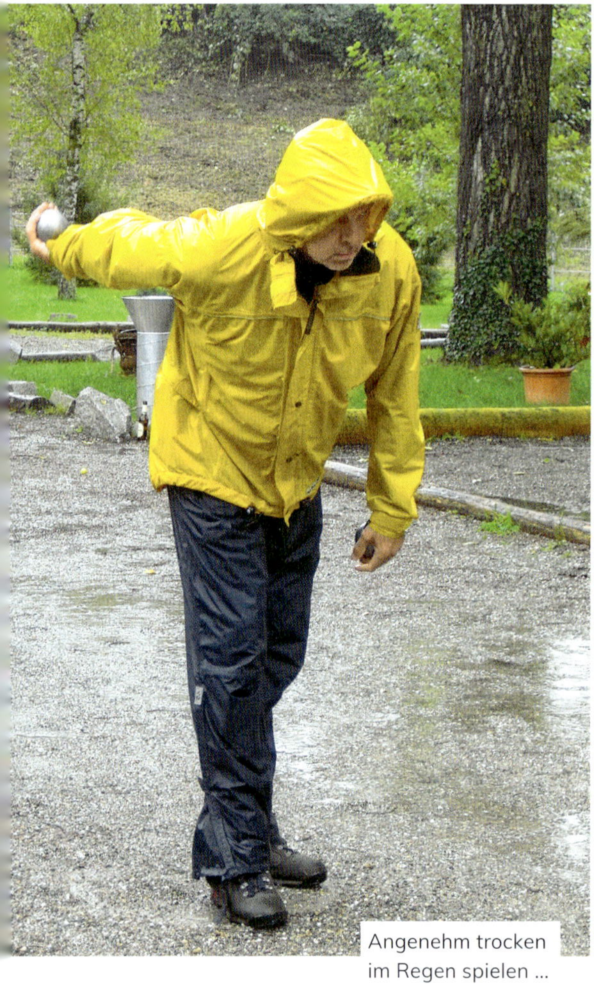
Angenehm trocken im Regen spielen ...

Folgende Utensilien können das Boulerleben ebenfalls angenehmer gestalten:

- Cremes für die Hände, Gesicht und Lippen halten die Haut in Schuss und vermitteln beim Spiel ein angenehmes Gefühl. Bei starker Sonneneinstrahlung ist auf entsprechenden Lichtschutzfaktor zu achten.
- Eine Sonnenbrille hilft gegen Blendung durch reflektierendes Sonnenlicht auf hellen Spielbahnen (Sand).
- Eine Thermosflasche sorgt im Sommer für kühlen Zitronentee und im Winter für ein heißes Getränk. Besonders gefragt, wenn die nächste Kneipe weit weg ist oder man sich aus sonstigen Gründen selbst versorgen muss. Ein Riegel hilft gegen Hungergefühle.
- Im Winter kann die freie Hand, die die Kugeln hält, einen Handschuh tragen. Beim Wurfarm ist ein Taschenwärmer gefragt (Handofen mit Holzkohle, Feuerzeugbenzin u. a.), so dass zwischen den Würfen die Finger gewärmt werden können. Eine winter-

kalte Stahlkugel zieht Ihnen rasant die Wärme aus der Hand ab, das ist sehr unangenehm*.

- Und dann brauchen Sie natürlich einen Regenschirm, wenn es richtig schüttet. Am besten wechselt man sich mit seinen Partnern ab, so dass man jeweils nach dem Wurf wieder geschützt ist. Bei richtigen Unwettern wird das Spiel oft unterbrochen. Wenn der Platz sich als unbespielbar erweist, kann auch ein Abbruch erfolgen.

* Winterturniere im Freien werden immer seltener, weil inzwischen viele gut ausgestattete Boulehallen entstanden sind, die Turniere auch bei Minusgraden in angenehmer Umgebung gestatten.

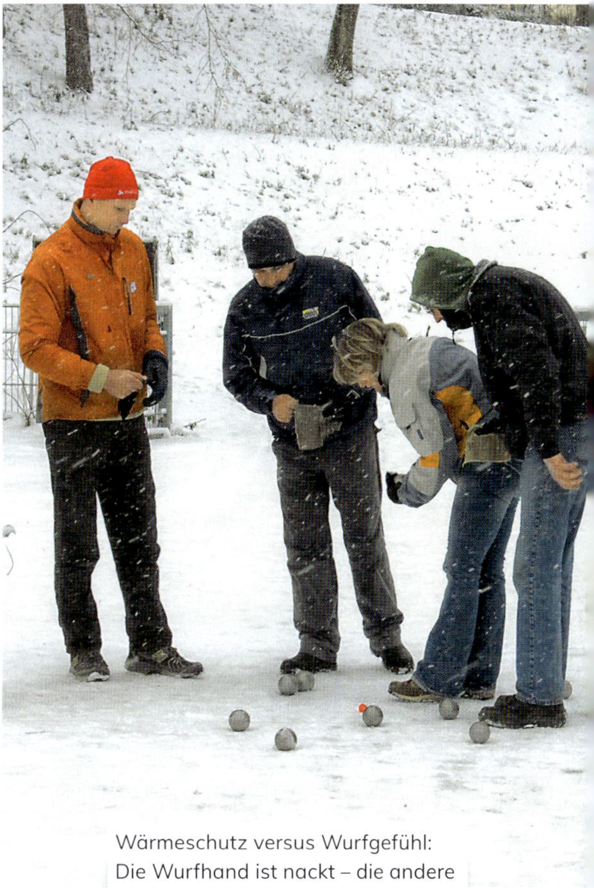

Wärmeschutz versus Wurfgefühl: Die Wurfhand ist nackt – die andere behandschuht.

Zu guter Letzt sei noch erwähnt, dass es zugelassene Wurfreife aus farbigem Kunststoff gibt. Die Reife sind flach mit breitem Rand und haben einen Innendurchmesser von 50 cm. Diese Wurfreife haben ihren Charme. Man muss nie mehr fragen, welches der richtige Kreis ist, weil keiner die alten Einritzungen glättet. Und man muss natürlich nicht ritzen. Nur im Turnier, da sollte man die Vorderkante anzeichnen, falls jemand die Position des Wurfreifs verändern sollte. Die Spieler müssen angebotene reguläre Wurfreife akzeptieren.

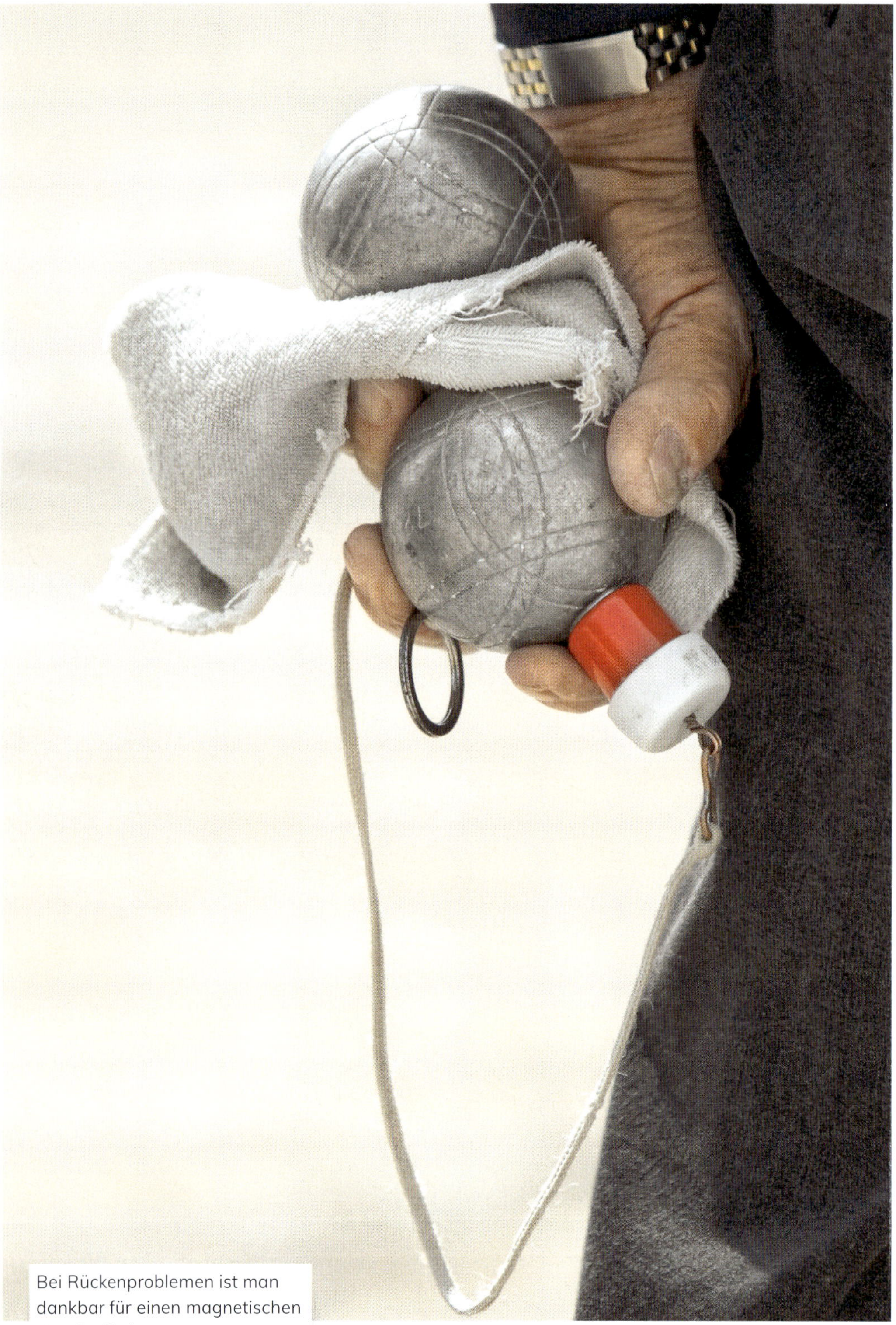

Bei Rückenproblemen ist man dankbar für einen magnetischen Kugelaufheber.

KAPITEL 3
Der Spielablauf

- Die Zielkugel und die (Stahl-)Kugeln werden aus einem Kreis (cercle) von 35 bis 50 cm Durchmesser geworfen.
- Der Werfer muss mit beiden Fußsohlen den Boden berühren bis seine Kugel aufschlägt. (Wichtig!)
- Die hölzerne Zielkugel von 30 mm Durchmesser wird zu Beginn einer Aufnahme auf eine Distanz zwischen 6 bis 10 m vom Rand des Abwurfkreises entfernt geworfen.
- Einen Punkt erhält jede Kugel die näher an der Zielkugel liegt als die beste gegnerische Kugel.
- Die Mannschaft, die keinen Punkt liegen hat, ist an der Reihe zu spielen.
- Das Spiel gewinnt, wer 13 Punkte erreicht.

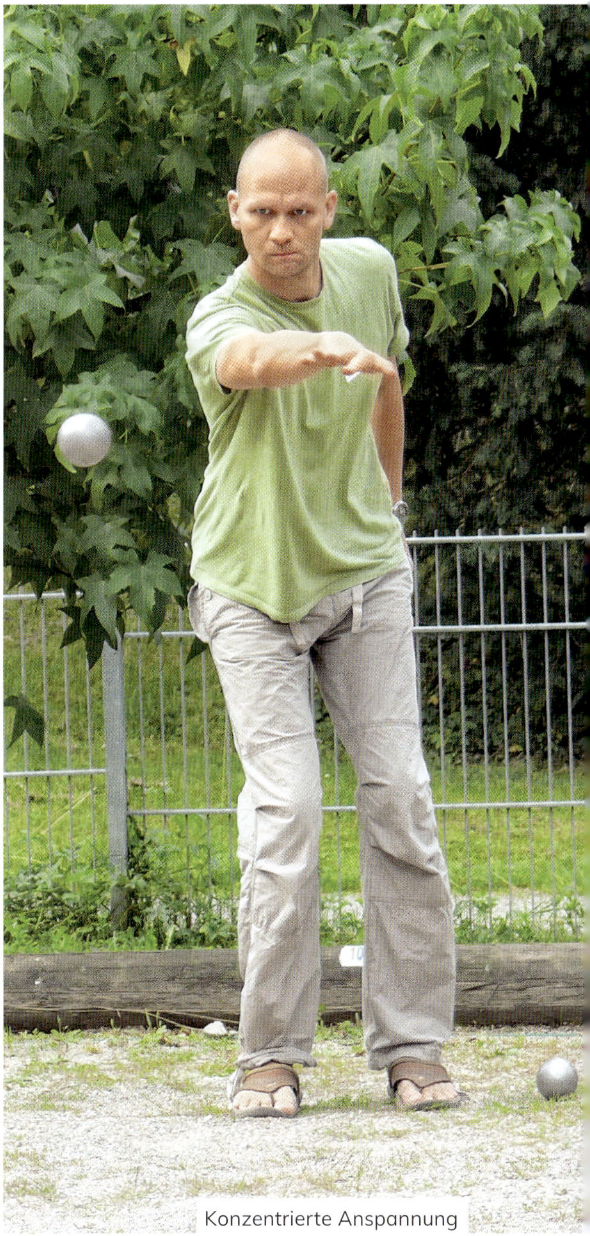

Konzentrierte Anspannung des Schießers

Zwei Mannschaften aus Leipzig und Stuttgart wollen gegeneinander ein Spiel austragen. Ein Leipziger zieht eine Münze aus der Tasche, fragt die Stuttgarter: »Kopf oder Zahl?« und wirft dann die Münze. Die Leipziger gewinnen die Platzwahl, bestimmen somit das Spielgelände und eröffnen das Spiel. Ein Leipziger Spieler ritzt einen Kreis in den Boden und wirft daraus die hölzerne Zielkugel, das Schweinchen, auf eine Distanz zwischen 6 und 10 m.

Ein beliebiger Leipziger Spieler wirft die erste stählerne Kugel in Richtung hölzerne Zielkugel. Die Stuttgarter antworten mit einer Kugel und müssen so lange weiter werfen, bis eine Stuttgarter Kugel näher am Schweinchen liegt als die bestplatzierte Kugel der Leipziger Mannschaft. Dann sind die Leipziger wieder am Zug. Das geht hin und her, bis alle Kugeln geworfen sind, dann ist die Aufnahme beendet und die Punkte werden gezählt. Dazu wird festgestellt, welche Kugel am nächsten an der Zielkugel liegt und zu welcher Mannschaft sie gehört. Dann wird geprüft, ob außer dieser nächsten Kugel noch weitere Kugeln besser als die beste gegnerische Kugel platziert sind; zusammen können das im Extremfall sechs Kugeln und damit sechs Punkte (»das Sixpack« genannt) sein.

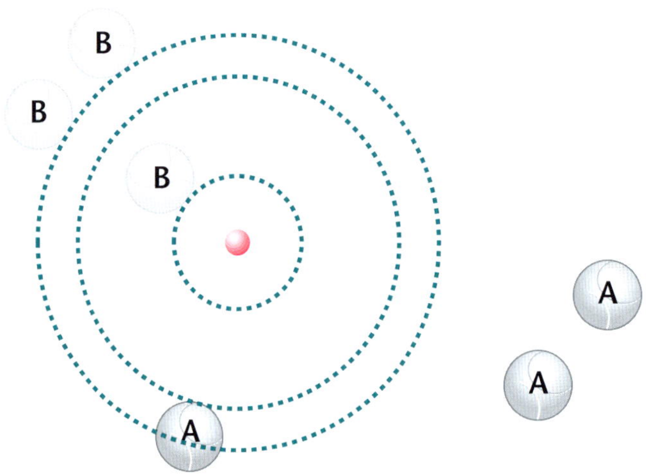

1: Das Team B hat im linken Beispiel einen Punkt gemacht. Die beste Kugel gehört dem Team B. Erst an Platz drei und vier kommen weitere Kugeln aus dem Team. Dazwischen reiht sich eine Kugel vom Team A ein, die als zweitnächste an der Zielkugel liegt.

2: Das Team A macht in dieser Situation einen Punkt, da die nächste Kugel an der Zielkugel zu Team A gehört. An Platz zwei liegt eine Kugel vom Team B.

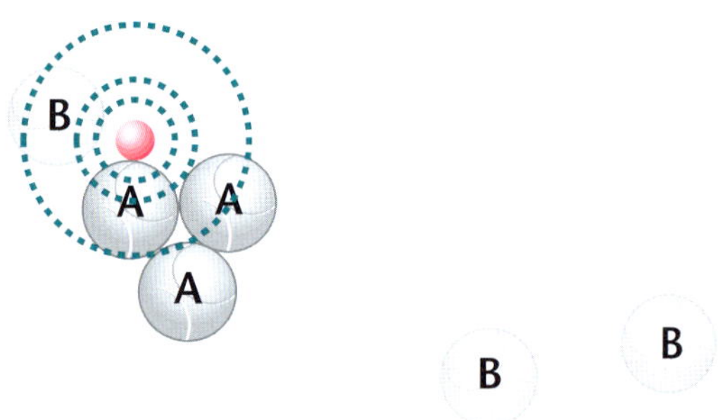

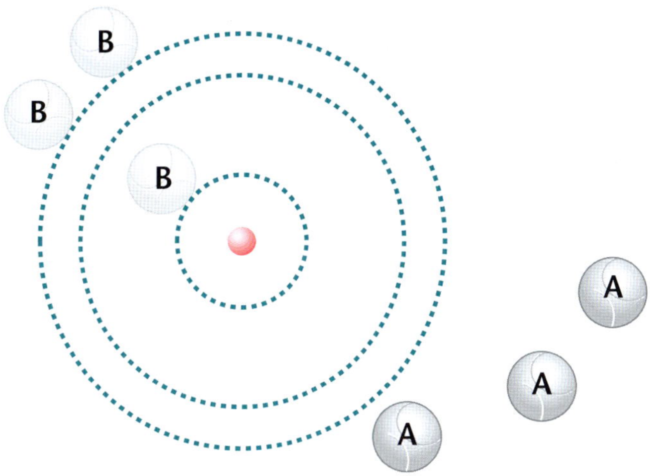

3: Das Team B macht in diesem Beispiel drei Punkte. Die beste, die zweitbeste und die drittbeste Kugel gehören dem Team B. Somit werden drei Punkte verbucht.

Wer die letzte Aufnahme gewonnen hat, der beginnt eine neue indem er um die Zielkugel einen Kreis zieht und das Schweinchen wirft. Die Aufnahmen wiederholen sich so lange, bis eine Mannschaft 13 Punkte erreicht hat und damit den Sieg einfährt.

Halten wir fest, dass ein Spiel aus mehreren Aufnahmen besteht. Eine Aufnahme (la mène) setzt sich aus Würfen, das ist gleich der Anzahl der Kugeln beider Mannschaften, zusammen. Sind alle Kugeln geworfen, dann ist die Aufnahme beendet.

Die Anzahl der Aufnahmen in einem Spiel kann sehr stark variieren. Wenn pro Aufnahme nur ein Punkt gewonnen wird, dann können 13 bis 25 Aufnahmen notwendig sein um ein Spiel zu beenden. Das andere Extrem können im Falle einer »Fanny« (siehe unten) ganze drei Aufnahmen sein: Wenn eine Partei mit z. B. 4 plus 4 plus 5 Punkten das Spiel 13 zu null für sich entscheidet. Der Unterschied in der benötigten Spielzeit ist dann enorm.

»Einen Fanny bekommen« bedeutet bei Boulern einfach nur, dass man eine 0:13-Niederlage hinnehmen musste, also eine kleine Schmach erlitten hat. Man erzählt, zwei Spieler hätten gewettet, dass derjenige, der eine 0:13-Niederlage erleidet, das Hinterteil der Fanny küssen müsse. Wobei die einen behaupten, dass Fanny eine südfranzösische Kuh, die anderen, dass sie eine südfranzösische Kellnerin gewesen sei. Da den meisten die Version mit der Kellnerin wohl am besten gefallen hat, ist man bei dieser Version geblieben. Heute hängt in fast jeder Boule-Bar eine Karikatur der Fanny als Bild oder Ikone – mit hoch gehobenen Rock, versteht sich – und der liebevollen Aufforderung »Baiser la Fanny!«*

* Zitiert aus der Augsburger Allgemeinen; Blog vom 20. Oktober 2011

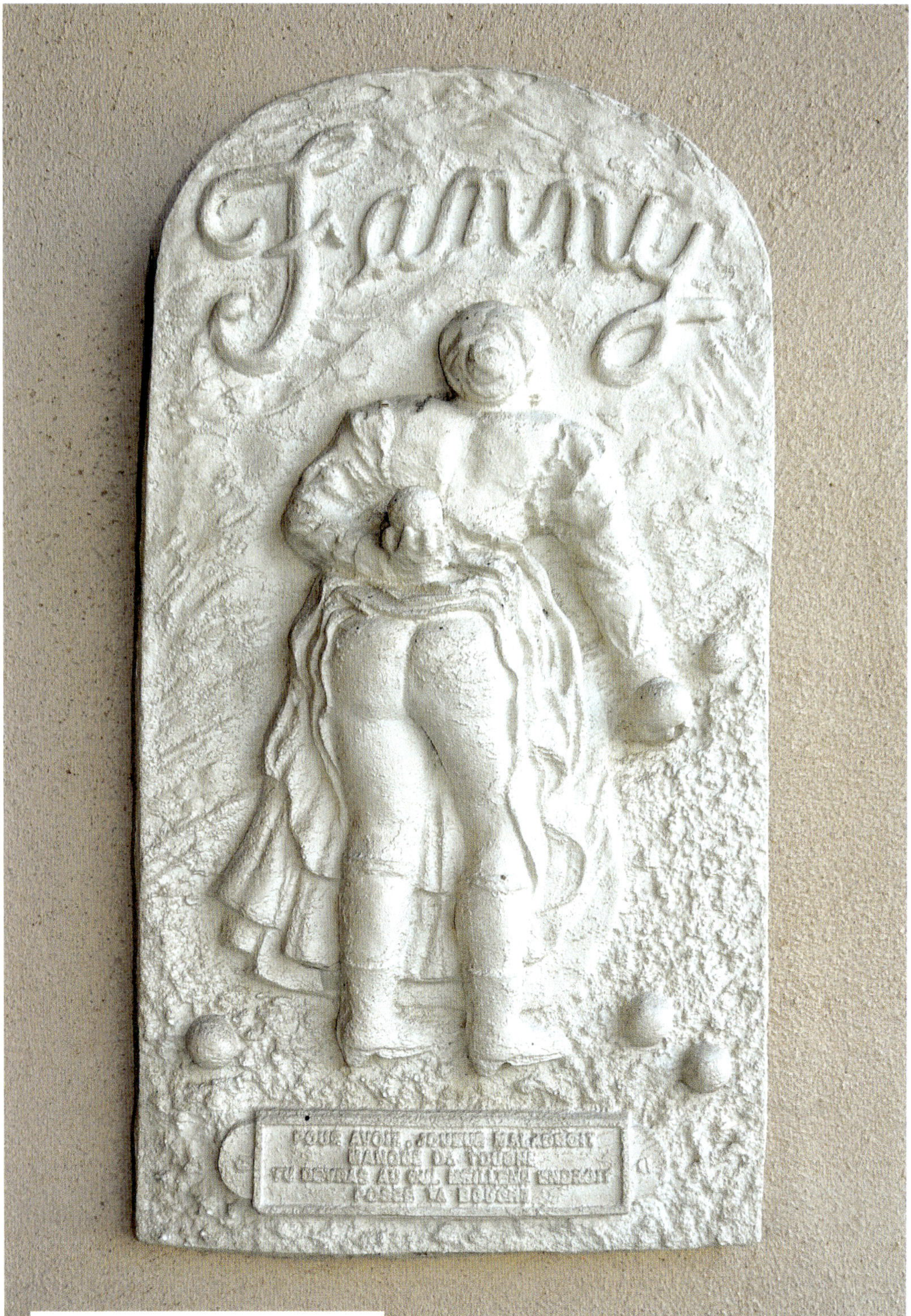

Plastik der Fanny, die ein 0:13-Verlierer scherzhaft küssen soll (siehe Seite 29)

KAPITEL 4
Erste Regeln

Als wichtigste Regel gilt im freien Spiel: Alles, was beide Spielparteien akzeptieren, ist gültig. Das bedeutet, wenn die gegnerische Partei geworfen hat und Sie im Anschluss werfen, dann haben Sie alles, was zuvor geschehen ist, mit Ihrem Wurf anerkannt. Wenn Sie mit etwas nicht einverstanden sind, dann müssen Sie das Problem vor Ihrem Wurf aus der Welt schaffen.

Bei Spielen mit Schiedsrichter hingegen ist das Reglement bindend. Das bedeutet, dass z. B. die Lage des Schweinchens nicht mit dem Fuß korrigiert werden darf, auch wenn beide Spielparteien dies wollen.

Verändern Sie nichts auf dem Spielfeld ohne das Einverständnis der gegnerischen Mannschaft.

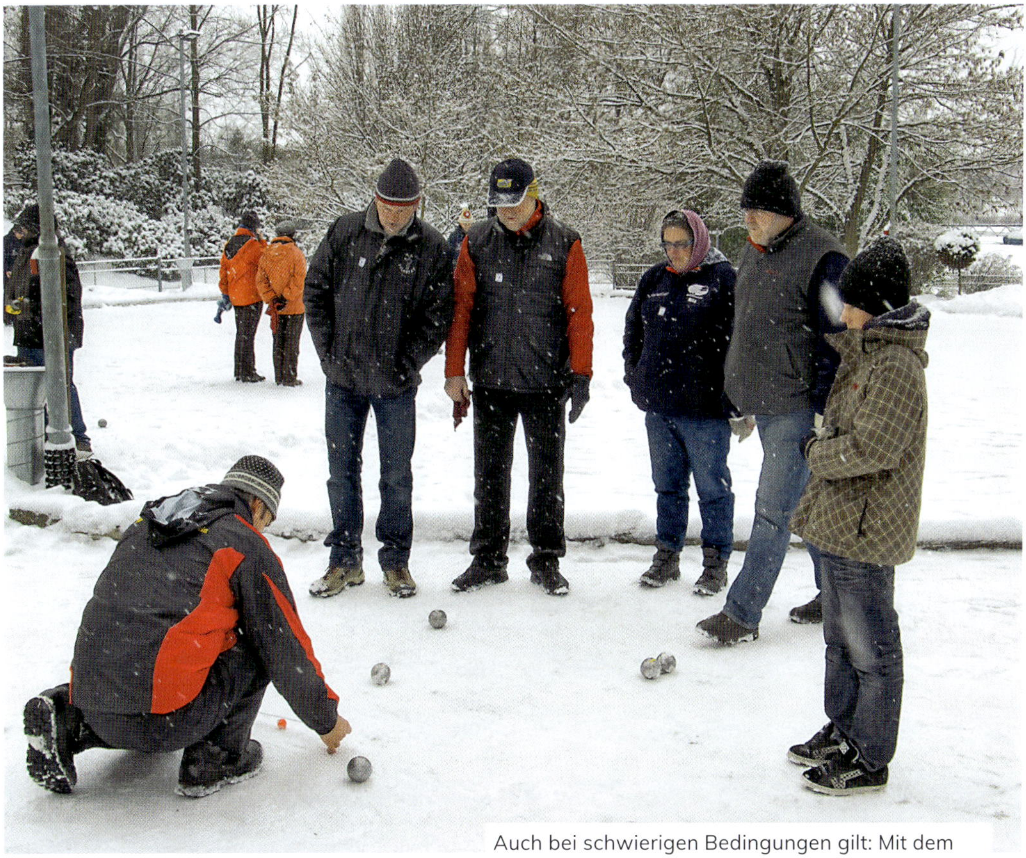

Auch bei schwierigen Bedingungen gilt: Mit dem Wurf seiner eigenen Kugel hat man alles, was in dieser Aufnahme zuvor gespielt wurde, akzeptiert.

Es haben sich schon unschöne Szenen abgespielt, weil nach einer Aufnahme ein Spieler eine in den Augen des Gegners unklare Kugel aufgehoben hat. Beide Mannschaften besprechen nach der Aufnahme wer wie viele Punkte erhält und man fragt danach die gegnerische Mannschaft, ob man die eigenen Kugeln aufheben darf. Sollen fremde Kugeln während des Spiels berührt werden, z. B. um zu sehen, wem sie gehören, dann ist noch mehr Vorsicht geboten. Das Gleiche gilt, wenn Kugeln im Aus waren und ins Spielfeld zurückgeprallt sind (sogenannte tote Kugeln) und »entsorgt« werden sollen.

Wenn ein gegnerischer Spieler im Kreis steht, dann verstummt die eigene Mannschaft und verharrt regungslos, bis der Wurf erfolgt ist. Es ist äußerst unhöflich und unfair, den Gegner in der Konzentrationsphase des Wurfs zu stören. Im Falle einer Störung ist seitens des gegnerischen Spielers mit harschen Reaktionen zu rechnen.

Seien Sie im Spiel höflich und zuvorkommend und verkneifen Sie sich alles, was der Gegner als »unsportliches Verhalten« auslegen kann. Dazu zählen neben andauerndem Hadern mit sich oder anderen auch theatralisch übertriebene Freude über Punkte oder einen Sieg. Niemand will Ihnen jedoch Ihre ganz natürliche Freude nehmen. Wir wollen mit netten Leuten in angenehmer Weise unsere wertvolle Freizeit verbringen.

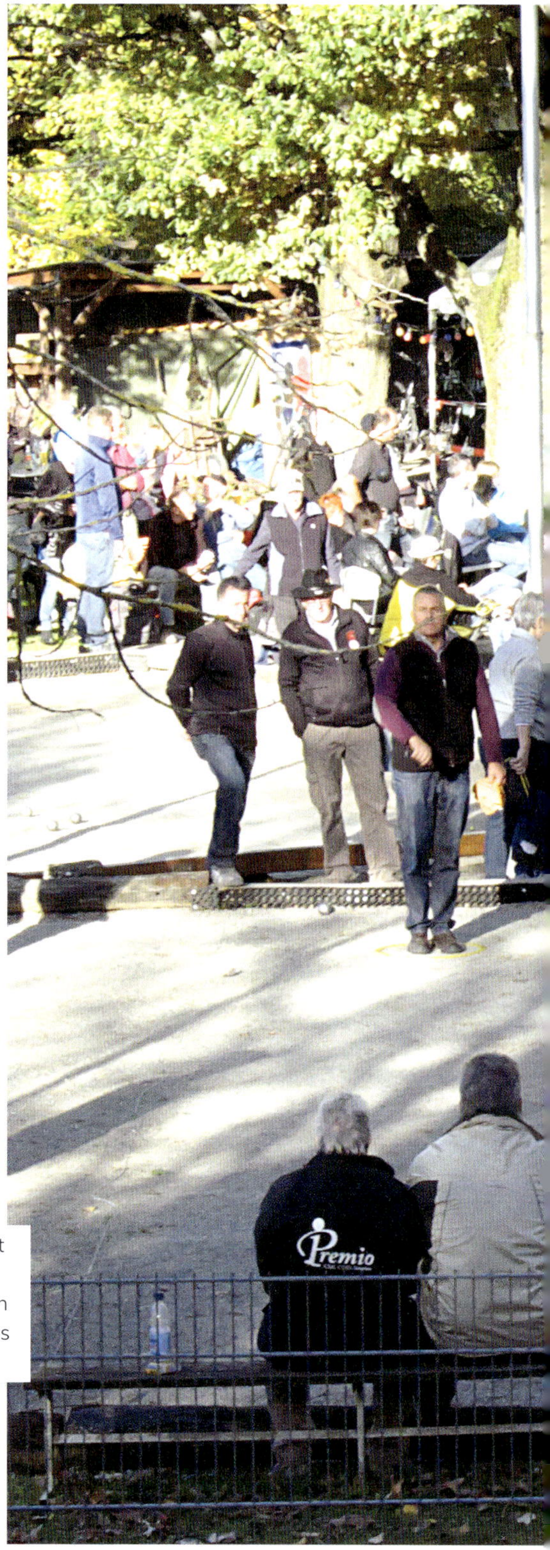

Auf vollen Bahnen ist es oft schwierig Regelabstände einzuhalten – Toleranz ist in diesen Fällen dann oberstes Gebot.

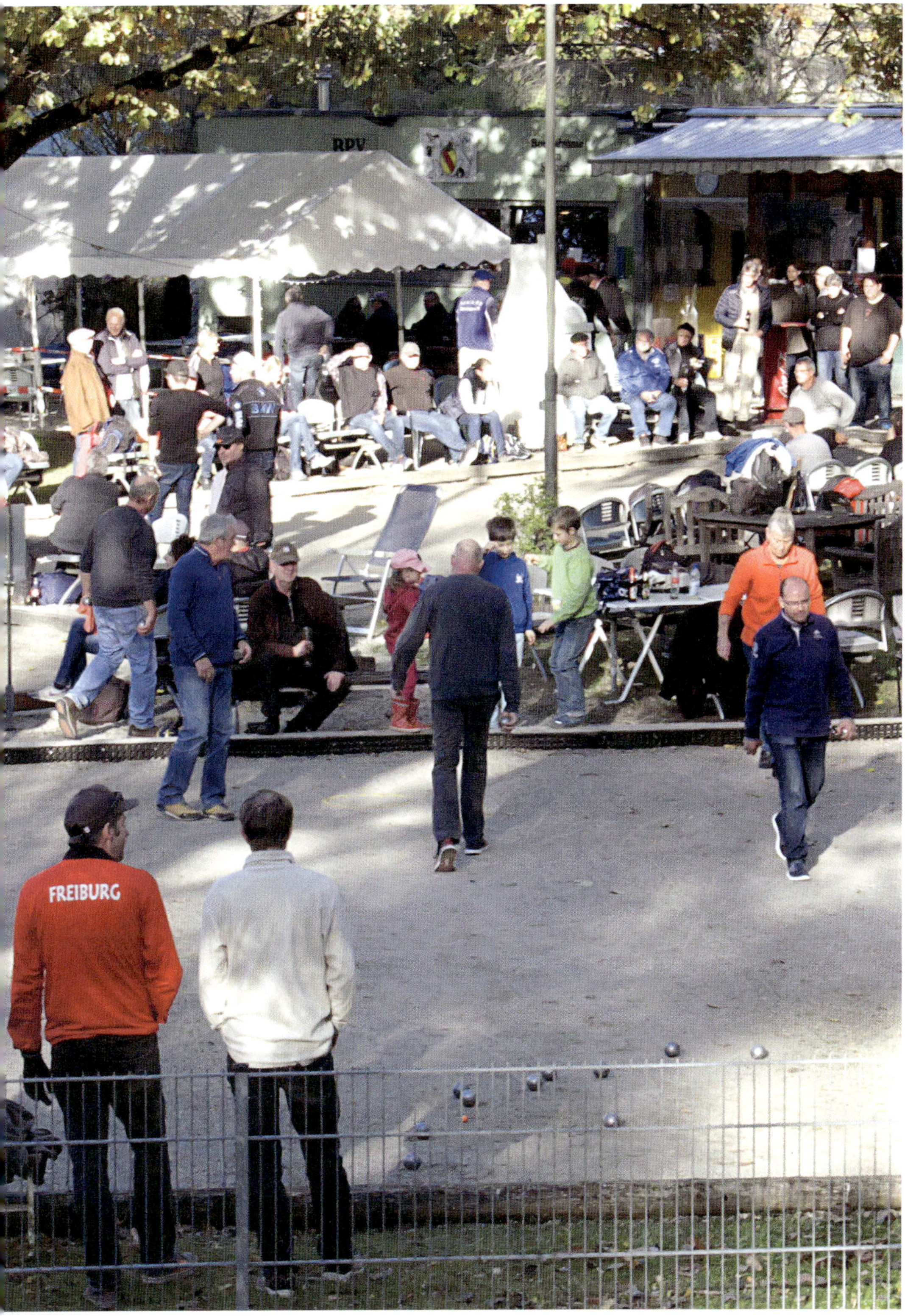
FREIBURG

Wenn Sie diese »weichen« Regeln beachten, dann können Sie sicher sein, dass Sie von den anderen Spielern akzeptiert werden.

Daneben gibt es einige »harte« Regeln, die man für den Anfang kennen sollte:

- Wie schon erwähnt berührt der Spieler im Kreis mit beiden Fußsohlen den Boden bis seine geworfene Kugel aufschlägt.
- Die Fußsohlen des Spielers sind vollständig im Kreis und ragen nicht darüber hinaus.
- Eine Kugel gilt als gespielt, wenn der Spielende aus dem Wurfkreis erkennbar eine Kugel in Richtung der Zielkugel bewegt.
- Verlässt eine Boulekugel vollständig das definierte Spielfeld, so ist diese ungültig. Liegt die Kugel nur teilweise im Aus, so ist sie gültig.
- Liegt eine ungültige Kugel im Spielfeld und die Parteien spielen weiter, dann ist diese Kugel wieder gültig (siehe 1. Absatz). Also: ungültige Kugeln gleich entsorgen, aber erst fragen!
- Wenn die Zielkugel beim Anwurf unter 6 m oder über 10 m geworfen wurde oder der Anwurf sonst ungültig ist wird die Zielkugel dem Gegner ausgehändigt, der sie auf jede gültige Position der zugewiesenen Bahn legen darf.
- Eine Zielkugel, die weniger als 3 m und weiter als 20 m vom Kreis entfernt ist, ist ungültig. (Ein Schweinchen kann während des Spiels von Kugeln über mehrere Meter »gezogen« werden.) Ebenso wenn die Zielkugel das definierte Spielfeld verlässt oder nicht mehr zu sehen ist.
- Wird die Zielkugel ungültig, dann ist die Aufnahme beendet und die noch nicht gespielten Kugeln werden gezählt. Besitzen beide Parteien noch Kugeln oder beide Parteien haben keine Kugeln mehr, so wird die Aufnahme nicht gewertet und wiederholt. Besitzt jedoch nur noch eine Mannschaft Kugeln, dann zählen diese als Punkte in einer gewonnenen Aufnahme.
- Für einen Wurf steht eine Minute Zeit zur Verfügung.

Das vollständige Reglement des Deutschen Pétanque-Verbandes finden Sie auf der Website https://deutscher-petanque-verband.de/dpv-sr-regeln/ als PDF-Datei.

KAPITEL 5
Die Mannschaften

Um es gleich klarzustellen: Wer beabsichtigt, in einer Mannschaft (l'équipe) an einem Turnier teilzunehmen, der muss mindestens eine Grundausstattung an Technik, Taktik und »Biss« mitbringen. Ohne das läuft nichts. Pétanque-Spieler bemerken meist sehr genau, wer aktuell in welcher Form ist. Daraus bildet sich längerfristig ein Ruf, der dem Spieler anhaftet und bestimmt, in welche Spielerkategorie er von den anderen eingeordnet wird. Nach dieser Vorbemerkung sprechen wir jetzt über Mannschaften.

Das Reglement des Deutschen Pétanque-Verbandes legt in Artikel 1 fest:

Die Mannschaften

Pétanque ist eine Sportart, in der zwei Mannschaften gegeneinander spielen:

- 3 Spieler gegen 3 Spieler (Triplette).

Es können sich ebenfalls gegenüberstehen:

- 2 Spieler gegen 2 Spieler (Doublette),
- 1 Spieler gegen 1 Spieler (Tête-à-tête).

Bei der Triplette hat jeder Spieler zwei Kugeln zur Verfügung,
bei der Doublette und beim Tête-à-tête hat jeder Spieler drei Kugeln.
Jede hiervon abweichende Spielweise ist verboten.

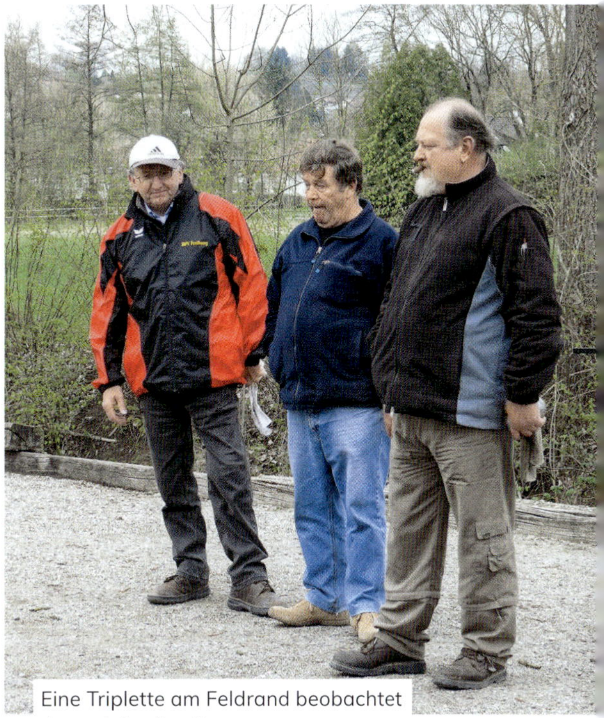

Eine Triplette am Feldrand beobachtet den spielenden Gegner.

Mit diesen dürren Worten ist das Thema jedoch noch lange nicht erschöpft. Triplette und Doublette können bei Turnieren in verschiedenen Formen auftreten, wie

- Formée – Eine eingeschriebene Mannschaft bleibt während eines Turniers zusammen.
- Mêlée – Die Spieler werden einer Mannschaft zugelost und spielen so ein ganzes Turnier.
- Super-Mêlée – Zu jedem neuen Spiel werden die Spieler den Mannschaften neu zugelost.

Die Triplette (3:3)

Die Triplette besteht aus 3 Spielern, denen für die Dauer des Spieles bestimmte Spielfunktionen zugewiesen werden:

- Der Leger (Pointeur), der das Spiel eröffnet und den wichtigen ersten Punkt legt.
- Der Schießer (Tireur) verteidigt Punkte indem er störende gegnerische Kugeln wegschießt.
- Der Mittelspieler (Milieu), der meist der Erfahrenste und deshalb der Chef ist, legt oder schießt und ist quasi die Feuerwehr der Mannschaft.

Diese Zuordnung ist natürlich nicht bindend und es kann gute Gründe geben, sie während des Spieles neu aufzuteilen. Dies gilt auch weiter unten für die Doublette. In Tripletten sieht man auch z. B. 2 Tireurs und 1 Pointeur spielen.

In Artikel 1 des Reglements wird die Triplette bewusst gegenüber den anderen Spielformen herausgehoben, denn sie ist die klassische Mannschaftsform und das königliche Spiel im Pétanque. Fast alle wirklich »großen« Spiele werden in Triplette-Form ausgetragen, ob es die Welt-, die Europameisterschaften sind oder die »Mondial la Marseillaise à pétanque«, das größte Pétanque-Turnier der Welt mit 3840 Mannschaften bei der 2021-er Ausgabe, das waren 11 520 Spieler unter Corona-Bedingungen.

Die Triplette stellt hohe Ansprüche an die Spieler. Es müssen sich drei in etwa gleichwertige Spieler finden, die als Persönlichkeiten »miteinander können«. Das ist, wenn man die Funktionen im Spiel berücksichtigen muss, bei der ausgeprägten Individualität der Pétanquespieler nicht einfach. Eine Triplette bleibt nicht selten jahrelang zusammen, wenn sie sich erfolgreich gefunden hat. Triplette-Turniere werden meist im Modus Triplette Formée gespielt, weil die Spieler dies bevorzugen.

Weiter hat ein Triplettespieler nur zwei Kugeln zur Verfügung. Auf schwierigem Terrain kann der so wichtige erste Wurf des Legers schlecht ausfallen (er hat »verlegt«), dann hat er nur noch eine Kugel, um zu korrigieren. Die erste Kugel hat sozusagen als Pfandfinder fungiert. In der Triplette wird deshalb oft konzentrierter gespielt, als bei Spielformen mit drei Kugeln.

Die Doublette (2:2)

Die meisten Turniere in Deutschland werden im Modus Doublette Formée veranstaltet. Ich habe in meinen 30 Boulejahren nicht ein Turnier Mêlée gespielt, aber viele Super-Mêlées. Die Beliebtheit der Doublette Formée ist leicht zu erklären. Mit einem bekannten Partner weiß man, was man hat. Wenn man beispielsweise von Stuttgart nach München zu einem Turnier fährt – und nachts wieder zurück –, dann will niemand 400 Kilometer fahren, um mit einem vielleicht zu schwachen Partner das Turnier in den Sand zu setzen. Ein Pétanque-Spieler will gewinnen! Auch ist spontan vor dem Wochenende ein passender Partner für eine Doublette Formée leichter zu finden, als noch zwei Mitspieler für eine Triplette zu aktivieren. Und natürlich kann sich ein Spieler mit drei Kugeln besser auf ein Spiel einstellen (oder er glaubt es zumindest), als mit zwei Kugeln pro Aufnahme.

Die Doublette Super-Mêlée wird im Wechsel mit Formée häufig bei kleineren Wochenendturnieren der Vereine gespielt. Sie eröffnet über die Auslosung für schwächere Spieler die Möglichkeit einen Partner zu bekommen, mit dem man auch einmal einen vorderen Platz ergattern kann. Für Spieler, die in der Region fremd sind, ist ein ausgeschriebenes Super-Mêlée die ideale Möglichkeit, sich bekannt zu machen und andere Spieler kennen zu lernen.

In einer Doublette sind die Spielfunktionen normalerweise aufgeteilt in Schießer und

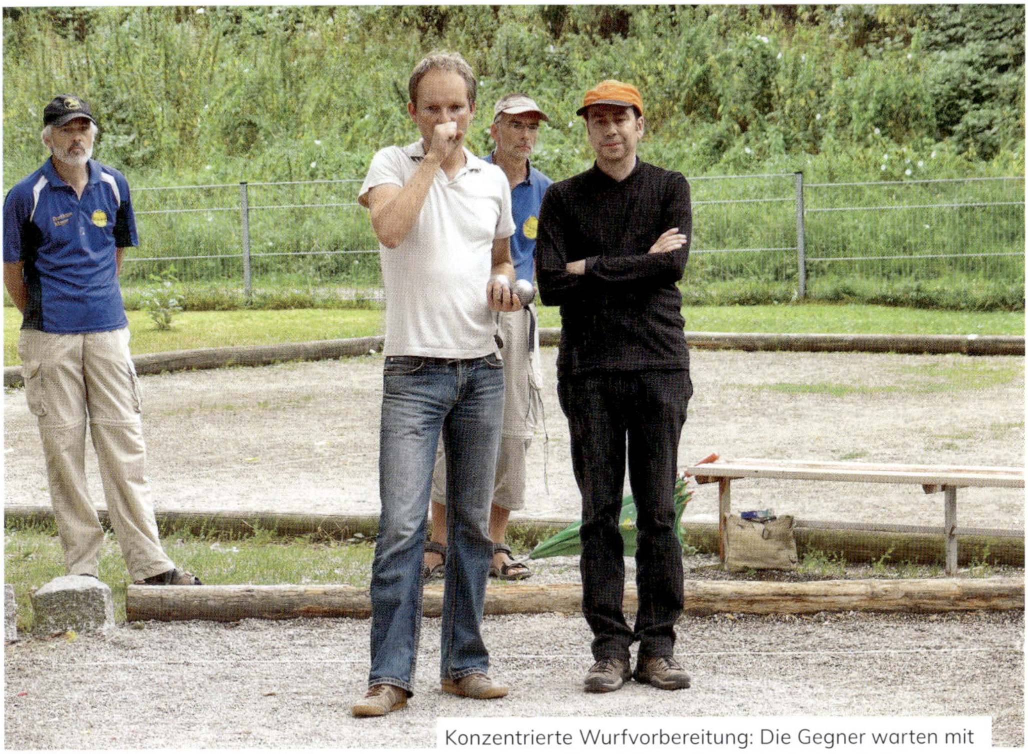

Konzentrierte Wurfvorbereitung: Die Gegner warten mit zwei Metern Regelabstand, und der Spieler befeuchtet mit seinem Atem die Hand vor dem Mund für guten Grip.

Leger. Die Funktionen werden während eines Spieles oder Turniertages beibehalten, weil z. B. bei einem »eingeschossenen« Tireur ein häufiger Wechsel der Wurfart die Automatisierung und damit die Trefferwahrscheinlichkeit verringern kann. Ein genereller Wechsel der Spielfunktion (»drehen«) steht an, wenn ein Spielpartner eine schlechte Phase hat. Man versucht dann ein Spiel noch herumzureißen, wenn der Gegner beim Stand von ca. sieben Punkten deutlich führt. Später wird es sehr schwer, den »Lauf« des Gegners zu brechen.

Das Tête-à-tête (1:1)

Das Tête-à-tête ist für mich das Spiel der Wahrheit. Da ist kein Partner hinter dem man sich verstecken kann, wenn man eine schwache Spielphase durchläuft, und der unsere Fehler wieder ausbügelt. Man ist einsam und gnadenlos dem eigenen Unvermögen ausgeliefert. Einem spezialisierten Leger, der nicht oder nur schlecht schießen kann, werden seine Grenzen drastisch aufgezeigt. Dies gilt umgekehrt auch für Schießer, die ungenügend legen. Das Spielergebnis ist einem selbst und sonst niemandem zuzuschreiben und es gilt nicht die Ausrede: »Der Schießer hat nur 20 Prozent getroffen.« Bei keiner Formation wirkt sich die Tagesform gravierender aus. Andererseits ist ein Sieg natürlich auch nur seinen eigenen individuellen Fähigkeiten zuzuschreiben.

Das Tête-à-tête hat in den letzten Jahren etwas an Boden verloren, weil die Vereine und Verbände den Mannschaftsaspekt stärker betont haben. Das Tête-à-tête ist insofern kein Mannschaftsspiel.

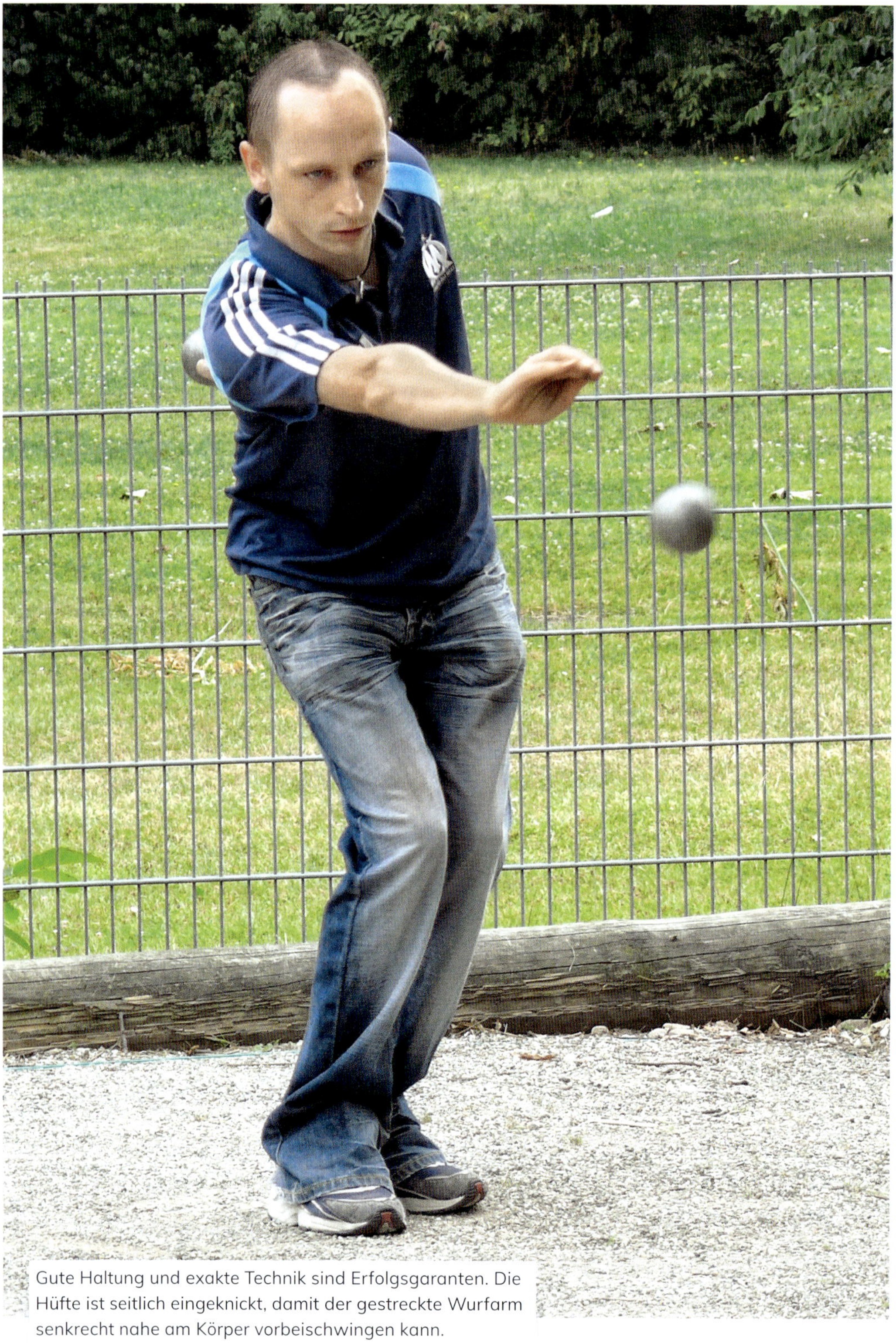

Gute Haltung und exakte Technik sind Erfolgsgaranten. Die Hüfte ist seitlich eingeknickt, damit der gestreckte Wurfarm senkrecht nahe am Körper vorbeischwingen kann.

KAPITEL 6
Die Wurftechniken

Den idealen Wurf gibt es nicht. Es gibt aber Jahrzehnte lang erprobte Haltungen und Bewegungsabläufe, die bei erfolgreichen Spielern überwiegend zu sehen sind. Natürlich gibt es sehr gute Spieler, deren Wurftechnik individuell abweichend von gängigen Techniken ist. Nur sind Sie schlecht beraten, wenn Sie sich anfangs diesen Star als Blaupause nehmen. Sie können sich mit so etwas auf Jahre hinaus Ihr Spiel verderben. Der Anfang ist das biedere Erlernen der gängigen Methoden. Ihre individuelle Ausprägung stellt sich ganz von selbst ein. Dann sind Sie mit der Zeit ein ganz normaler, gut ausgebildeter Spieler mit einem ausreichenden Repertoire an Wurftechniken, der richtig Spaß hat. Und wenn sich dann herausstellt, dass Sie ein Ausnahmetalent sind, dann nimmt sich vielleicht ein Star Ihrer an ...

Nachfolgend werden die gängige Haltung, das bewusste Fassen der Kugel und der normale Wurf vorgestellt. Wobei sich dies bei Legen und Schießen nicht grundsätzlich unterscheidet. Auch wenn der Leger aus der Hocke spielt, so sind das Kugelfassen und der Wurf prinzipiell gleich.

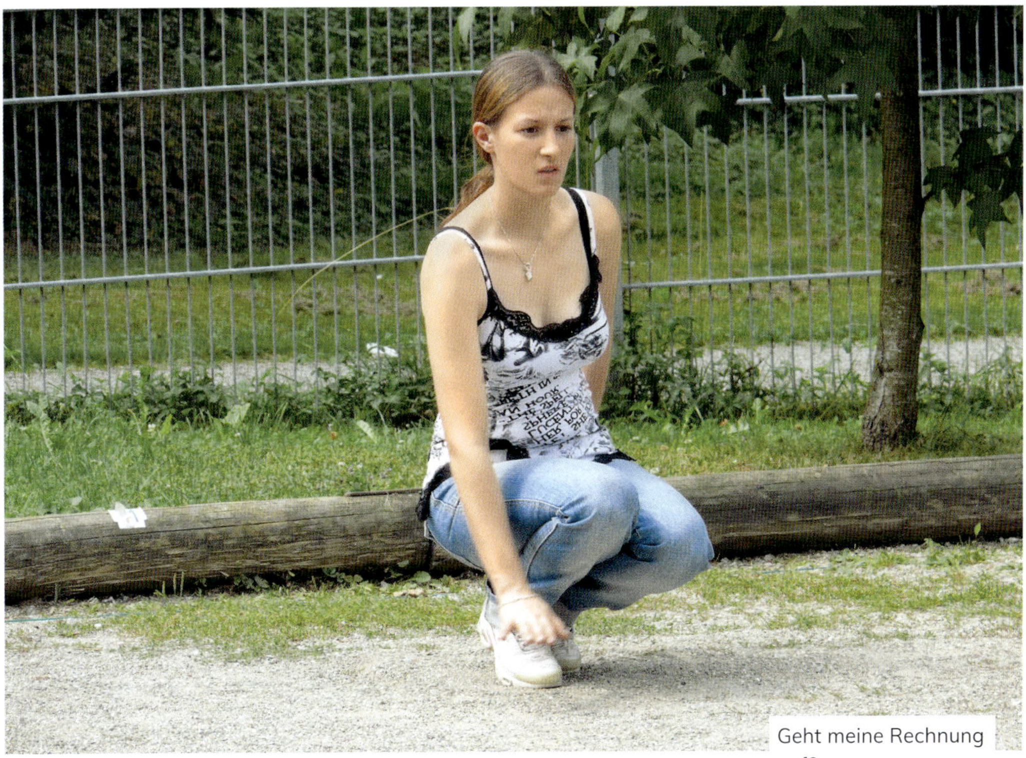

Geht meine Rechnung auf?

Die Haltung

Der Spieler stellt sich locker in den Kreis, die Füße leicht v-förmig eine Hand breit auseinander. Viele Spieler stellen den Fuß beim Wurfarm eine halbe Sohlenlänge vor (das vergrößert die Standfläche und damit den stabilen Stand), andere stehen parallel. Er steht fast aufrecht, leicht den Oberkörper nach vorne geneigt, in ganz normalem Stand. Er könnte so problemlos einige Minuten verharren. Der Spieler fixiert jetzt kurz sein Ziel. Beim Legen ist das der Aufschlagpunkt (la donnée) seiner Kugel, beim Schießen visiert er die gegnerische Kugel an.

Das Kugelfassen

Der Spieler hebt den Unterarm des Wurfarmes in die Waagerechte. Die flache Hand, auf der die Kugel liegt, umschließt dann die Kugel mit

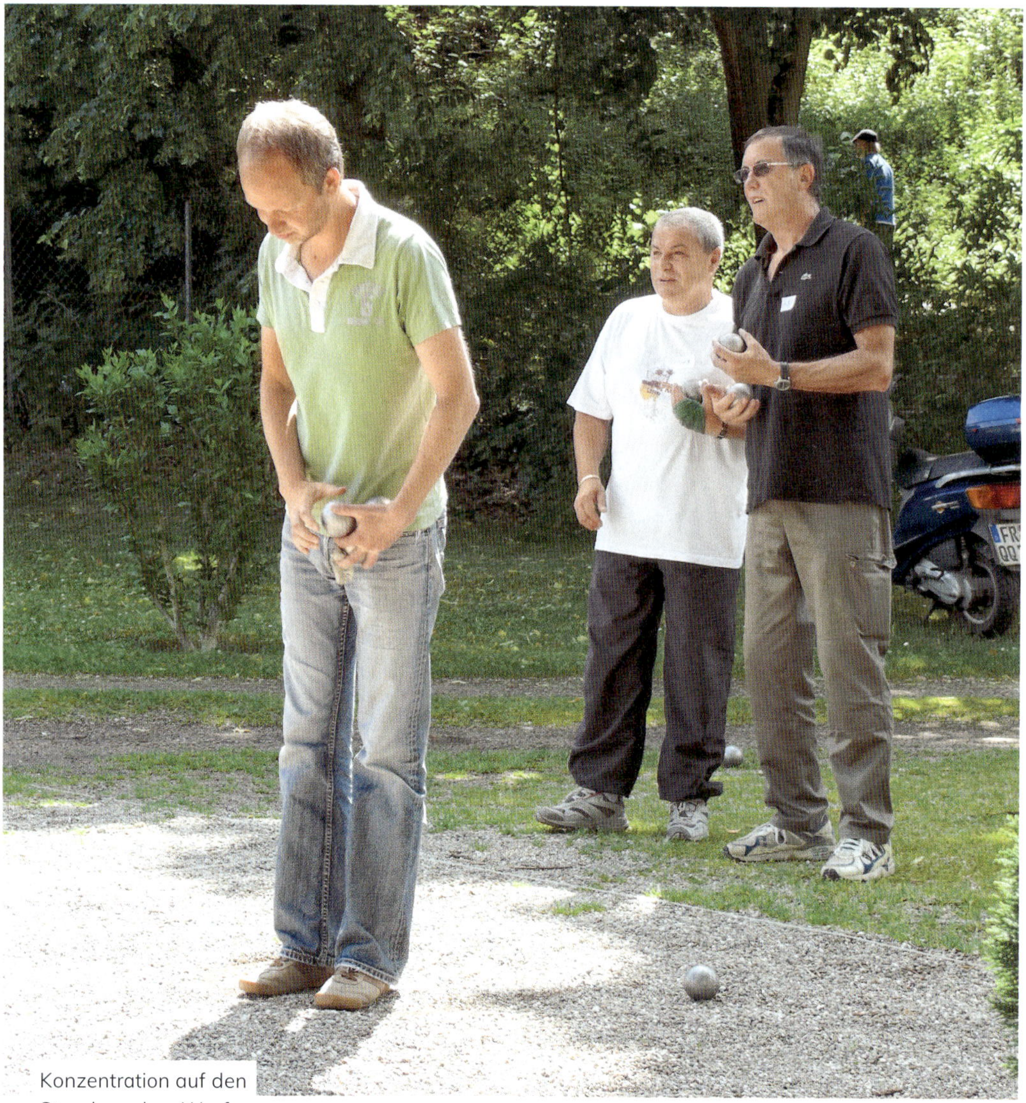

Konzentration auf den Stand vor dem Wurf

sanftem Druck, wobei die Finger geschlossen (wichtig!) sind. Der Daumen liegt kraftlos seitlich in Verlängerung des Unterarms an der Kugel und berührt leicht die Kuppe des Zeigefingers (wenn das nicht geht, dann haben Sie nicht die richtige Kugelgröße). Jetzt visiert der Spieler sein Ziel einige Sekunden an und schätzt die benötigte Stärke des Wurfs. In diesen Sekunden korrespondieren Gehirn und Körper und stellen sich auf den Wurf ein. Ein gutes Gefühl als Rückmeldung von Körper und Gehirn gibt das Signal: Jetzt werfen! Wenn dieses Gefühl ausbleibt oder schlecht ist, dann den Wurf abbrechen und neu in den Abwurfkreis gehen. Sie haben laut Reglement eine Minute Zeit für den Wurf.

Die Finger sollen beim Abwurf geschlossen sein, weil einerseits dadurch der Rückdrall der Kugel bewirkt wird, andererseits bei gespreizten Fingern unkalkulierbar ist, welcher Finger zuletzt den Drall der Kugel steuert. So könnte die Kugel nach dem Aufprall aufgrund des Dralles plötzlich die Richtung ändern, das nennt man Effet, aber den unerwünschten.

Der Wurf

Der Spieler dreht den Handrücken nach oben und nimmt sein Ziel ins Visier. Die Kugel hängt jetzt unter der Handfläche. Die Kugel ist so mit sanftem Druck bequem zu halten. Dabei soll die Oberkante der Knöchel waagerecht sein, dann ist der Daumen leicht gesenkt (Effet vermeiden). Der Arm wird gestreckt und schwingt langsam weit nach hinten. Das baut das Potenzial für den Wurf auf. Am Umkehrpunkt klappt die Hand im Gelenk so weit als möglich nach innen zum Unterarm. Der gestreckte Arm schwingt körpernah nach vorn, wobei viele im Schwung bis zur Hüfte noch etwas Kraft einsetzen. Die zweite Hälfte des Schwungs soll kraftlos sein und dem Schwung nur noch die gewünschte Richtung geben. Etwa in Schulterhöhe endet der Schwung. Das Handgelenk klappt nach oben, die Finger strecken sich und geben die Kugel frei. Der Arm ohne Kugel schwingt aus mit der Handfläche zum Ziel gewandt. Nachdem die Kugel gelandet ist tritt der Spieler aus dem Abwurfkreis.

Das Handgelenk wird ein- und ausgeklappt um beim Wurf den Rückdrall der Kugel zu verstärken, der die Kugel kurz laufen lässt und beim Schuss das Liegenbleiben der eigenen Kugel (Carreau) oder sogar einen Rücklauf (Retro) verursachen kann. Wenn beim Legen die Vorwärtsbewegung abklingt, dann kommt der Rückdrall richtig zur Geltung. Die Kugel bremst also in der letzten Phase des Rollens.

Ein technisch korrekter Wurf beinhaltet einige biomechanische Herausforderungen. Eine ist durch die Anatomie des Schultergelenks, das ein Kugelgelenk ist, bestimmt. Wenn der Wurf nicht körpernah geführt wird, dann beschreibt der Arm einen leichten seitlichen Bogen. Der Wurf ist auf diese Weise kaum zu kontrollieren. Führt die Armbewegung genau senkrecht am Körper vorbei, dann bleibt man oft an der Kleidung oder an Gegenständen in der Hosentasche hängen, was ebenfalls die Treffgenauigkeit beeinträchtigt. Die Lösung für viele Spieler ist ein leichtes seitliches Einknicken der Hüfte. Dadurch kann der Arm unter der Schulter frei senkrecht schwingen.

Probleme kann auch das Gleichgewicht bereiten. Ihr Körperschwerpunkt ist in Höhe des Bauchnabels. Das Lot des Schwerpunktes zum Boden muss sich innerhalb der Fläche befinden, die Ihre Füße umfasst. Wenn diese Senkrechte die Standfläche verlässt, dann müssen Sie reagieren oder Sie stürzen. Ihr Körper weiß das. Deshalb leitet er eine Ausgleichsbewegung ein um einen Sturz abzuwenden. Ohne Ausgleichsbewegung fallen Sie um. Die Arbeit des Ausgleichs leisten hauptsächlich die Beine. Viele Spieler gehen vor dem Abwurf leicht in die Knie, um Ausgleichsbewegungen zu ermöglichen. Bei

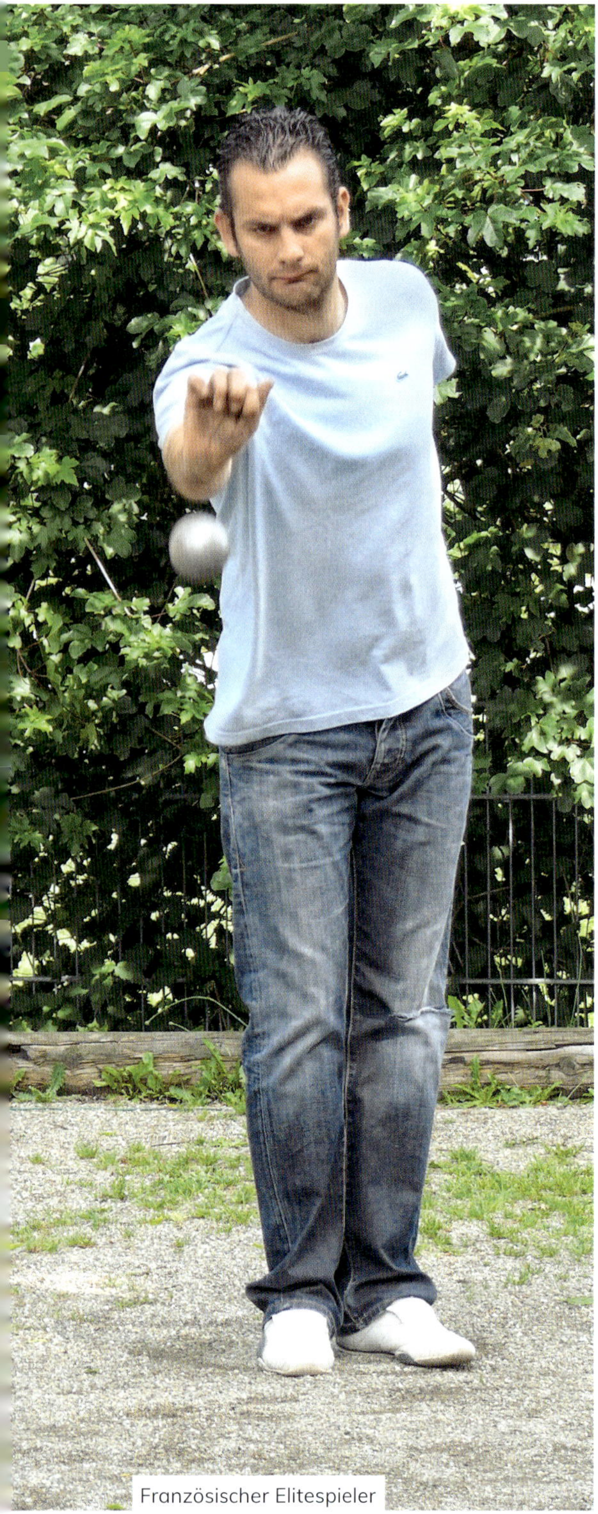

Französischer Elitespieler aus dem Stand

durchgestreckten Beinen ist der Unterkörper fixiert. Ausgleichsbewegungen können dann nur über den Oberkörper oder das Anheben der Fersen stattfinden, was zu einem unsicheren Stand führt.

Schalten Sie einmal die Beinarbeit aus indem Sie sitzend von einem Barhocker aus werfen. Aber fallen Sie nicht vom Hocker! Oder versuchen Sie in einer fahrenden Straßenbahn mit steifen Knien zu stehen. Das zeigt Ihnen drastisch die Ausgleichsfunktion des Unterkörpers. Auch sollte man darauf schauen, dass sich möglichst nur der Arm bewegt, damit die Ausgleichsbewegung klein gehalten wird. Das kann man auf dem Barhocker üben.

Pétanque ist ein Präzisionssport und verlangt die exakte Wiederholung von Bewegungsabläufen. Das heißt Automatisierung und bedeutet für den Anfänger: bewusster spielen als der erfahrene Spieler (Fahrschüler machen sich den Gebrauch von Gas, Bremse und Kupplung noch bewusst). Ein Wurf ist umso präziser, je ruhiger er ausgeführt wird. Ein Spieler hat mir folgende Affirmation zum Wurf gegeben: »Ich bin ein Fass, mein Arm ist ein Pendel.« Diese Affirmation bildet treffend die Vorstellung ab, eine menschliche Präzisionsmaschine zu sein. Je besser es gelingt, den Körperschwerpunkt beim Wurf zu stabilisieren (Fass), desto besser stehen die Chancen, dass der Wurf (Pendel) gelingt.

Das Legen (pointer)

Der Leger (Pointeur) ist der Angreifer. Er legt den Punkt, den der Gegner abwehren will. Entscheidend für den Spielerfolg ist die Qualität des Legers. Er »macht« das Spiel. Der Leger baut den Druck auf die gegnerische Mannschaft auf, ohne den die Aufnahme misslingt. Deshalb ist der erste Wurf des Legers so wichtig. Eine Kugel, die Druck erzeugt, liegt innerhalb eines Radius von 35 cm um die Zielkugel, idealerweise vor dem Schweinchen und nicht dahinter. Liegt die Kugel in Kontakt mit der Zielkugel, dann ist das ein Biberon (Schnuller).

Ein guter Leger muss den Boden »lesen« können (siehe Seite 55, Das Relief) und daraus eine Wurfart und einen Weg für seine Kugel ableiten. Er schaut (aus der Hocke) nach einem geeigneten Aufschlagpunkt (Donnée) für seine Kugel, geht aus dem Kreis und betrachtet den Donnée aus der Nähe, ob z. B. dort ein Stein liegt oder ein »Eierbecher« (der Abdruck eines Kugelaufpralls) ist, der ihm den Wurf verderben könnte. Der Spieler darf laut Reglement ein beliebiges Loch auf dem Platz glätten, das heißt im Klartext er präpariert seinen Donnée. Anschließend schreitet er ein- bis zweimal den gesamten Weg ab, den seine Kugel zurücklegen soll und prüft dabei den Boden. Das macht er oft mit der Mannschaft gemeinsam – das glättet den Boden zusätzlich. Dann geht er in den Kreis zurück und leitet seinen Wurf ein.

Der Pointeur schaut während seines Wurfes unverwandt den gewünschten Aufschlagpunkt der Kugel an. Er hat sich diese Stelle auf dem Boden ausgewählt, weil er annimmt, dass von dort aus die Kugel ihren Weg in die Nähe der Zielkugel nimmt. Er plant den Lauf seiner Kugel. Ist sein Plan richtig, dann ist es viel wichtiger, den gedachten Donnée exakt zu treffen, als die Zielkugel anzuvisieren.

Von einem Leger wird die Fähigkeit erwartet, mit der Kugel eine Fläche von etwa der Größe einer Fußsohle auf ca. 5 m Entfernung zu treffen. Das kann man zum Beispiel mit einem Sterilisierglas-Gummi von etwa 12 cm Durchmesser üben. In steinigem Gelände ist das sehr wichtig. Einen Aufschlagpunkt zu

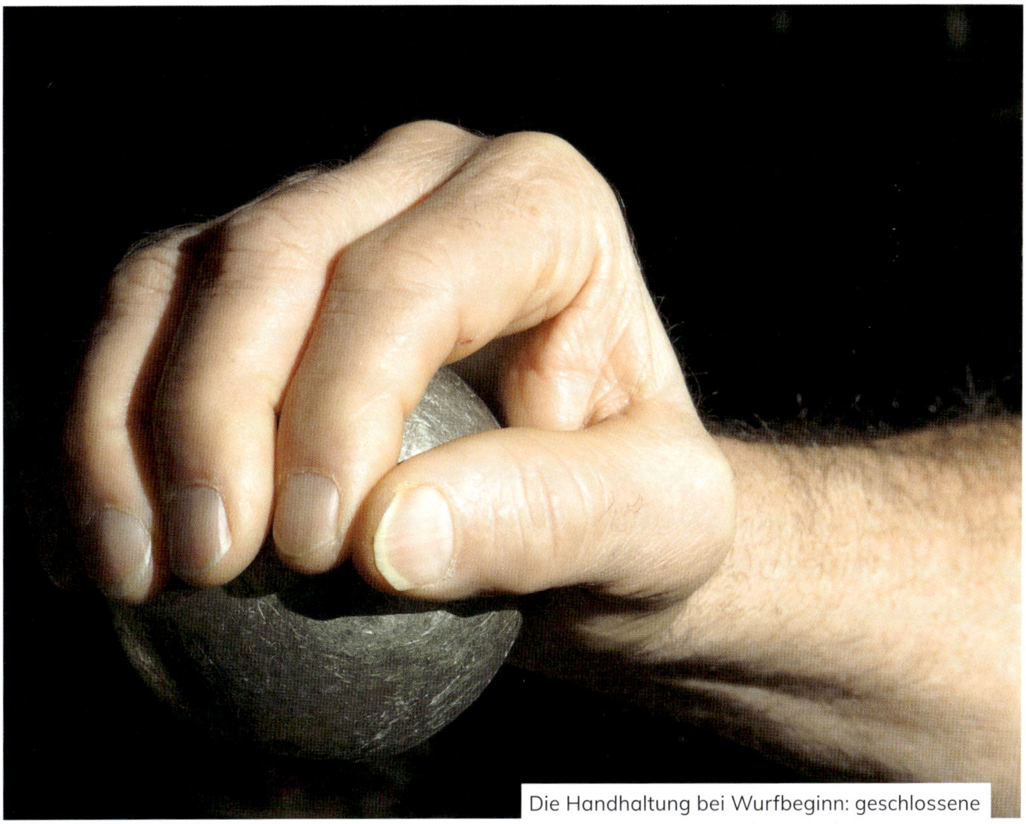

Die Handhaltung bei Wurfbeginn: geschlossene Finger, der Daumen verlängert den Unterarm.

präparieren, um ihn dann um 50 cm zu verfehlen, legt der Gegner als Schwäche aus.

Gelegt werden kann aus der Hocke oder im Stand. Man kann einen Roulant (rollen auf dem Boden) werfen, einen Demi-portée (etwa schulterhoher Wurf) oder Portée (über Kopf bis in Höhe von mehreren Metern). Eine Unterart des Portée ist der Plombée (die Kugel rollt nach dem Aufprall fast nicht).

Das Legen aus der Hocke ist für weite Entfernungen nicht gut geeignet, bietet aber den Vorteil »hautnah« am Bodenrelief zu sein. Man geht in die Hocke auf die Fußballen und richtet den Oberkörper bolzengerade auf. Dabei geht man so weit hinunter, bis der Oberschenkel voll auf der Wade aufliegt. Dann kann man ohne Krafteinsatz im Gleichgewicht sitzen. Oft sieht man, dass der Oberschenkel beim Wurfarm höher steht als der andere. Auch gespreizte Schenkel sieht man. Der Wurfarm hängt locker herunter und der Wurf wird eingeleitet. Viele Spieler schnellen beim Abwurf etwas aus dem Sitz hoch. (Achtung! Die Füße müssen auf dem Boden bleiben.)

Das Legen aus dem Stand ist genauso verbreitet und bei größeren Entfernungen von Vorteil, denn hier ist Überblick gefragt. Den Nachteil der Bodenferne kann man ausgleichen, indem man vor dem Wurf in die Hocke geht und einen Aufschlagpunkt bestimmt und anschließend aus dem Stand spielt.

Der Wurf Demi-portée ist sozusagen der Normwurf. Die Kugel wird ungefähr schulterhoch abgeworfen und berührt etwa nach der Hälfte der Distanz den Boden und rollt die restliche Strecke aus bis zum Stillstand. Hier bestimmen die Höhe des Bogens und der Rückdrall wie weit die Kugel nach dem Aufprall rollt. Je höher der Bogen, desto kürzer rollt die Kugel. Damit kann man die Wurfdistanz

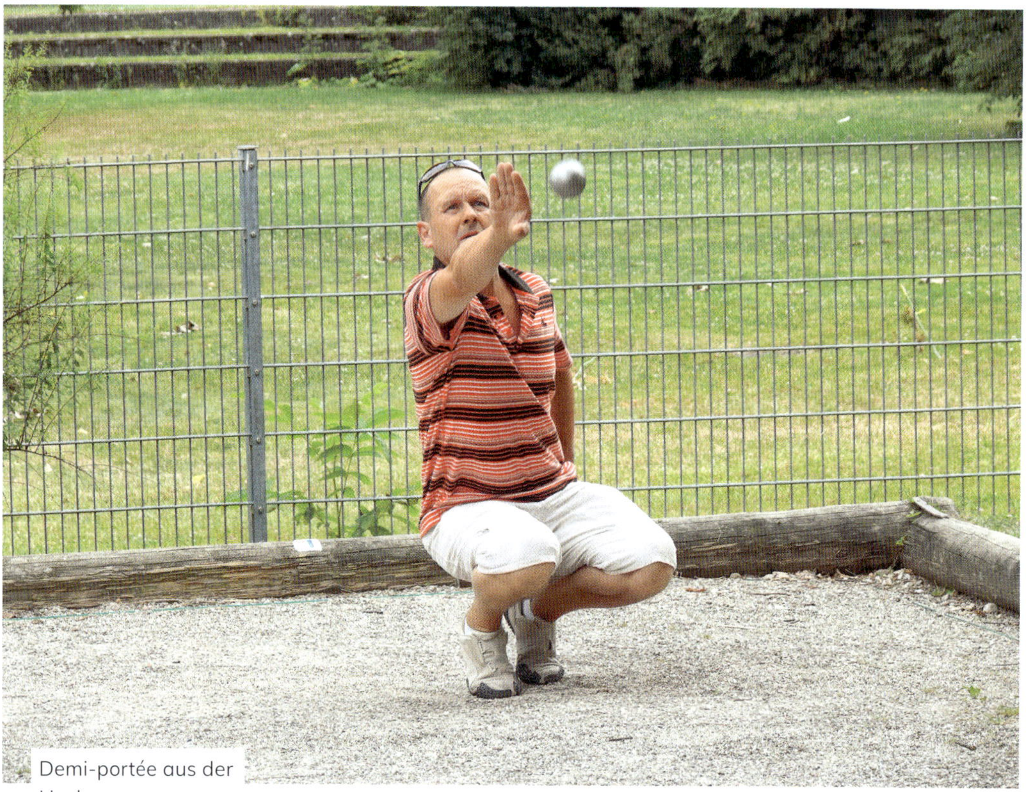

Demi-portée aus der Hocke

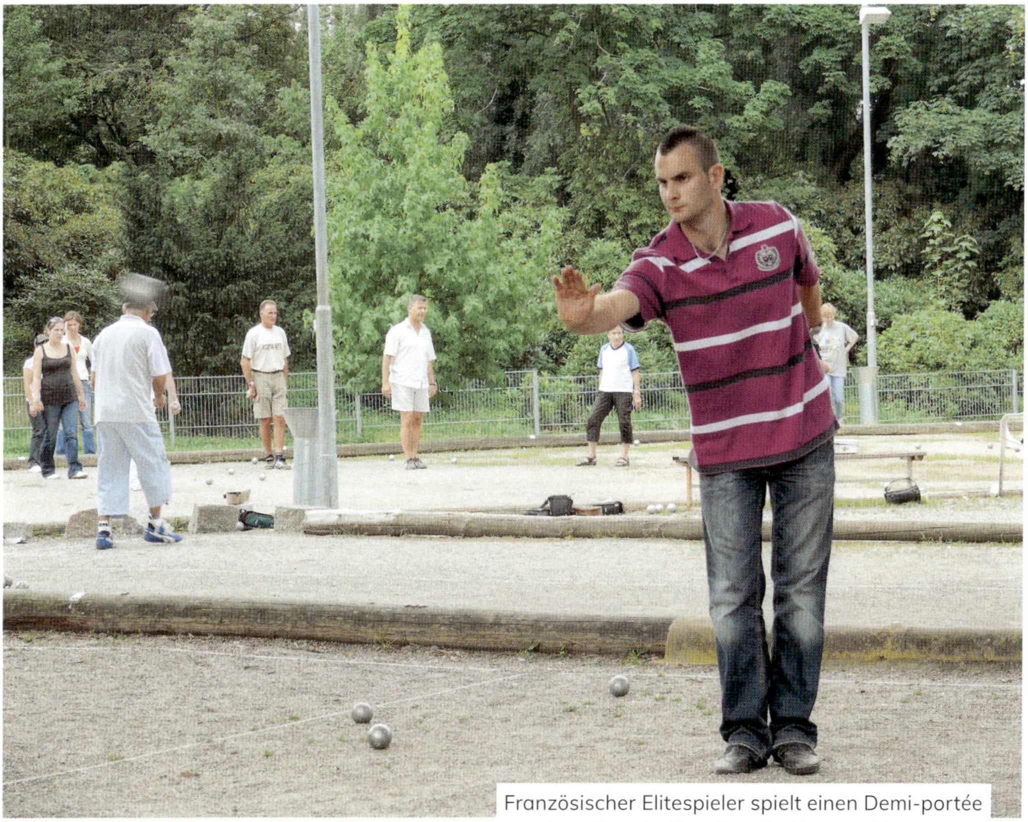

Französischer Elitespieler spielt einen Demi-portée aus dem Stand mit weit aufgeklappter Hand.

bei gleichem Donnée korrigieren (Loch vorher zu machen!). Bei diesem Wurf wird oft in der Endphase des Wurfs bei der Freigabe der Kugel die Hand extrem aufgeklappt um den Lauf der Kugel zu verkürzen.

Wichtig ist, die Kugel am Ende des Wurfs einfach fallen zu lassen und ihr nicht noch einen Impuls mitzugeben. Das klingt einfacher als es ist. Hand aufmachen und Finger nach oben strecken passiert gleichzeitig. Beim Verlassen der Hand soll die Kugel keine Finger mehr berühren. Ob das gelungen ist erkennen Sie daran, dass die Kugel nach dem Aufprall nur noch ca. 1,5 m läuft, je nach Bodenbeschaffenheit etwas mehr oder weniger.

Oft sieht man auch Spieler, die beim Fassen der Kugel Zeigefinger und kleinen Finger nach vorne weg strecken. Die Faust mit den beiden Hörnchen sieht dann aus wie das Abwehrzeichen der Südländer gegen den bösen Blick. Diese Spieler haben bemerkt, dass nur Ringfinger und Mittelfinger an der Kugel den geraden Lauf der Kugel fördern. Um das zu bewirken, braucht man aber nicht die »Hörnchen« wegzustrecken. Man belässt es bei der normalen Handhaltung und hält die Kugel nur zwischen Mittel- und Ringfinger sowie der Handfläche. Die übrigen Finger sind arbeitslos, auch der Daumen. Die Hand klappt in der Endphase des Wurfs zurück mit nach oben gestreckten Fingern, genau wie oben.

Anspruchsvoller ist der Wurf Portée. Er wird mit weit über den Kopf gestrecktem Arm ausgeführt, und die Kugel soll erst ungefähr einen Meter vor der Zielkugel aufschlagen und rollt den Rest. Ein extremer Portée wird vom Knie hochgezogen und kann sehr weit hochsteigen. Ein Portée kommt zum Einsatz in schwieri-

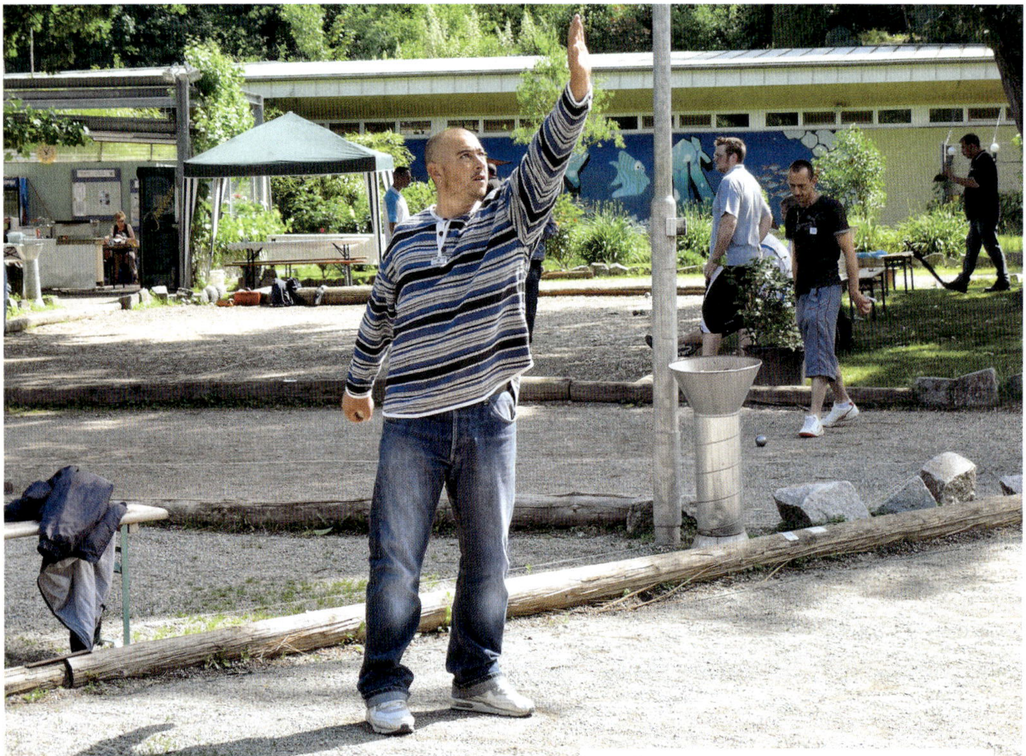

Portée aus dem Stand (bei beiden Bildern ist die Wurfhand extrem geöffnet).

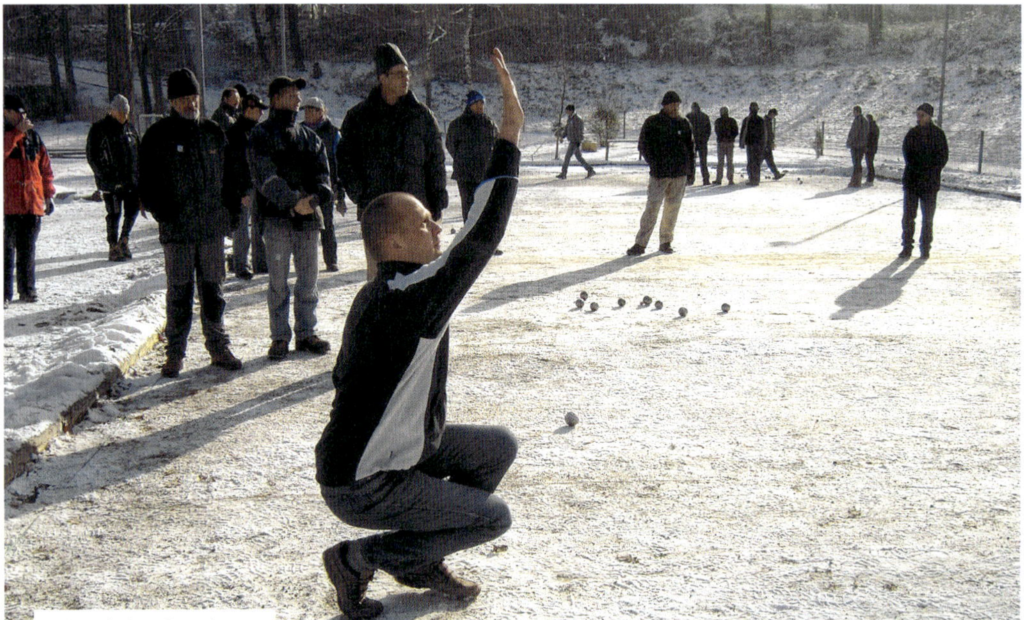

Winterliches Portée aus der Hocke

gem steinigen Gelände, bei Hindernissen oder wenn es gilt hinter bereits gespielte Kugeln zu legen. Da der Wurf viel Kraft und Übung erfordert ist er nicht häufig zu sehen. Aber wer es kann, der schwört drauf.

Der Wurf Roulant wird etwas verächtlich kegeln genannt. Damit tut man den Spielern, die ihn beherrschen, unrecht. Der Wurf gehört einfach zu einem vollständigen Werkzeugkasten. Es gibt extrem harte Böden (z. B. nicht versiegelte Parkplätze), die dafür sorgen, dass jeder Wurf verspringt und der einzig wirksame Wurf Roulant ist. Und gewonnen ist gewonnen. Rouler wird meist aus der Hocke gespielt und kann mittels Rückdrall gesteuert werden. Allerdings muss der Krafteinsatz ziemlich genau dosiert werden, sonst ist man in null Komma nichts zwei Meter hinter der Sau. Der Wurf Roulant setzt kurz nach dem Abwurfkreis auf und rollt praktisch die gesamte Spieldistanz. Die Abhängigkeit von der Bodenbeschaffenheit ist hier sehr groß und die Kunst des Bodenlesens besonders gefragt. Feinkörnige glatte Böden ohne Hindernisse werden für diesen Wurf bevorzugt.

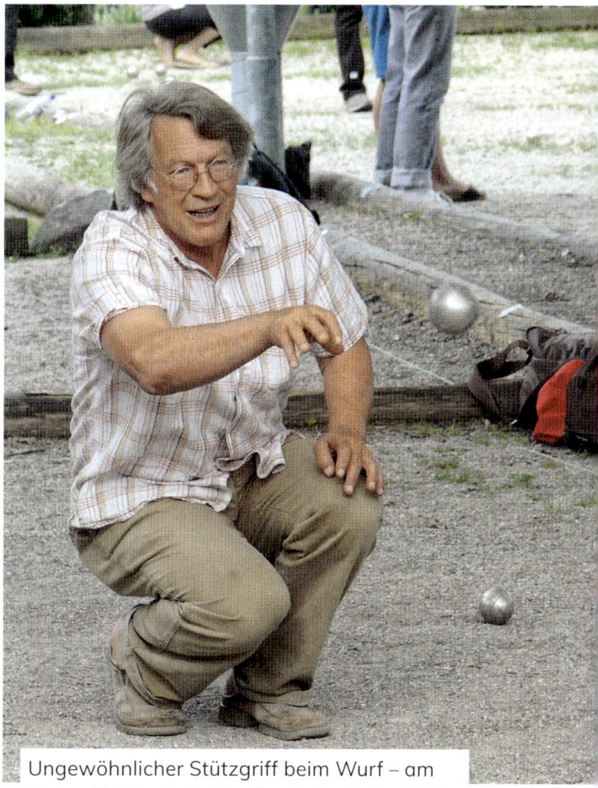

Ungewöhnlicher Stützgriff beim Wurf – am Ende zählt bei individueller Technik der Erfolg.

Beim Legen noch zu erwähnen ist der Effet-Wurf. Wir haben oben gesehen, dass beim Abwurf die Knöchel der Hand waagerecht sein sollen, um einen geraden Lauf der Kugel zu erreichen. Wir können nun die Richtung der Kugel nach dem Donnée bewusst beeinflussen. Das ist dann notwendig, wenn der direkte Weg zum Ziel durch ein Hindernis versperrt ist. Nehmen wir an, rechts von einem Hindernis ist der Boden spielbar. Die Kugel soll also ab dem Donnée nach links laufen. Beim Abwurf Demi-portée oder Portée, je nach Distanz zwischen Hindernis und Ziel, kippt man die Hand um 45 Grad nach rechts und wirft neben das Hindernis. Je langsamer die Kugel läuft, desto mehr folgt sie dem Effet und läuft nach links. Ein anderes Beispiel: Der Boden sei links abfallend und rechts aufsteigend – eine schiefe Ebene also. Hier wird die Hand um 45 Grad nach links gekippt, um mittels des Effets einen geraden Lauf der Kugel zu erreichen. Die Kugel tendiert dann nach rechts, wird aber durch die Schräge korrigiert. Allerdings folgt hier mit abnehmendem Tempo die Kugel immer stärker dem natürlichen Gefälle. Wenn der Effet mit einem Rückdrall kombiniert wird, dann kann die Bahn der Kugel einem Bogen folgen. Effet-Würfe sind sehr trainingsintensiv, und man braucht viel Fingerspitzengefühl bis es klappt.

Schließlich und nicht zu vergessen: der Wurf der Zielkugel. Wer eine Zielkugel genau dorthin legen kann, wo er sie haben will, hat die Spieleröffnung in der Hand. Das Problem beim Wurf des Cochonnet ist, dass das kleine Holzkügelchen so leicht ist. Wenn der Boden rau ist, dann hüpft die Sau unkalkulierbar in der Gegend herum und landet nur selten dort, wo sie hin soll. Der Wurf muss wie bei der Kugel geübt werden. Man sagt, die Zielkugel wird genau wie die Kugel geworfen. Ich persönlich nehme sie zwischen zwei Finger und bin damit mehr oder minder zufrieden.

Das Schießen (tirer)

Der Schießer (Tireur) ist der Verteidiger. Er entfernt mit seinen Schüssen störende gegnerische Kugeln aus der Gefahrenzone des Spiels. Er kann (wenn er kann) die Aufnahme durch einen Sauschuss beenden, falls ihm die Spielsituation nicht mehr passt. Der Schuss wird nur selten aus der Hocke ausgeführt, meistens im Stehen.

Der Schießer ist weniger bodenabhängig als der Leger. Der Schuss (Tir) aufs Eisen (au fer) kommt durch die Luft, der Schuß vor die Kugel (Tir devant) muss schon den Boden ins Kalkül einbeziehen und beim wuchtigen Flachschuss (Raspaille) muss man den Boden richtig ernst nehmen. Und damit haben wir schon die Schussarten aufgelistet.

Es gibt im Pétanque nichts Spektakuläreres als ein Spiel, in dem der Tir au fer dominiert. Es knallt laut, und die Gegnerkugel ist verschwunden. Zuschauer und die eigene Mannschaft sind begeistert; die gegnerische Mannschaft bekommt Depressionen. Wenn dann noch ein Carreau (die Schießerkugel

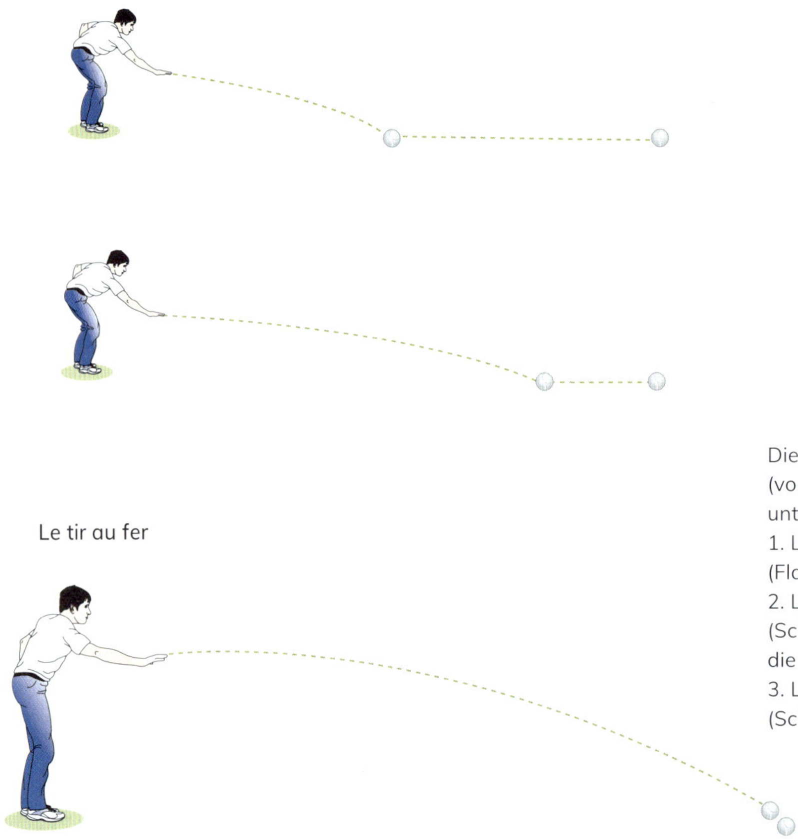

Die Schussarten (von oben nach unten):
1. La raspaille (Flachschuss)
2. Le tir devant (Schuss kurz vor die Kugel)
3. Le tir au fer (Schuss aufs Eisen)

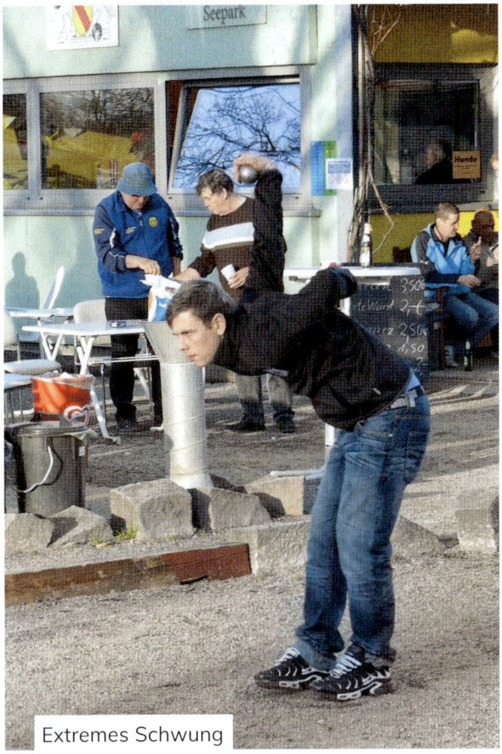

Extremes Schwung holen zum Schuss

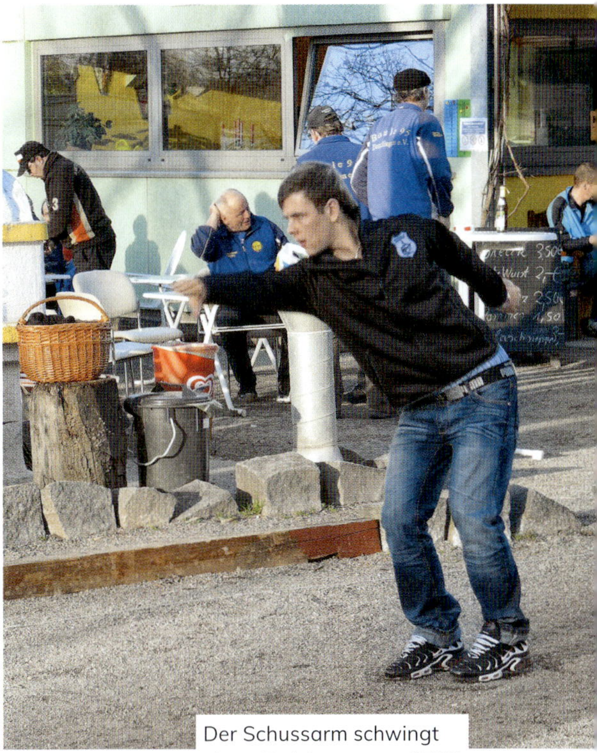

Der Schussarm schwingt einen Kreisbogen von 270°!

bleibt nahe im Spiel) oder gar ein Carreau sur place (die Schießerkugel nimmt exakt den Platz der weggeschossenen Kugel ein) gelingt, dann kennt der Jubel keine Grenzen. Ein Carreau gelingt dann, wenn die Gegnerkugel vorne über dem Kugeläquator mit Rückdrall und einem Aufprallwinkel von ca. 45° getroffen wird. Der Rückdrall hebt die Gegnerkugel hoch und gleichzeitig wird die Schusskugel darunter gedrückt. Fertig ist das Carreau sur place! Es muss also im Bogen und nicht zu stark geschossen werden, damit der Winkel erreicht wird.

Aber als Boule-Normalverbraucher ist man schon froh, die Gegnerkugel einfach nur »weg machen« zu können – egal wo danach die eigene Kugel liegt. Denn der Aufwand, überhaupt so schießen zu können, ist enorm. Nehmen wir an, die Flugbahn der Schusskugel berührt die Gegnerkugel am Rand, was für den Erfolg genügt, dann darf die Flugbahn der Schusskugel eine maximale Abweichung von der Ideallinie von jeweils ca. 7 cm nach links oder rechts haben. Wenn Sie sich das auf eine Distanz von acht Metern vorstellen, dann erkennen Sie die Herausforderung, denn aus acht Metern Entfernung sieht eine Kugel inklusive Abweichungskorridor verdammt klein aus. Betrachten Sie die Weite des Schusses, dann haben Sie in der Höhe der Flugbahn noch weniger Spielraum, denn ein Schuss auf den Pol der Kugel, Casquette (Mütze) genannt, führt oft nur zu einem kleinen senkrechten Hüpfer der Gegnerkugel.

Übrigens nennt man die linke Seite der Kugel »linkes Ohr« und die rechte entsprechend. Treffe ich das rechte Ohr, so geht die zu treffende Kugel nach links und die Schusskugel nach rechts. Das hat zu dem Begriff der »Schere« geführt, denn auf diese Weise kann der geübte Tireur mehr als eine gegnerische Kugel mit einem Schuss beseitigen.

Trifft ein Tireur mit vier von fünf Schüssen, dann ist er gut. Das ist nur mit viel und ständiger Übung zu erreichen und zu halten. Geübt wird z. B., indem eine Kugel auf eine kleine Gummimatte gelegt und dann auf verschiedene Distanzen geschossen wird. Die Gummimatte hat den Zweck, dass man nicht den Tir devant (die Schusskugel setzt kurz vor dem Ziel auf) übt, weil dann die Schusskugel über das Ziel hüpft.

Schießer ritualisieren den Schuss bewusst, um die Konstanz des Ablaufs zu fördern. Dazu gehören auch mentale Rituale, wie die Affirmation »ich schieße gerne, es macht mir Spaß« (wiederholte Affirmationen sind autosuggestiv und leiten das Unterbewusste an). Wenn der Gegner die 13 liegen hat, dann lastet auf einem Schießer mit der letzten Kugel ein ungeheurer Druck. Da können selbst ausgebuffte Spieler das Flattern kriegen und den Schuss »lochen«. Es nützt gar nichts, Trainingsweltmeister zu sein und im Turnier nur 20 Prozent Trefferquote zu realisieren. Das findet alles im Kopf statt und der muss auch trainiert werden, nicht nur der Arm. Also, positives Denken trainieren – wer daran denkt, dass der Schuss in die Hose gehen kann, der wirft mit hoher Wahrscheinlichkeit daneben. Sich konzentrieren, aber nicht nachdenken, sondern »abdrücken«. Wenn Gedanken aufsteigen wollen, dann sich bildlich vorstellen, wie der Schuss gelingt und/oder mit einer Affirmation dagegen halten. Negative Wörter wie »nicht« oder »kein« haben in einer Affirmation nichts verloren. Das Unterbewusste macht aus der Aussage »ich bin nicht nervös und gespannt« die Anweisung »ich bin nervös und gespannt«; richtig heißt es »ich bin ruhig und entspannt«. Und noch etwas: Nervosität ist letztendlich Angst vor dem Gegner. Wer sich das bewusst macht, kann besser damit umgehen. Wir sind doch keine Angsthasen, oder? Wir wollen Spaß haben! Das gilt übrigens auch für Leger.

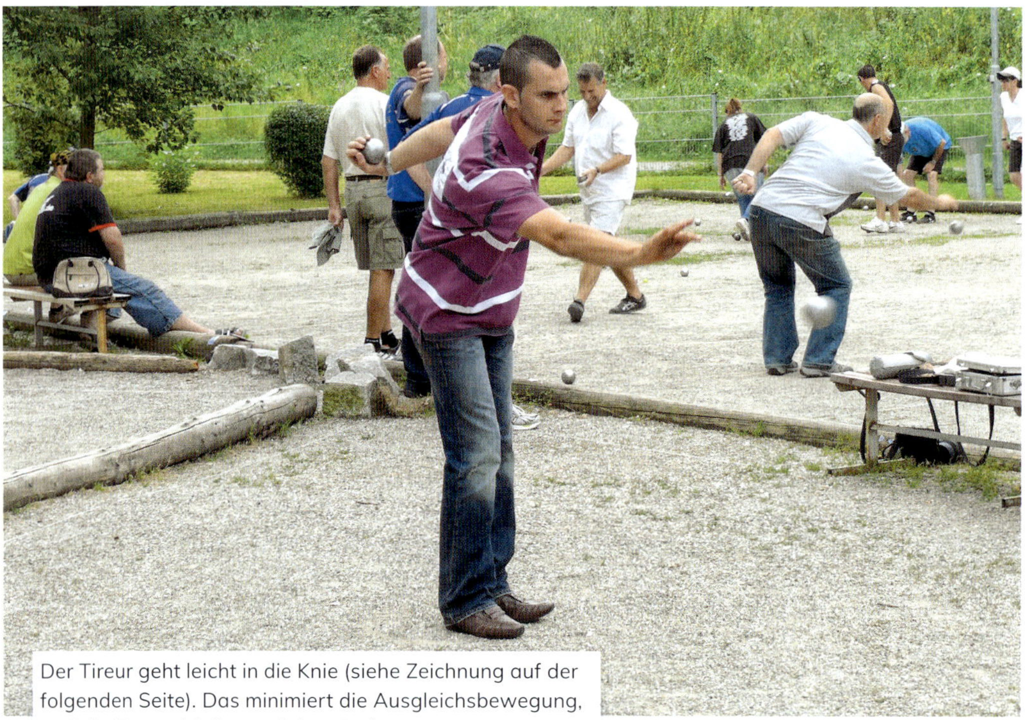

Der Tireur geht leicht in die Knie (siehe Zeichnung auf der folgenden Seite). Das minimiert die Ausgleichsbewegung, und die Fersen bleiben auf dem Boden.

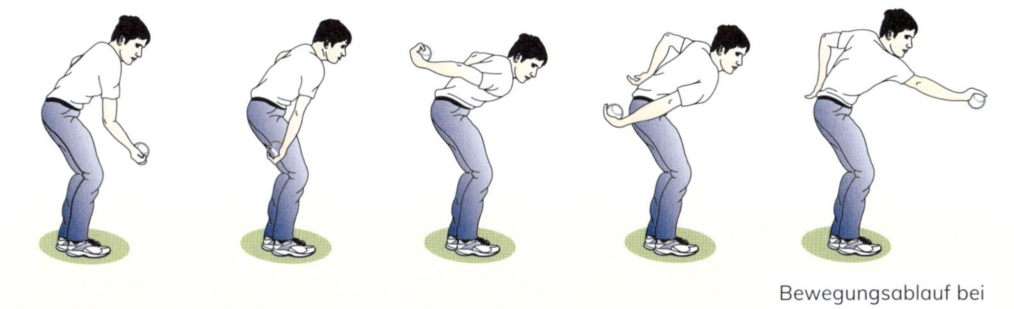

Bewegungsablauf bei einem Schuss

Der Schießer führt die normale Wurftechnik aus, wie oben beschrieben. Mit dem Unterschied, dass er hinten weiter ausholt und in der Endphase des Wurfes mit der gestreckten Hand auf das Ziel deutet. Das hat den Zweck zu verhindern, dass der Arm in der Endphase gebeugt nach innen schwingt. Weiter kann der Schießer den Oberkörper versteifen, indem er den arbeitslosen Arm neben dem Körper nach innen dreht, das bringt mehr Ruhe in den Schuss. Besonders ist auf eine nicht verdrehte Hand und geschlossene Finger zu achten. Man sieht Schießer, die beim Schuss fast aufrecht stehen und Schießer, deren Oberkörper nahe zum 90-Grad-Winkel gebeugt ist. Der Schussarm legt so einen längeren Weg (= mehr Schwung) zurück wie beim beinahe aufrechten Stand. Der Schuss au fer ist zwingend, wenn es um das Ziel eng zugeht.

Der Schuss kurz vor die Kugel (Tir devant) soll die Trefferwahrscheinlichkeit erhöhen, weil bei richtiger Ausführung die Schusskugel nicht hinter dem Ziel landen kann. Womit wir schon beim Problem sind. Damit die Kugel beim Aufprall nicht springt muss ein Rückdrall mitgegeben werden und der Boden soll den Aufprall einigermaßen absorbieren können. Ein gering nachgiebiger Boden mit etwas körnigem Belag eignet sich dafür. Die Schusskugel bleibt öfter in der Nähe des Zieles liegen, weil sie beim Aufprall auf dem Boden Energie verliert. Natürlich muss vor dem Ziel genügend Platz sein, damit die Schusskugel aufsetzen kann. Bei hartem oder stark federndem Boden springt die Schusskugel über das Ziel. Die Schusstechnik entspricht dem Tir au fer, nur dass das Ziel knapp vor der Kugel liegt. Bevor der Tireur seinen Schuss einleitet geht er zu der Kugel, die er schießen will, und präpariert kurz davor mit der Fußsohle die Fläche auf der er seine Kugel aufsetzen lassen will. Er macht das Gleiche wie der Leger, der den Donnée präpariert. Das wiederholt er nach einem Fehlschuss (Loch). Der Tir devant wird von allen Schusstechniken am meisten eingesetzt.

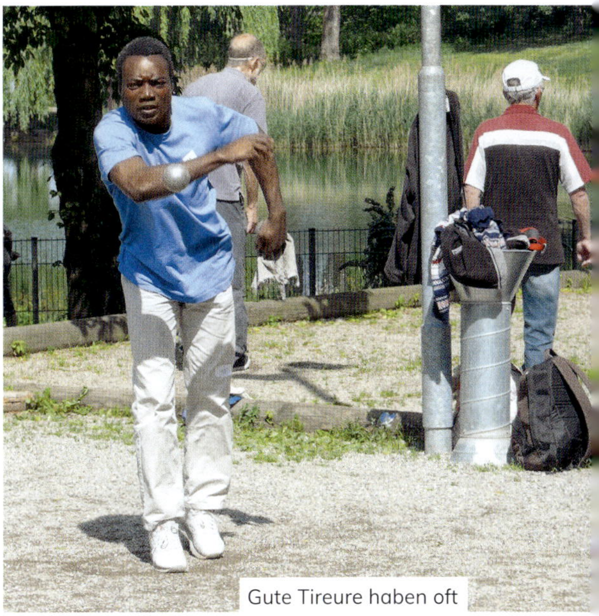

Gute Tireure haben oft einen individuellen Stil.

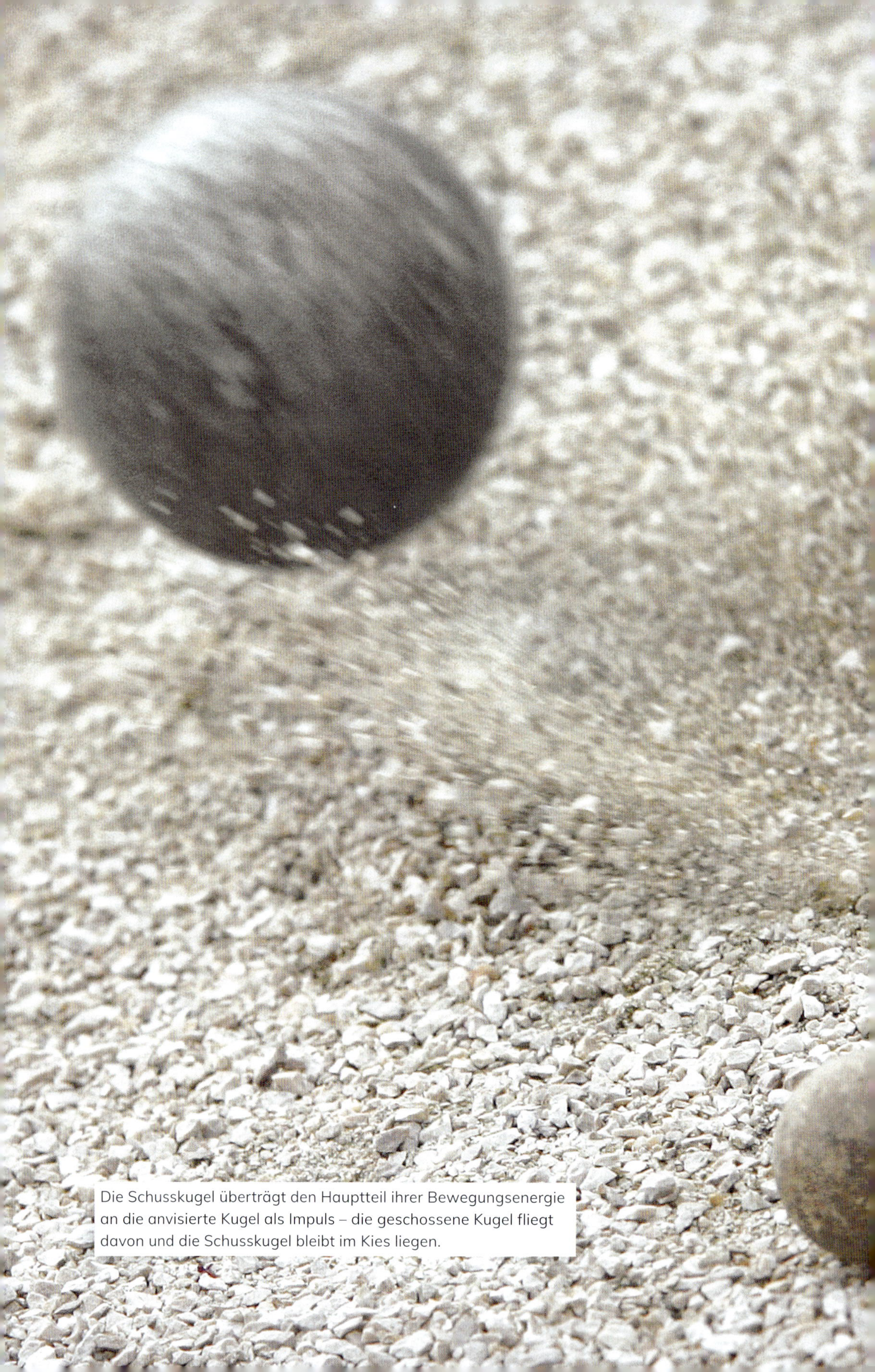

Die Schusskugel überträgt den Hauptteil ihrer Bewegungsenergie an die anvisierte Kugel als Impuls – die geschossene Kugel fliegt davon und die Schusskugel bleibt im Kies liegen.

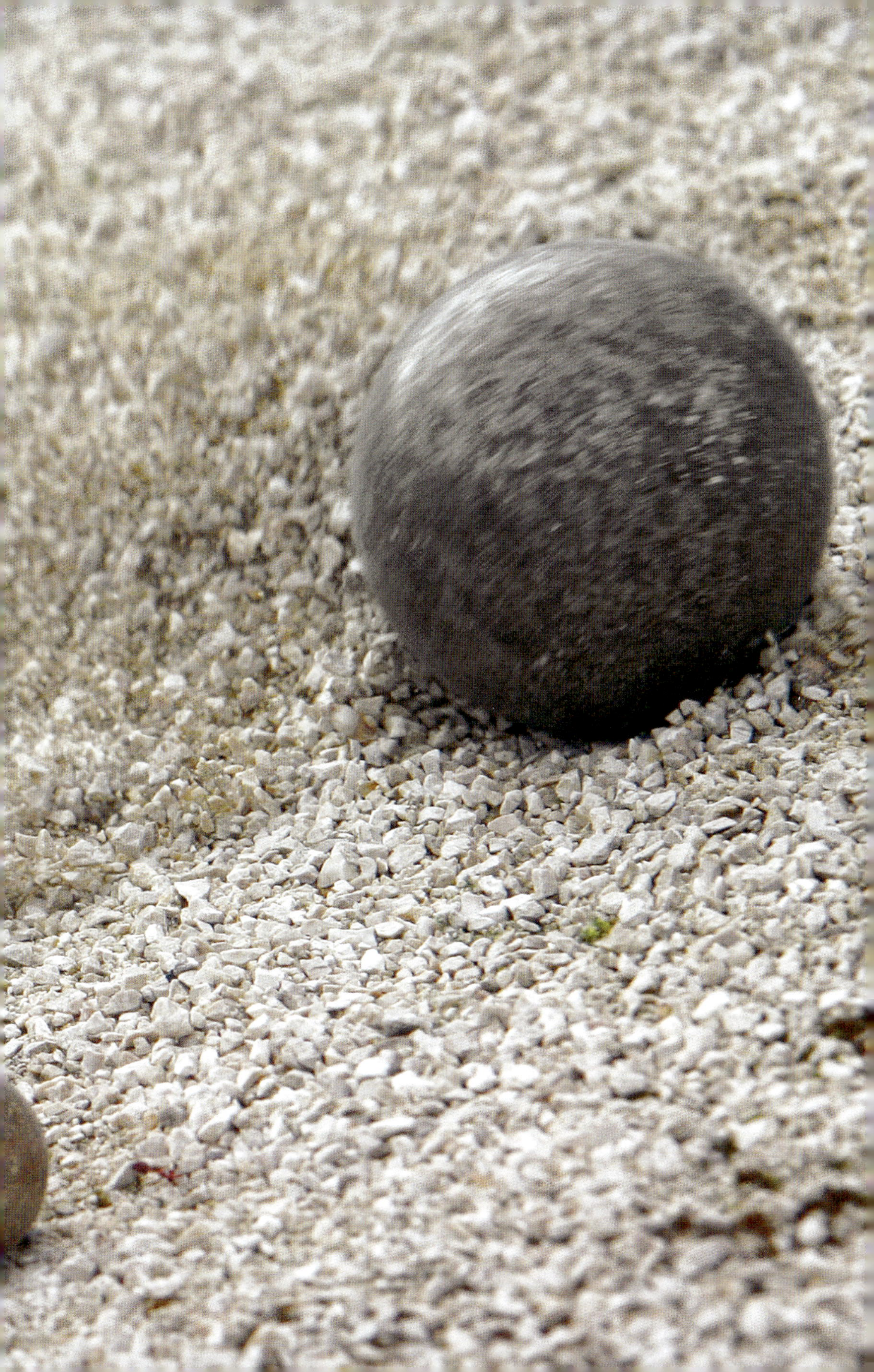

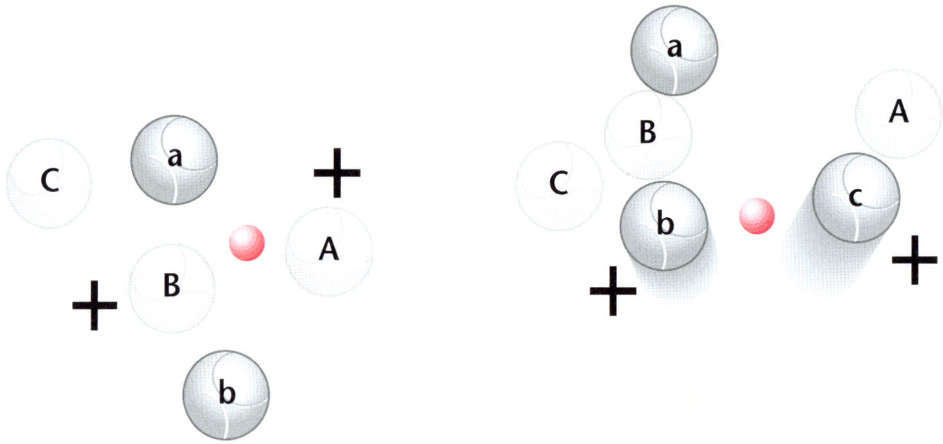

Hell hat 2 Punkte. Mit der Kugel c schießt Dunkel flach auf die eigene b; c und b scheren auf und drücken die anderen Kugeln weg; Dunkel gewinnt 2 Punkte: eine klassische Schere.

Der Flachschuss (Raspaille) ist unter Tireuren genau so angesehen wie der Rollwurf (Roulant) unter den Pointeuren, nämlich gar nicht. Und man tut beiden Unrecht. Auf sehr große Entfernung gibt es keine Alternative zum Flachschuss. Schießen Sie mal auf 20 Meter au fer oder devant (die Sau kann sich im Spiel bis zu 20 m weit vom Abwurfkreis weg bewegen) ... Der Tireur des Raspaille schreitet vor seinem Schuss wie der Leger die gesamte Distanz bis zum Ziel ab und kontrolliert den Boden. Die Strecke zwischen Werfer und Ziel muss völlig frei sein. Auch schaut er, wo er seinen Flachschuss ansetzen will und glättet diese kleine Fläche, damit sein Schuss nicht sofort verspringt. Dies wiederholt er nach einem Fehlschuss.

Man setzt früh auf und wirft mit viel Kraft und Rückdrall. Die Geschwindigkeit und der Rückdrall tragen dazu bei, dass die Kugel kleine Bodenunebenheiten ignoriert. Diese werden erst wirksam, wenn die Kugel Geschwindigkeit verliert. Für den Flachschuss geht der Tireur etwas in die Knie mit geneigtem Oberkörper oder gar in die Hocke um näher am Boden zu sein.

Der Flachschuss wird auf planem feinkörnigem Boden ohne Hindernisse eingesetzt. Anlass ist meist ein Ziel ab neun Meter Entfernung. Auch um eine vertrackte Situation aufzulösen findet der Wurf Verwendung (éclairer le jeu); es wird dann mit viel Kraft in einen Kugelhaufen geworfen. Wenn ein Volltreffer erzielt wird, bleibt die Schusskugel oft beim Ziel liegen.

Auf große Entfernung muss man höllisch aufpassen, dass die Kugel kein Unheil anrichten kann! Da muss dann eine Person hinter dem Ziel stehen, die das Schlimmste verhindern kann*.

* Wir haben auf einem öffentlichen Platz in der Stadt gespielt. Das war direkt bei einem Haus. Als die Kugel unterwegs ist kommt hinter dem Haus eine Frau mit Kinderwagen hervor. Es ging gut aus. Die Frau war sich der Gefahr nicht bewusst, aber ich kriege heute noch schweißnasse Hände beim Gedanken an diese Situation.

KAPITEL 7
Das Terrain

Manchmal ertappe ich mich dabei, wie ich irgendwo beim Spazierengehen den Boden beurteile auf die Legetechnik, die er verlangt. Ich habe in der Natur noch keinen völlig planen Boden angetroffen. Dazu kommt, dass der Boden innerhalb einer Spieldistanz unterschiedlich beschaffen sein kann. All das zwingt den Boulespieler, sich eine Meinung über das Terrain und in der Folge über die dazu passende Spielweise zu bilden. Das Lesenkönnen eines Bodens ist neben dem Beherrschen der Wurftechniken die wichtigste Basis, um das Spiel technisch zu beherrschen.

Auf die Beschaffenheit bestimmter Böden wird hier nicht eingegangen. Nach ein paar Probewürfen weiß der Spieler ohnehin, was Sache ist. Die Möglichkeiten verschiedener Böden und deren Mischung sind Legion. Die Schilderung wäre einfach ermüdend. Ganz allgemein kann man sagen, je härter der Boden, desto flacher das Spiel.

Endspiele von Turnieren werden oft unter Flutlicht ausgetragen. Unter Flutlicht ist das Lesen des Bodens erschwert, weil das Hauptlicht nur von oben kommt und schwache Schatten das Bodenprofil nicht deutlich zeigen (ganz zu schweigen vom Licht der Straßenlaternen). Um den Spielern eine Anpassung zu ermöglichen wird das Kunstlicht meist bereits eingeschaltet, wenn das Tageslicht zum Spielen noch ausreichen würde.

Das Relief

Das Relief ist die Form der Oberfläche des Bodens, nicht die Beschaffenheit. Die kleinen Berge, Täler, Kanäle, Schrägen bestimmen die Wahl des Donnée. Das Boulodrome (eingerichteter Bouleplatz), in dem ich häufig spiele, hat eine Grundneigung von jeweils vier Prozent nach Westen und Norden, unabhängig von den Unebenheiten. Werfe ich in die ansteigende Seite einer Erhebung, dann wird meine Kugel abgebremst; werfe ich in eine abfallende Flanke, so wird meine Kugel beschleunigt. Die Schräge kann kaum sichtbar sein und der unkundige Werfer ist ratlos. Treffe ich den Scheitel einer Erhebung, so ist das Verhalten so lange neutral bis die Kugel in einen Abhang gerät und diesem folgt. Diffizil wird es, wenn die leichte Zielkugel im Scheitel liegen bleibt. Dann müssen die Alternativen geprüft werden was passiert wenn die Kugel nicht hinaufkommt und was passiert wenn die Kugel hinten runter rollt.

Oft ist auf Bouleplätzen, die mit Schnüren unterteilt sind, der Boden unter der Schnur ein Scheitel und links und rechts der Schnur ist in deren Nähe ein Abhang. Dies liegt daran, dass der Boden in Schnurnähe weniger bespielt wird als im Zentrum der Bahnen und sich bei der Schnur dann Kies und Sand sammeln. Wenn nun eine Zielkugel in der Nähe der Schnur liegt, sind viele versucht in die Nähe der Schnur zu werfen und sind dann perplex, dass die Kugel am Abhang abprallt und diesem folgt. Besser ist es dann mit einem leichten Effet und in etwas Abstand zur Schnur zu arbeiten. Von einem Wurf direkt auf die Schnur ist abzuraten, weil die Kugel dann verspringen kann.

Genauso kann ein flacher Kanal, der meinen Weg leicht schneidend begleitet, bewirken, dass meine Kugel die Richtung ändert und der unmerklichen Eintiefung folgt. Werfe ich in einen Kanal, dann muss ich den Grund der Vertiefung treffen, sonst prallt die Kugel am Abhang der Vertiefung ab in Richtung Kanalgrund und oft darüber hinaus. Wenn der Boden nass ist, dann zeigen oft dunkle Stellen die Vertiefungen an.

Es gibt auch Vertiefungen, in die zuerst das Schweinchen rollt und dann in der Folge die ganze Aufnahme. Lustig wird es, wenn das Schweinchen hinter einer Vertiefung liegt und der Lauf der Kugel durch diese Wanne gestört wird. Das Gleiche gilt umgekehrt, wenn eine Erhebung kegelförmig ist. Dann ist es oft die beste Strategie, eine machbare Annäherung zu versuchen. Ich habe schon eine Situation erlebt, da lag die beste Kugel einen Meter von der Sau weg. Wir dachten spontan, der Pointeur habe verlegt. Der Gegner hat es dann aber in fünf Versuchen nicht geschafft, besser zu legen. Bis man erkennt, dass die Kugel geschossen werden muss, ist man bereits beträchtlich im Kugelnachteil und muss weiter legen. Kugeln, von denen man glaubt, sie mittels legen bezwingen zu können, aber in Wirklichkeit eine tödliche Gefahr darstellen, heißen »Engländer« (vielleicht wegen des Begriffs understatement). Wenn der Vorleger »verlegt«, dann ist Vorsicht geboten! Denn alle wissen ja, genau wie der Vorleger, wie wichtig die erste Kugel ist. Eine genaue Analyse des Reliefs hätte dieses Ergebnis verhindern können.

Diese unvollständigen Angaben über das weite Thema Relief sollen Ihnen die Augen öffnen für die daraus resultierende Problematik und Sie dazu sensibilisieren, Reliefs mit Respekt wahrzunehmen und die richtigen Schlüsse für Ihr Spiel daraus zu ziehen.

Auf Terrain libre

Wenn Sie sich irgendwo in der freien Natur oder auf öffentlichen Plätzen aufhalten, dann sind Sie auf Terrain libre. Auch auf Bouleplätzen abseits der Bahnen kann es Terrain libre geben. Keine Begrenzung zeigt Ihnen exakt, wo Ihre Boulebahn anfängt oder aufhört und Sie haben es oft mit Leuten zu tun, die von Pétanque nichts verstehen oder es sogar ablehnen (z. B. das Gros der französischen Mittelschicht). Und wenn Sie ein Schweinchen werfen, dann versteht der Hund der älteren Dame das als Aufforderung zum Spiel. Auf Terrain libre müssen Sie, um Ärger zu vermeiden, aufpassen, wo sie was machen können, denn meistens sind Sie nicht alleine. Ich habe schon auf Terrain libre reine Legespiele gespielt, weil schießen zu gefährlich war (Biergarten, Schwimmbad, öffentliche Anlagen). Und Sie müssen aufpassen, dass Ihre Kugeln nicht in Gullys, Bächen und sonst was verschwinden. Auch ist es angebracht, auf die Natur Rücksicht zu nehmen. Es ist bedauernswert und unverständlich für mich, wenn die Rinde von Bäumen bis zum Bast kaputt gebolzt wird.

Terrain libre bedeutet das Beachten bestimmter Regeln, denn die Spieltechnik des Pétanque ist überall gleich:

- Der Spieler soll das Terrain annehmen, wie es sich bietet. Natürlich kann man einen starken Ast, der auf dem Boden liegt, auf die Seite räumen. Aber lebende Äste abreißen, um einen Portée werfen zu können zeugt von Unverständnis für die Natur.
- Ist ein geeignetes Spielfeld gefunden, einigen sich beide Parteien wo Kugeln und Zielkugel im Aus sind.
- Bei Bäumen, Parkbänken, Mauern, Bordsteinkanten usw. innerhalb der Spielbahn wird abgesprochen, ob sie eine Kugel »töten« (Es gibt keine Vorschrift im Reglement, die festlegt, dass Hindernisse in der Spielbahn eine Kugel »töten«).

- Der Abwurfkreis muss mindestens 1 m und die Zielkugel mindestens 50 cm von allen Hindernissen entfernt sein. Schießer und Leger sollen beim Wurf ungehindert nach hinten ausholen können. Auch muss der Spieler nach hinten aus dem Kreis treten können.
- Nach einer Aufnahme wird die Zielkugel nicht aufgehoben, sondern man zieht den nächsten Abwurfkreis um sie. Erst dann wird das Schweinchen aufgehoben. Es gilt natürlich obige Ein-Meter-Regel.
- Ist es aus dem neuen Abwurfkreis nicht möglich, die Zielkugel auf zehn Meter zu werfen, so wird der Abwurfkreis in gerader Linie vom gedachten Ziel zurückverlegt bis dies möglich ist.
- Auf Terrain libre muss nicht hin und her gespielt werden. Man kann von Aufnahme zu Aufnahme mit der Sau regelrecht in eine Richtung wandern, um zu einem gewünschten Terrain zu gelangen; es sei denn, etwas anderes war vereinbart.

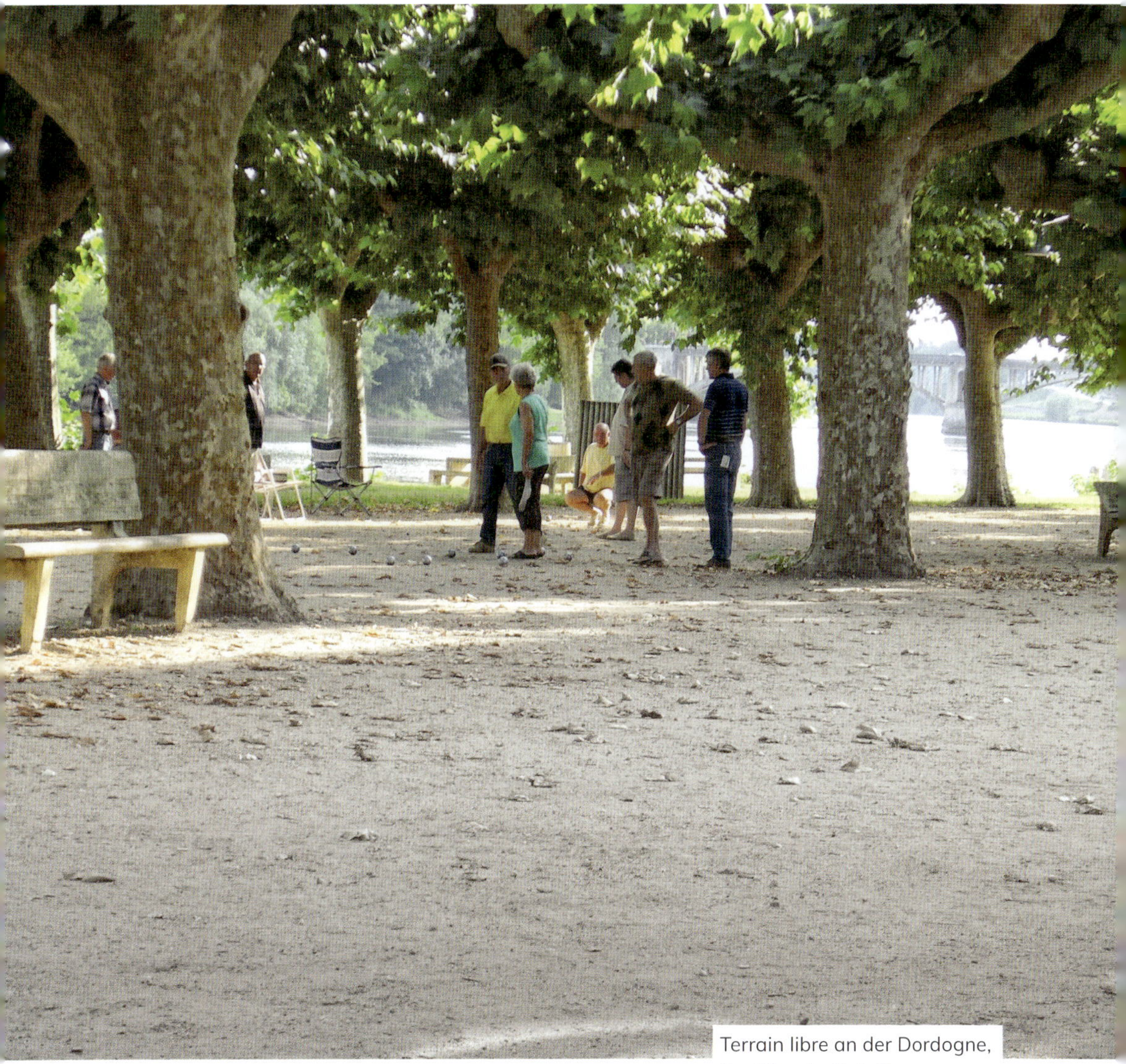

Terrain libre an der Dordogne, Castillon-la-Bataille

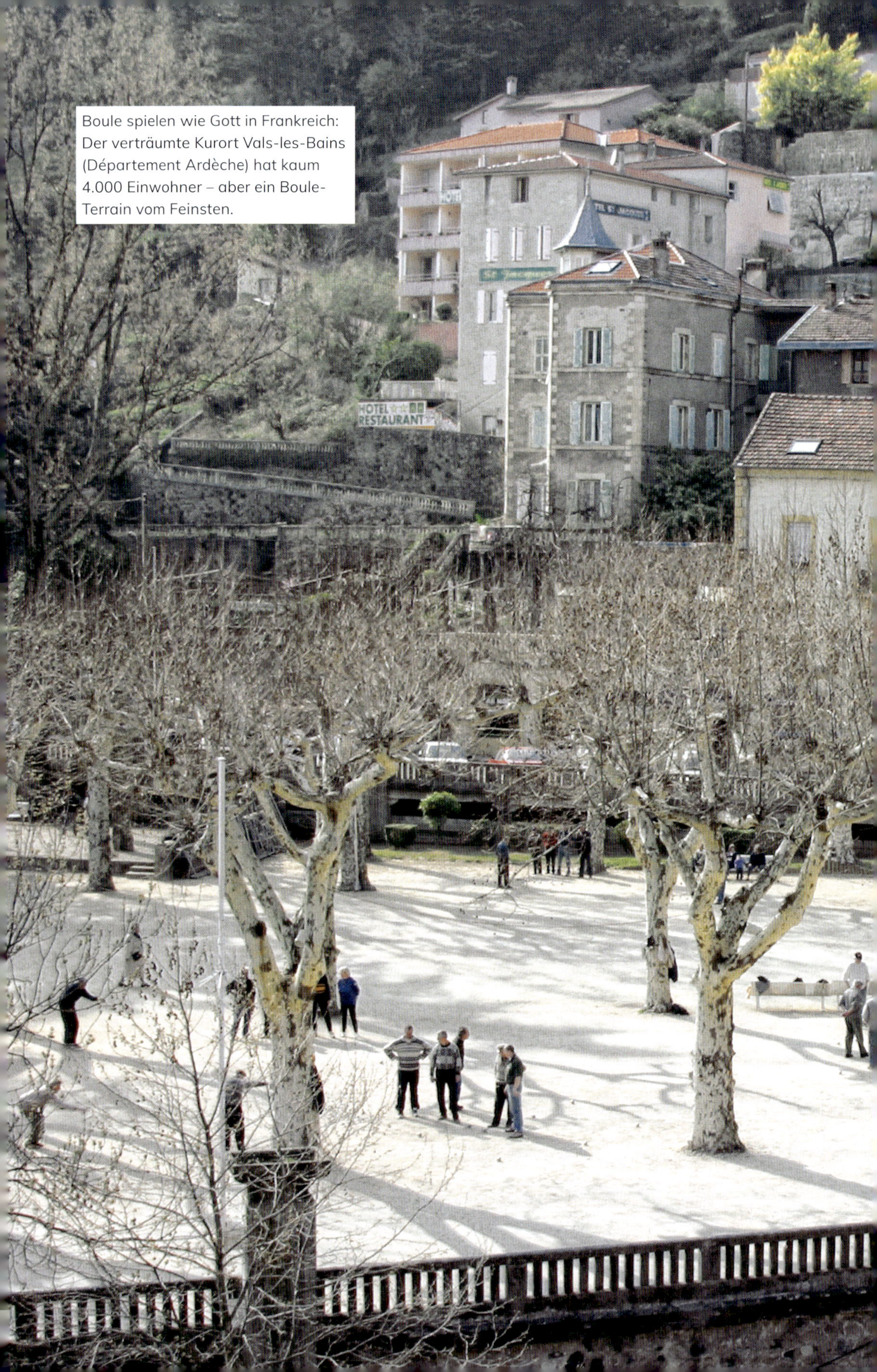

Boule spielen wie Gott in Frankreich: Der verträumte Kurort Vals-les-Bains (Département Ardèche) hat kaum 4.000 Einwohner – aber ein Boule-Terrain vom Feinsten.

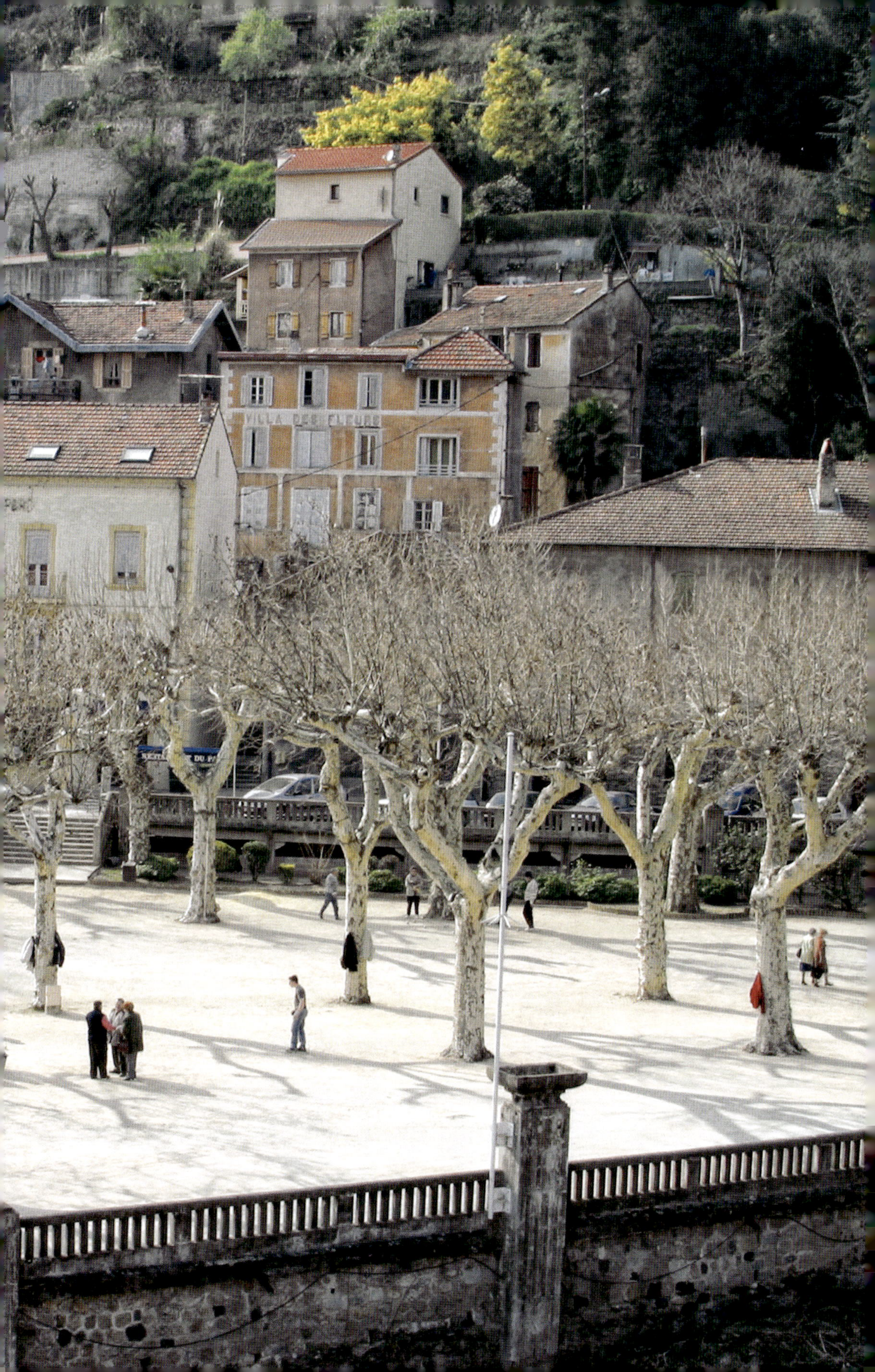

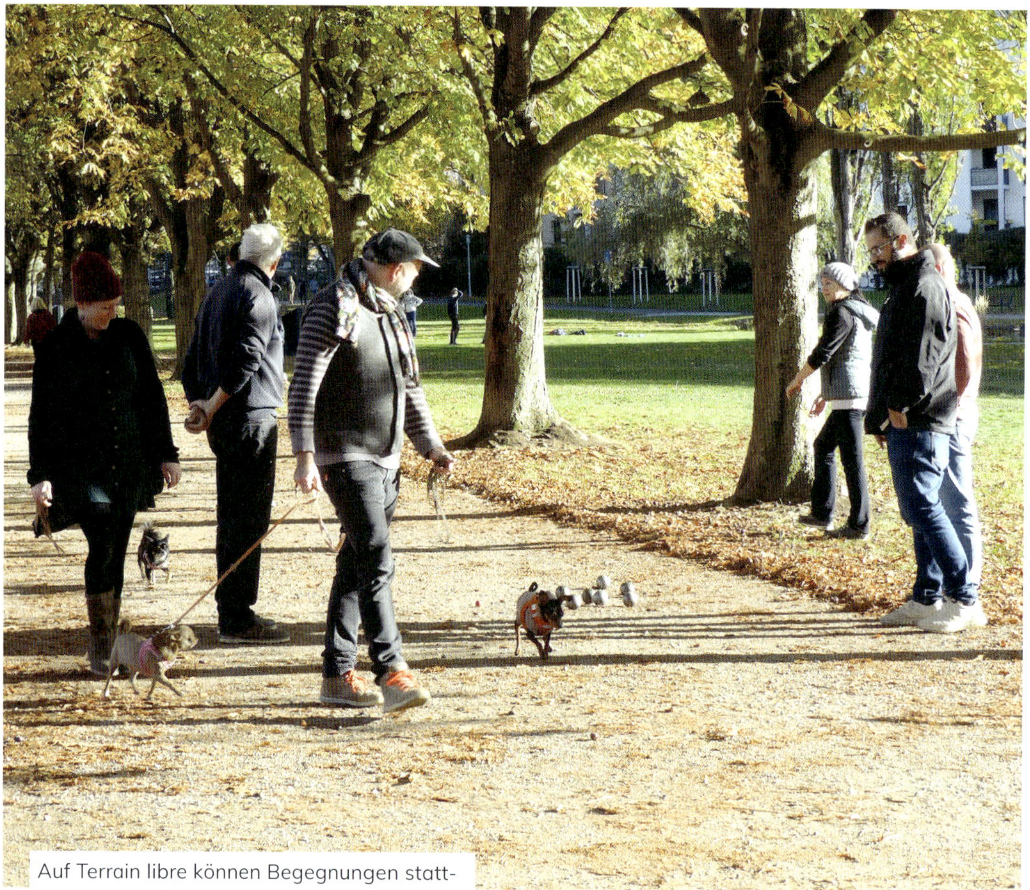

Auf Terrain libre können Begegnungen stattfinden, die es im Boulodrome nicht gibt.

Denken Sie daran, dass alles gilt, was beide Parteien im Vorfeld akzeptieren. Dies ist wichtig, wenn während des Spiels etwas Unvorhergesehenes geschieht, für das keine Vereinbarung besteht. Z. B. eine Wandergruppe mit Hunden quert die Spielbahn und verändert alles.

Im Boulodrome

Ein eingerichteter Bouleplatz, ein Boulodrome, gehört immer jemandem, einem Verein, einem Hotel oder einer Gemeinde. Diese Leute haben den Platz errichtet und sie pflegen ihn. Oft stehen auf Bouleplätzen mit Flutlichtanlagen Vereinsheime. Dann fallen Kosten an für Investitionen, Strom, Wasser, Abwasser, Müll, Pacht, Versicherungen, Telefon und, und, und. Auf Bouleplätzen ist man also zumeist Gast und dann benimmt man sich auch so. In Frankreich wird Sie niemand abweisen, wenn Sie mit Ihren Freunden einfach los spielen. Aber es gehört sich, vorher um Erlaubnis zu fragen, die mir noch nie verweigert wurde.

Wenn Sie einen Bouleplatz betreten, sehen Sie meist mit Holzbalken abgegrenzte Vierecke, die an einer Seite ca. 15 Meter lang sind. Am Rand recken sich Flutlichtmasten hoch. Im Innern liegt ein harter Belag, lose darauf Sand und Kies. Schauen Sie genauer hin, so sehen Sie feine Schnüre, die das große Viereck in 15 Meter lange und drei bis vier Meter breite

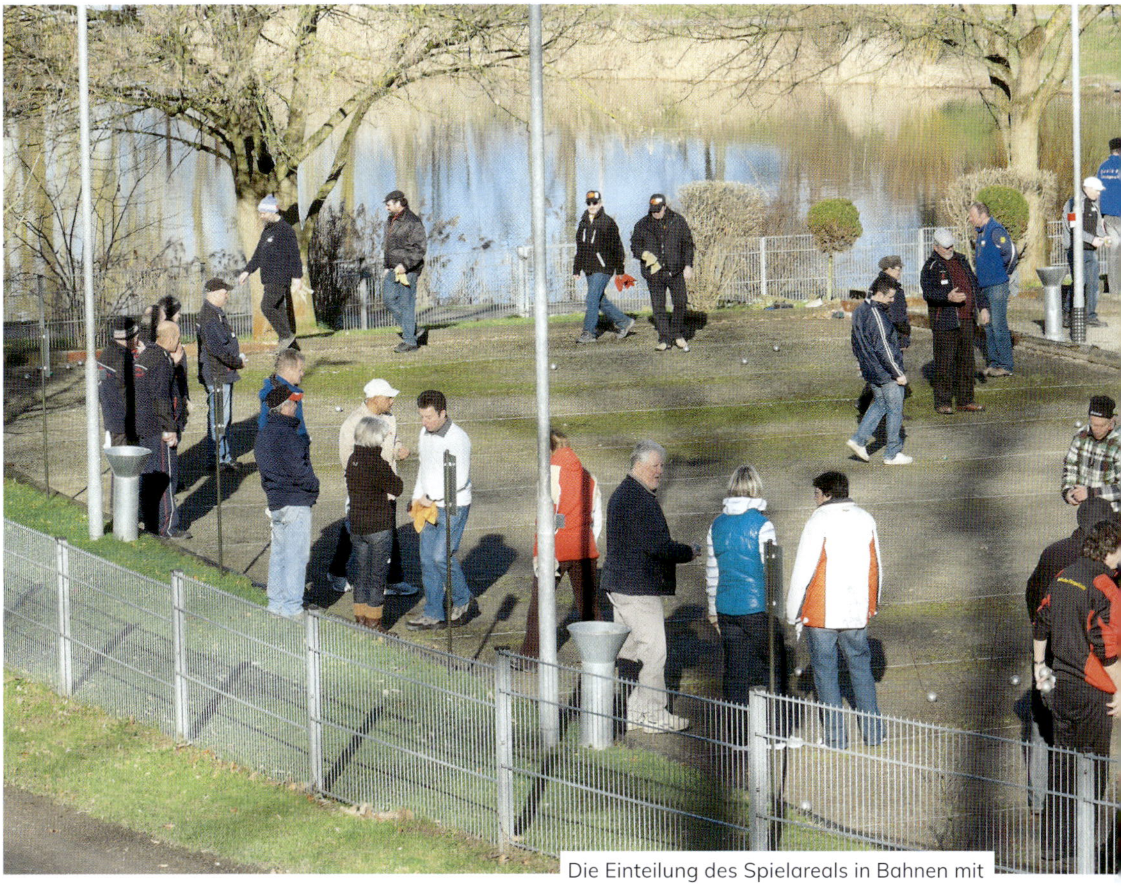

Die Einteilung des Spielareals in Bahnen mit hellen Schnüren ist gut zu erkennen.

Bahnen unterteilen. Auf einem Bouleplatz können sich mehrere solcher Vierecke befinden, je nach Größe des Vereins.

Ein Boulodrome hat gegenüber dem Terrain libre den Vorteil, dass Sie es nicht mit ahnungslosen Leuten zu tun haben, deren Verhalten unkalkulierbar ist. Auch ist der Bouleplatz meist eingezäunt und man muss nicht mit irgendwas rechnen, das von außen kommen kann; keine Radfahrer, keine spielenden Kinder, keine Hunde und so fort. Man kann sich also voll aufs Spielen konzentrieren und alle Wurftechniken ausschöpfen.

Weiter sammeln sich auf Bouleplätzen Spieler und man muss sich mit niemandem verabreden. Man geht einfach hin und findet Mitspieler.

Auf Bouleplätzen greift das volle Reglement, auf dessen Wiedergabe ich an dieser Stelle verzichte (siehe https://deutscher-petanque-verband.de/). Einzig auf die oben erwähnten Schnüre in den Balkenvierecken will ich näher eingehen. Es muss noch erwähnt werden, dass zusätzlich zu den Schnüren, die die Bahnen voneinander trennen, in ca. 30 cm Abstand zu den Balken im Viereck innen eine Schnur rundum läuft. Das ist die Auslinie. Überschreitet eine Kugel mit ihrem vollen Umfang diese Linie, dann ist die Kugel ungültig (tot). Alle anderen Schnüre sind nicht direkt Auslinien. Hat eine Bahn längs direkte Nachbarbahnen, so sind diese auch gültig. Die Schnur vor der übernächsten Bahn ist dann wieder Auslinie. Die Zielkugel muss in der mittleren Bahn ange-

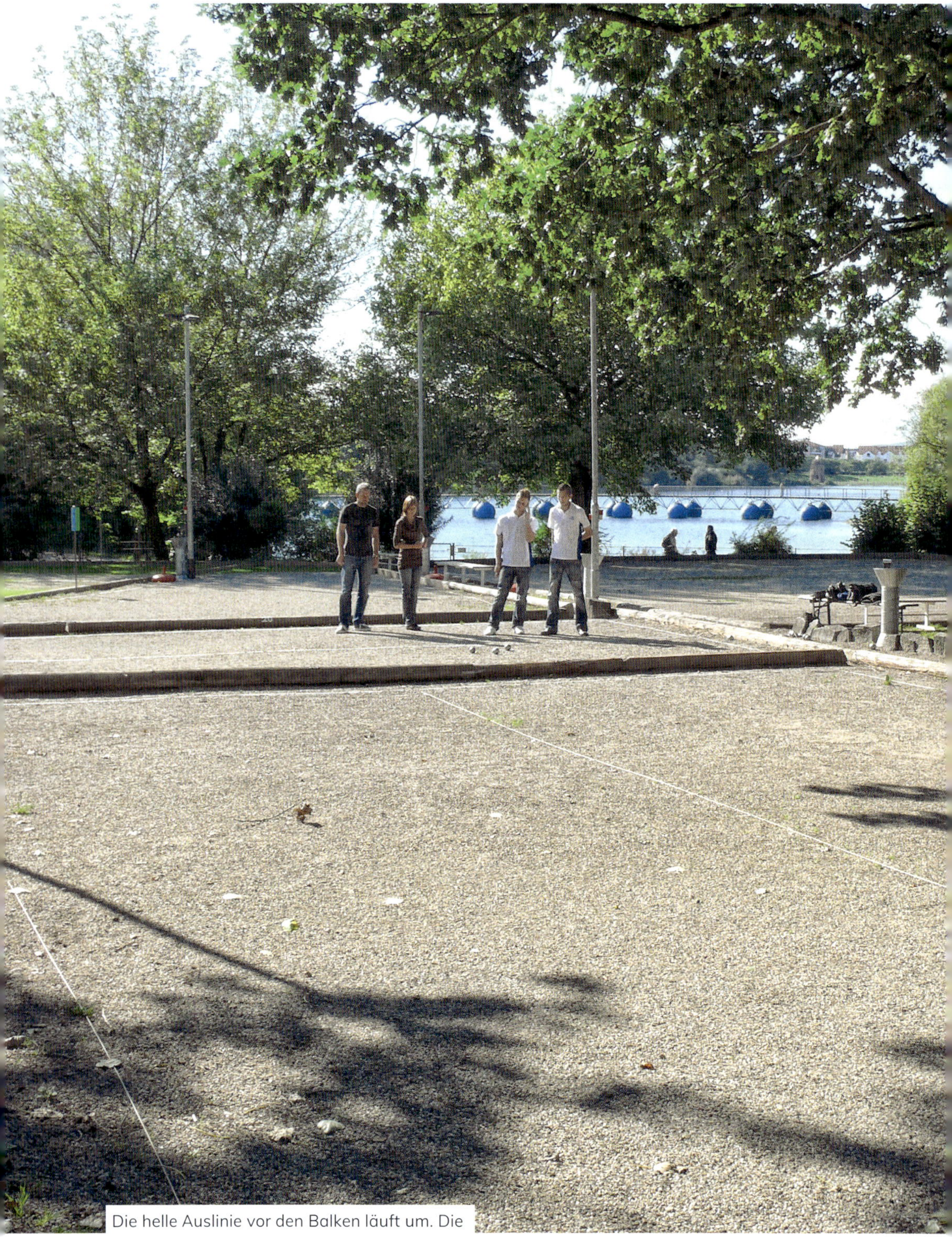

Die helle Auslinie vor den Balken läuft um. Die Trennline in der Mitte ist keine Auslinie.

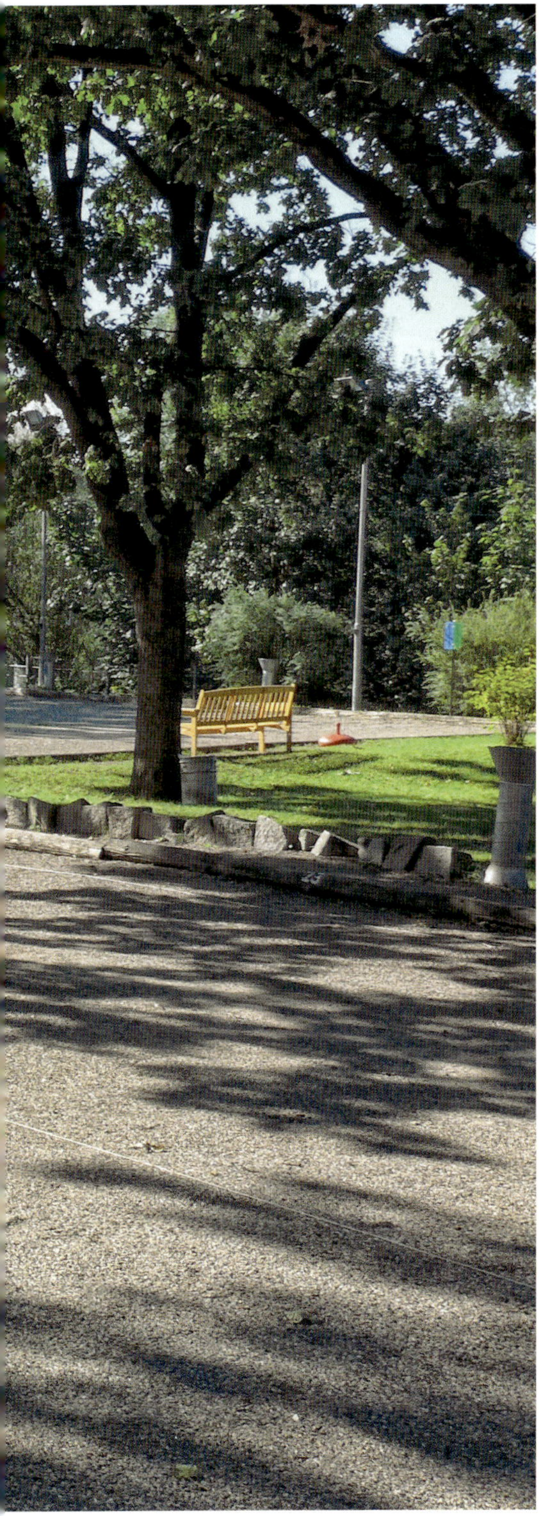

worfen werden. Für das Spiel gelten dann alle 3 Bahnen. Falls man anderen auf diese Weise ins Gehege kommt, einigt man sich höflich.

Wenn auf Zeit gespielt wird auf zugewiesenen Bahnen (z. B. 50 Minuten zuzüglich der laufenden und noch eine Aufnahme), dann sind alle Schnüre Auslinien. Es wird Carré (Viereck) gespielt. Das Spiel wird angepfiffen zum gemeinsamen Beginn. Sonst kennt das Reglement kein Carré!

Auf den Bouleplätzen, die ich kenne, gibt es fast immer Getränke zu moderaten Preisen, oft auch einen Snack.

In der Halle

Eine Boulehalle ist ein überdachtes Spielfeld mit 4 Wänden und kann oft beheizt werden, was im Winter seinen Charme hat. Diese ist bei widriger Witterung dann meist auch brechend voll, und es wird oft eine Runde in mehr als einem Durchgang gespielt. Was bei mir einmal dazu geführt hat, dass ich morgens um ein Uhr ins Viertelfinale kam. Ich habe dann verloren, weil ich nach Hause wollte (90 km), mein Partner möge es mir verzeihen.

Boulehallen haben zwischen 16 und 32 Bahnen, oft mit einem kleinen Restaurant. Sie sind in der Regel sehr gut ausgeleuchtet. Bei Boulehallen ist immer eine entsprechend dimensionierte Außenanlage dabei, denn bei Sonnenschein im Sommer ist eine Halle wenig attraktiv. Die Restauration finanziert die Halle, deshalb ist es fair, wenn der Besucher etwas verzehrt. Hut ab vor Vereinen, die solche Risiken und die damit verbundene Arbeit stemmen.

Im Winter, wenn die Tore der Halle geschlossen sind und geheizt wird, dann ist die Luft in der Halle sehr trocken und das Spielen wirbelt Staub auf. Das vertragen nicht alle. Außerdem ist durch die Gasheizung und die vielen Spieler die Luft sauerstoffarm. Auf jeden Fall sollte man sich gut mit Getränken eindecken. Zwischen den Spielen ist dann jedes Mal eine

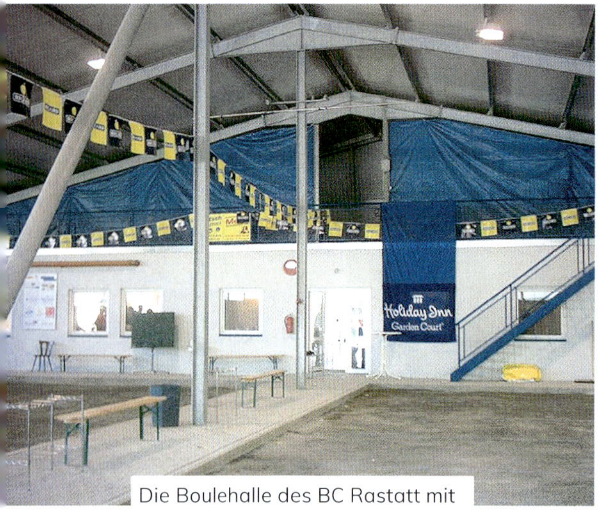

Die Boulehalle des BC Rastatt mit 16 Bahnen und Empore. Links die Fenster des Restaurants.

kleine Pause, in der der Boden befeuchtet wird um die Staubentwicklung in Grenzen zu halten. Wenn es draußen kalt ist, dann tropft in nicht isolierten Hallen Kondenswasser von oben herab.

Beim Spiel in der Halle gilt das Reglement. Prallen Kugeln gegen Wände oder Decke, so sind diese ungültig und werden aus dem Spiel genommen.

KAPITEL 8
Die Taktik

Es war ein Regionalligaspiel Doublette Mixte (pro Mannschaft eine Frau und ein Mann). Ich habe an dem Tag super geschossen und praktisch alles getroffen und noch ein paar stolze Carreaux dazu. Trotzdem kamen wir ins Hintertreffen, weil der Gegner eine einfache, aber wirkungsvolle Taktik hatte. Die gegnerische Legerin zwang mich dreimal zu schießen, indem sie nahe an die Zielkugel legte, danach hat der gegnerische Tireur meine Legerin »abgeschossen« und die Aufnahme war verloren. Meine Legerin und ich haben dann das Problem besprochen. Sie schlug vor ein Legerduell zu riskieren. Die gegnerische Legerin sollte mich nicht mehr »leer machen« können. Das Legerduell hat die gegnerische Legerin nervlich nicht durchgestanden, sie fing an zu verlegen. Dann stand ich vor dem gegnerischen Schießer, der dann in der Hauptsache legen musste. Das Spiel war unser.

Clevere Spieler bzw. Mannschaften entwickeln auf sich zugeschnittene Strategien unter Berücksichtigung ihrer Fähigkeiten, denen Sie über längere Zeit folgen. Diese Strategie auf ein Spiel heruntergebrochen nennen wir Taktik. Sie äußert sich in den einzelnen Spielzügen. Eine Taktik ist also eine Vorstellung, wie ein eigenes Spiel aufgebaut wird unter Berücksichtigung dessen, was man vom Gegner weiß oder gehört hat. Die Mannschaft versucht ihr Spiel aktiv zu gestalten. Damit löst sie sich von einer passiven Reaktion auf die Aktion des Gegners – sie will sich nicht vorführen lassen, sondern dem Gegner ihre Handlungsmuster aufzwingen. Natürlich schaut nur ein hilfloser Gegner dem zu, ohne zu antworten. Die Taktiken prallen also aufeinander. Die zu wählende Taktik hängt natürlich auch vom technischen Können der Spieler ab: Durchschießen werden wohl nur sehr gute Spieler.

Eine Mannschaft kennt ihre Stärken und Schwächen. Ist der Schießer auf eine Distanz von sechs bis sieben Metern gut, dann wird kurz gespielt. Spezialisierte Portée-Leger bevorzugen mittlere Entfernungen, weil ein kurzer Portée schwierig zu werfen ist und der weite ordentlich Kraft kostet. Ein guter Raspaille-Spieler geht auf glattem Gelände gern auf eine Zehn-Meter-Distanz. Das heißt, eine Mannschaft hat eine langfristige Spielvorstellung, die auf ihre Fähigkeiten abgestellt ist. In meinem Verein ist ein Spieler, der gerne auf lange Distanz legt und deshalb auch gut im Flachschuss (Raspaille) ist; dazu braucht er einen feinkörnigen relativ ebenen Platz. Das ist seine Strategie, mit der er sehr erfolgreich ist, und die er auf Turnieren und in der Liga anwendet.

Wir kommen jetzt zum einzelnen Spiel und damit in den Bereich der Taktik. Die Mannschaft kommt auf einen Platz und kann entweder eine Bahn wählen oder bekommt diese zugewiesen (vom Turnierveranstalter oder durch verlorene Platzwahl). Sie wird vorrangig eine Spielbahn wollen, die ihre Fähigkeiten zur Geltung bringt: Da spielt dann der Belag (Sand, Kies, Steine, Waldboden usw.) und das Relief (plan, schiefe Ebene, Berg- und Talbahn usw.) eine Rolle. Hier gilt im Zweifelsfalle, je schwieriger, desto besser. Natürlich braucht man dazu Selbstvertrauen. Aber damit ist klar, dass ein normaler Gegner dann auch Probleme hat.

Man beginnt mit der bevorzugten Distanz auf dem gewählten Platz, wenn man die

Platzwahl hat. Macht das der gegnerischen Mannschaft Ärger, dann ist alles okay. Falls der Gegner aber richtig giftig antwortet, dann ist ein Distanzwechsel angesagt, falls man die Zielkugel überhaupt noch in die Hand bekommt. Es ist also gut, wenn man den Gegner vorher schon einmal spielen gesehen hat. Auch ist es möglich, dass die gegnerischen Spieler mit der Zeit in einer anfänglich schwierigen Situation immer besser zurechtkommen, dann muss die Situation geändert werden. Ein schwerfälliger Gegner kann durch häufigen Distanzwechsel unter Druck gesetzt werden.

Wenn man bemerkt, dass ein oder alle gegnerischen Spieler eine bestimmte Form des Reliefs (z. B. eine Welle oder Wanne) nicht in den Griff kriegen und das eigene Team das aber meistert, dann kann man sich solche Formen für den Zielkugelwurf aussuchen, um sich Vorteile zu verschaffen. Der Grund für Schwierigkeiten mit einem Terrain kann darin liegen, dass die Spieler hauptsächlich auf einem Platz mit einem ganz bestimmten Charakter trainieren. Ein Trainingsplatz soll also möglichst vielfältig sein.

Zur situationsbedingten Taktik gehört auch der Stand des Spieles. Am Anfang kann man den Gegner noch »testen«; ein verlorener Punkt ist zu diesem Zeitpunkt noch verschmerzbar. Das geht bis maximal vier Punkte. Dann ist man im Mittelspiel. Jetzt muss die Mannschaft wissen, was sie will – und das auch durchsetzen wollen (Biss!). Der Endspielbereich beginnt, wenn eine Mannschaft das Spiel beenden kann, etwa ab acht Punkten aufwärts. Im Endspielbereich ist risikoreiches Spiel tabu. Damit sind gefährliche Würfe gemeint, die sich mit ein wenig Pech zur Katastrophe auswachsen können. Z. B. man legt nicht mehr in Richtung Sau, denn wenn diese versehentlich zum Gegner gezogen wird, kann das verheerend sein. Auch sind Schüsse auf Kugeln, die im Konter liegen, zu vermeiden. (Ein Konter ist, wenn die geschossene Kugel auf eine dahinter liegende prallt.) Aber das sind nur Kategorien. Wir haben schon Spiele verloren, in denen wir 12:0 geführt haben (bei einer Spielstandangabe auf dem Platz wird immer die eigene Mannschaft zuerst genannt) und haben Spiele gewonnen, in denen wir 0:12 zurücklagen. Das spielt an auf die 12-Punkte-Falle, die später im mentalen Spiel erläutert wird (siehe Seite 75 unten).

Wenn man weiß, dass der Gegner das Spiel in der laufenden Aufnahme mit vier Punkten beim Stand von 7:9 beenden kann, dann kann man ihm einen Punkt wegschießen und zwingt ihn mit 7:12 in die nächste Aufnahme. Darauf muss man im Endspiel aufpassen.

Weiter muss eine Mannschaft die Anzahl der Kugeln, die beide Parteien noch auf der Hand haben, im Auge behalten. Hat das eigene Team mehr Kugeln als der Gegner, also einen Kugelvorteil, dann kann man so lange ins Risiko gehen, bis man nur noch eine Kugel mehr hat. Ist man dagegen im Kugelnachteil, dann macht man durch Legen die Situation »zu«. Im Idealfall liegen dann unsere Sperrkugeln taktisch günstig vor der Sau, dahinter sind diese nutzlos.

Die Entscheidung, ob gelegt oder geschossen wird, trifft die Mannschaft gemeinsam, auch wenn jedem klar sein sollte, was getan werden muss. Die Kommunikation in der Mannschaft muss nicht nur aus sachlichen Gründen geführt werden. Ein gutes Mannschaftsgefühl stärkt das Selbstvertrauen, das ist ein archaisches Erbe. Also: Eine Mannschaft ist vorrangig eine Kommunikationsgruppe!

Nehmen wir an, Sie haben zwei Kugeln, um eine Situation zu Ihren Gunsten zu verändern. Machen Sie das, was Sie glauben zu können, oder machen Sie das, was offensichtlich das Spiel verlangt? Sie haben sich dann entschlossen zu schießen, und es wird ein Loch, weil Sie im Grunde Ihres Herzens nicht wissen, was Sie wollen. Dann kriegen Sie Bammel und legen Ihre verbliebene Kugel. Alles geht schief. Was ist passiert? Hier ist es tatsächlich möglich, zwei Fehler auf einmal zu machen. Der erste

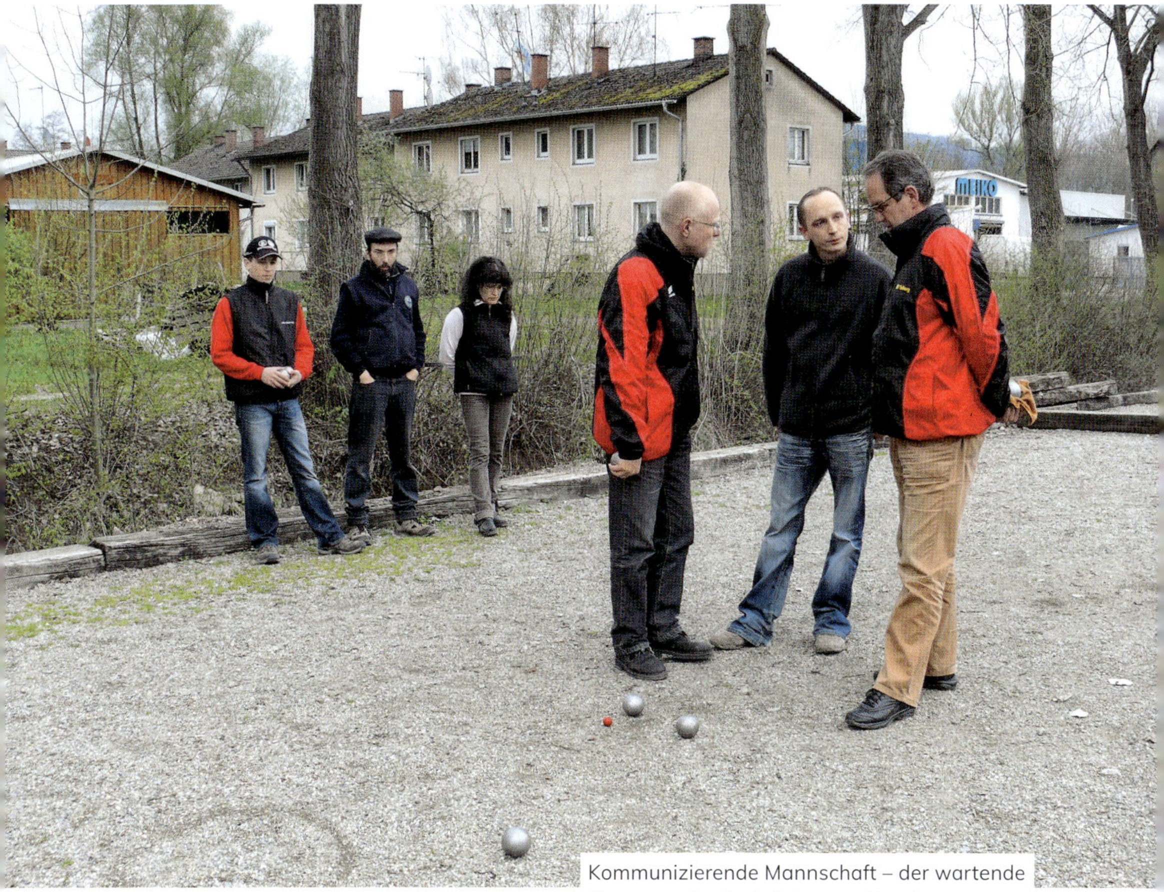

Kommunizierende Mannschaft – der wartende Gegner steht diszipliniert am Rand.

ist: Das Spiel verlangt, dass Sie legen – und Sie schießen. Mit der zweiten Kugel legen Sie dann. Das bedeutet, Sie fangen jedes Mal von vorne an, anstatt auf die Erfahrung des ersten Wurfs zu bauen. Denn, wenn Sie zweimal das Gleiche machen, ist die Chance höher, dass Ihr Vorhaben auch gelingt. Also war in diesem geschilderten Fall zweimal legen (oder wenigstens zweimal schießen) verlangt. Diesen taktischen Fehler sehen Sie auf dem Bouleplatz häufig.

Nachfolgend kommen wir zu einzelnen charakteristischen Spielsituationen, die durch die Lage der gespielten Kugeln beschrieben werden.

Liegt der Gegner weniger als 30 cm vor der Sau, dann ist das ein Grund zum Schießen, weil die Situation legend nur schwer zu bereinigen ist. Dabei muss ein Kugelvorteil oder -nachteil ins Kalkül einbezogen werden.

Zwei oder mehr Kugeln, die in einer Reihe im Kontakt hintereinander liegen, folgen überwiegend dem Impulssatz. Bei einem Schuss auf die vorderste Kugel »geht« die hinterste. Der Stoß des Schusses als Impuls wird durch alle dazwischen liegenden Kugeln weitergegeben und wirkt erst in der letzten Kugel, die den Impuls nicht mehr weitergeben kann. Das kann fatal sein, wenn die letzte Kugel eine eigene und die erste vom Gegner ist – und umgekehrt natürlich ein Vorteil. Bei Kugelvorteil kann der eigene Leger versuchen, den Haufen durch schräges Anspielen so weit aufzulösen, dass der Schießer die vorne liegende

Gegnerkugel isoliert erwischen kann. Auf jeden Fall ist die Sache kritisch.

Die schon erwähnte »Schere« (Seite 54) ist für den Schießer ein taktisches Mittel, um mehr als eine Kugel mit einem Schuss zu entfernen. Ein Schießer schießt dabei so, dass er die Gegnerkugel mit einer geringen Abweichung trifft, dann geht die Schusskugel Y-förmig nach der einen Seite und die geschossene nach der anderen. Diese können dann weitere Kugeln auf ihrer Bahn mitnehmen. Diese Würfe sind durch den Aufprallwinkel stark zufallsabhängig und müssen außerdem gekonnt sein, weil der Abweichungskorridor der Schusskugel sich gegenüber dem vollen Schuss verengt.

Mit der letzten Kugel schießt man nicht! Dies ist zutreffend, wenn der Schuss Risiken beinhaltet, die schwer zu kalkulieren und folgenreich sein können. Dann Hände weg! Wenn aber z. B. die zu schießende Kugel als letzte vor dem freien Feld absolut risikolos liegt, dann gibt es keinen Grund mit der letzten Kugel nicht zu schießen.

Liegt die Zielkugel knapp vor der zu schießenden Kugel, dann steigt besonders beim Tir devant die Wahrscheinlichkeit, dass die Sau »geht«. Das kann man wollen oder auch nicht, es muss halt bedacht werden.

Liegt die Zielkugel press (in Kontakt) hinter der Gegnerkugel, dann kann das je nach Situation ein gefundenes Fressen sein. Bei einem Schuss gehen nämlich dann Kugel und Zielkugel. Und die Richtung, in der die Zielkugel geht, ist ziemlich genau bestimmbar. Das eröffnet in allen Phasen der Aufnahme veritable taktische Optionen. Man kann auf diese Weise einen Sauschuss machen als Abschluss der Aufnahme, unter Umständen auch auf eine eigene Kugel.

Als taktisches Mittel des Schießers im Spiel ist der Sauschuss zu erwähnen. Wird die Zielkugel ins Aus geschossen, dann ist sie ungültig. Ist die Situation auf dem Feld schwierig, weil der Gegner alles verbarrikadiert hat und man hat selbst noch beispielsweise fünf Kugeln, dann kann ein Sauschuss ins Aus vier Punkte bringen oder,

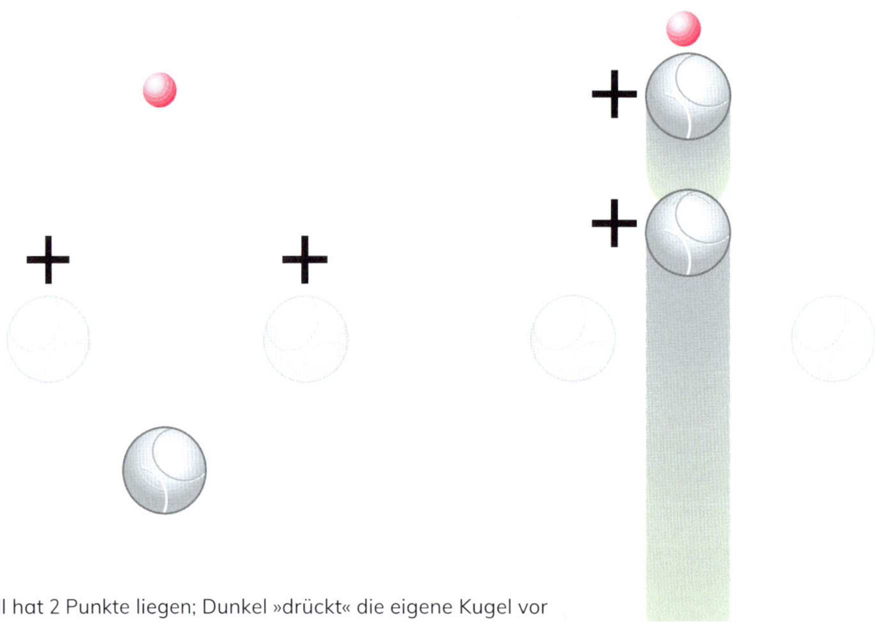

Hell hat 2 Punkte liegen; Dunkel »drückt« die eigene Kugel vor und gewinnt so beide Punkte.

wenn die Sau weit weg von der Problemzone im Feld zu liegen kommt, leicht anzuspielen sein. Der Sauschuss muss geübt werden.

Auch beim Sauschuss gilt: Die Erfolgsquote liegt bei etwa 20 Prozent.

Als Leger »drückt« man ohne Not keine Kugeln. Drücken wird ein Wurf genannt, bei dem beabsichtigt ist eine eigene Kugel durch Anspielen ein Stück weit nach vorne mitzunehmen. Wenn eine Kugel vor der Zielkugel in einem gefährlichen Bereich liegt (sonst macht das Drücken keinen Sinn), dann hält man die Gefahr für den Gegner aufrecht, und legt auf »Ankommen«, das heißt für den Punkt. Das Drücken geht ohnehin in etwa acht von zehn Fällen schief. Dann liegt die Spielkugel »zu lang« nutzlos hinter dem Spiel.

Das »Sau ziehen« ist der Versuch, mit der Spielkugel das Schweinchen zu eigenen Gunsten mitzunehmen. Wobei das Problem schon angesprochen ist: Das Schweinchen kann sich nämlich durch eine Bodenunebenheit beim Ziehen ebenso auch nachteilig verhalten. Es ist natürlich verführerisch, wenn man alles hinten raus zu lang gelegt hat, das Schweinchen durch einen gekonnten Wurf dorthin zu schleppen und dem Gegner eine lange Nase zu machen. Das ist so eine Art Lottogewinn.

Womit wir schon beim nächsten Tipp sind. Merke: Alle Kugeln vor der Sau sind für den Gegner eine Gefahr, denn sie können zur Sau bewegt werden. Im Umkehrschluss heißt das: Kugeln hinter der Sau sind wertlos, weil sie nicht zur Sau bewegt werden können. Viel schlimmer: Der Gegner kann diese zum Bremsen der eigenen Kugeln verwenden. Es ist enorm wichtig vor der Sau zu liegen! Gehen Sie sich einmal ein Boulespiel anschauen und betrachten Sie, welche Mannschaft wie viele Kugeln vor und hinter der Sau hat. Sie werden feststellen, dass die Sieger die meisten Kugeln vor der Sau liegen haben. Eine Kugel vor der

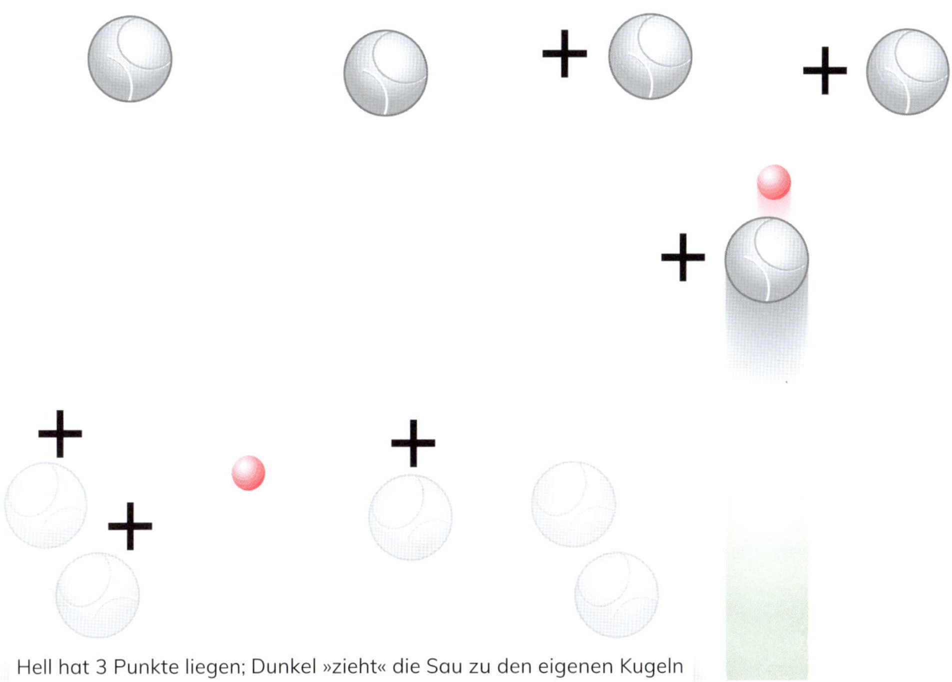

Hell hat 3 Punkte liegen; Dunkel »zieht« die Sau zu den eigenen Kugeln und erzielt so 3 Punkte.

Sau hat Potenzial und stört – auch wenn sie einen Meter weit weg liegt!

!

Kugeln ungefähr 30 cm vor irgendetwas zu legen, ist oberstes Trainingsziel für Leger.

Eine geläufige Legerfigur ist der Bec (Schnabel). Das ist so eine Art Billardspiel für Boulespieler. Man kann damit um die Ecke spielen. Beim Bec benutzt der Leger, ähnlich wie der Schießer bei der Schere, eine andere Kugel um eine Richtungsänderung der eigenen Kugel zu bewirken. Man spielt ohne besondere Kraft eine Kugel leicht schräg an, so dass die eigene Kugel bei der Berührung in die gewünschte Richtung abbiegt. Angewendet wird dies bevorzugt in der Endphase einer Aufnahme, wenn viele Kugeln den Weg zur Zielkugel erschweren. Dann guckt man sich eine Kugel zum Anspielen aus, wirft einen Bec und schon hat man einen Punkt mehr in der Tasche – so Gott will.

Und jetzt kommt der Horror aller Leger: Man liegt dick in Führung und der letzte Punkt soll auch noch dazu kommen. Der Leger nimmt Maß, wirft, zieht versehentlich die Sau und plötzlich hat der Gegner Punkte. Was ist geschehen? Der Leger hat in seinem verfrühten Siegestaumel genau Richtung Sau geworfen, weil er auf diesen Wurf programmiert ist.

!

Mit der letzten Kugel in einem engen Feld in Richtung Sau zu werfen ist gefährlich und deshalb ein unverzeihlicher Frevel!

Wenn man gut Punkte gemacht hat und der letzte Wurf ist richtig kritisch, dann wird *niemals* Richtung Sau geworfen, vielmehr wird im Extremfall bewusst verlegt! Natürlich nicht in gemütlichen Spielen, da ist das unfair.

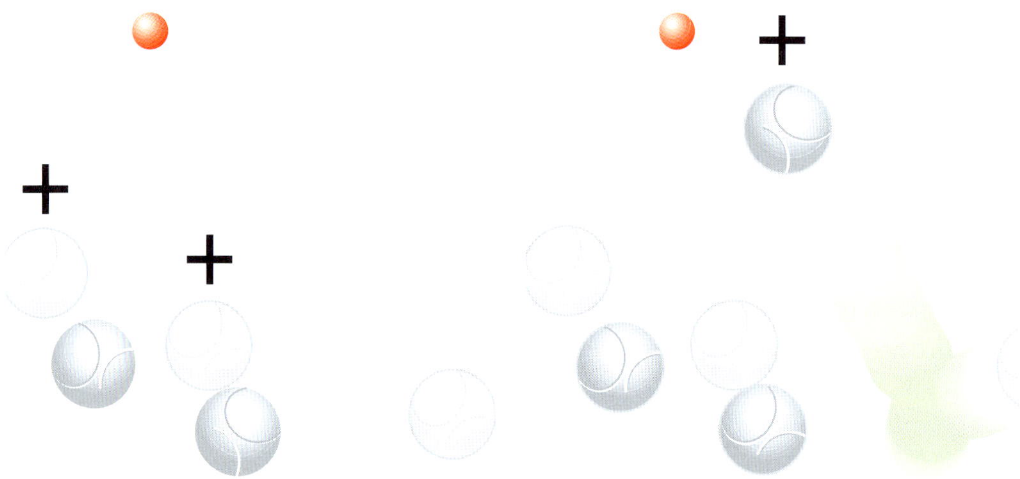

Ein gelungener Bec: Die Sau liegt verdeckt; Dunkel ist am Zug und spielt die rechte helle Kugel links an und legt so zur Sau – 1 Punkt für Dunkel.

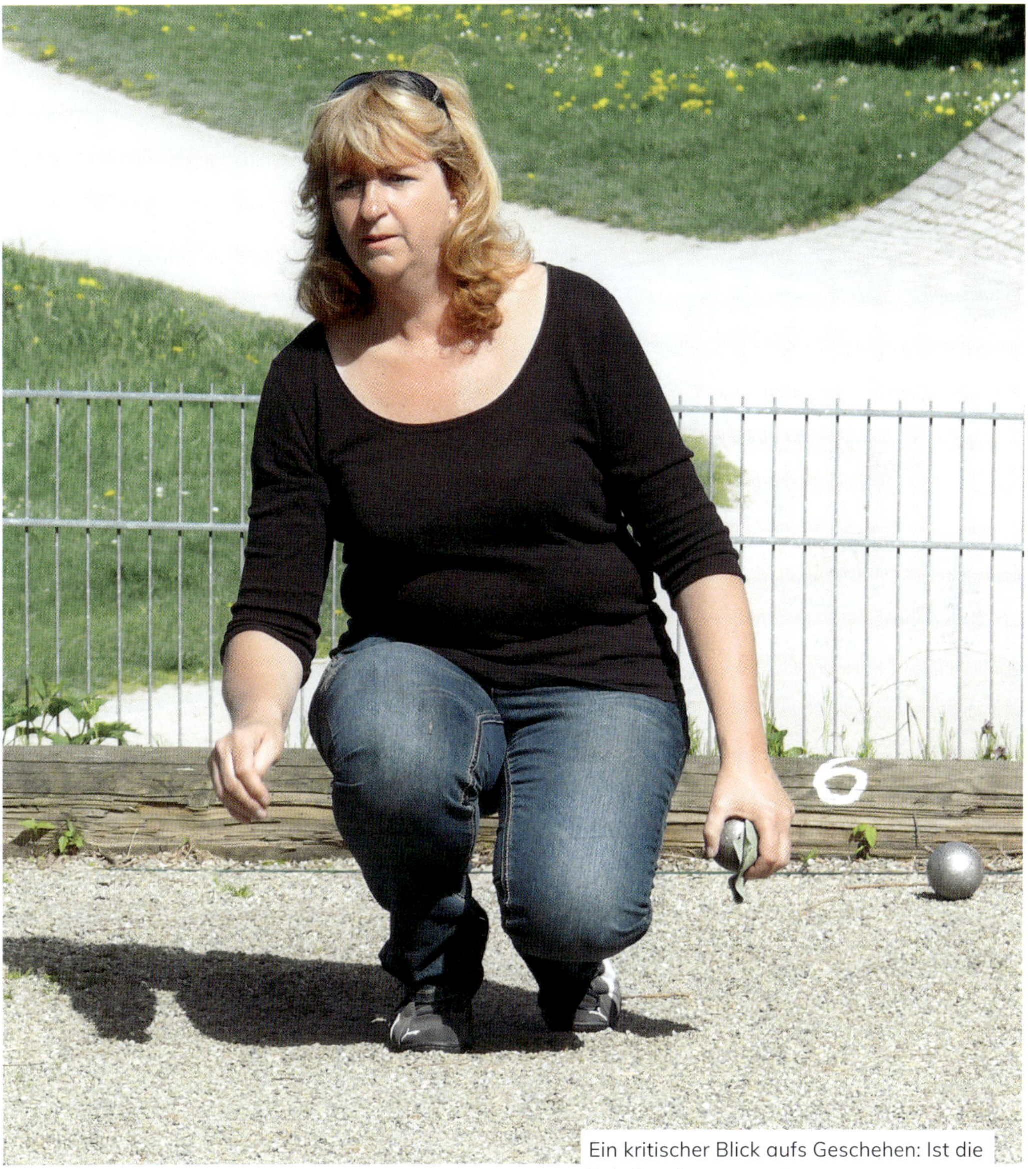

Ein kritischer Blick aufs Geschehen: Ist die Taktik aufgegangen?

Wenn man in einer Aufnahme deutlich im Rückstand liegt und man noch ein paar Kugeln hat, dann dreht es sich nicht mehr darum, selbst Punkte zu machen, sondern weitere Gegnerpunkte zu verhindern. Man legt dann seine Kugeln vor die Zielkugel oder vor die Gegnerkugeln, selbst wenn sie einen Meter von der Zielkugel entfernt sind – Hauptsache sie stören. Der gegnerische Schießer würde die besser platzierten Kugeln ohnehin entfernen.

Haben Sie während Ihres Spiels darauf geachtet ob Ihr Gegner Linkshänder ist? Das ist wichtig beim »Zumachen« der Aufnahme, weil in die Wurfbahn eines Linkshänders Sperrkugeln auch links platziert werden müssen. Rechts vorbei zu spielen ist für viele Linkshänder schwer.

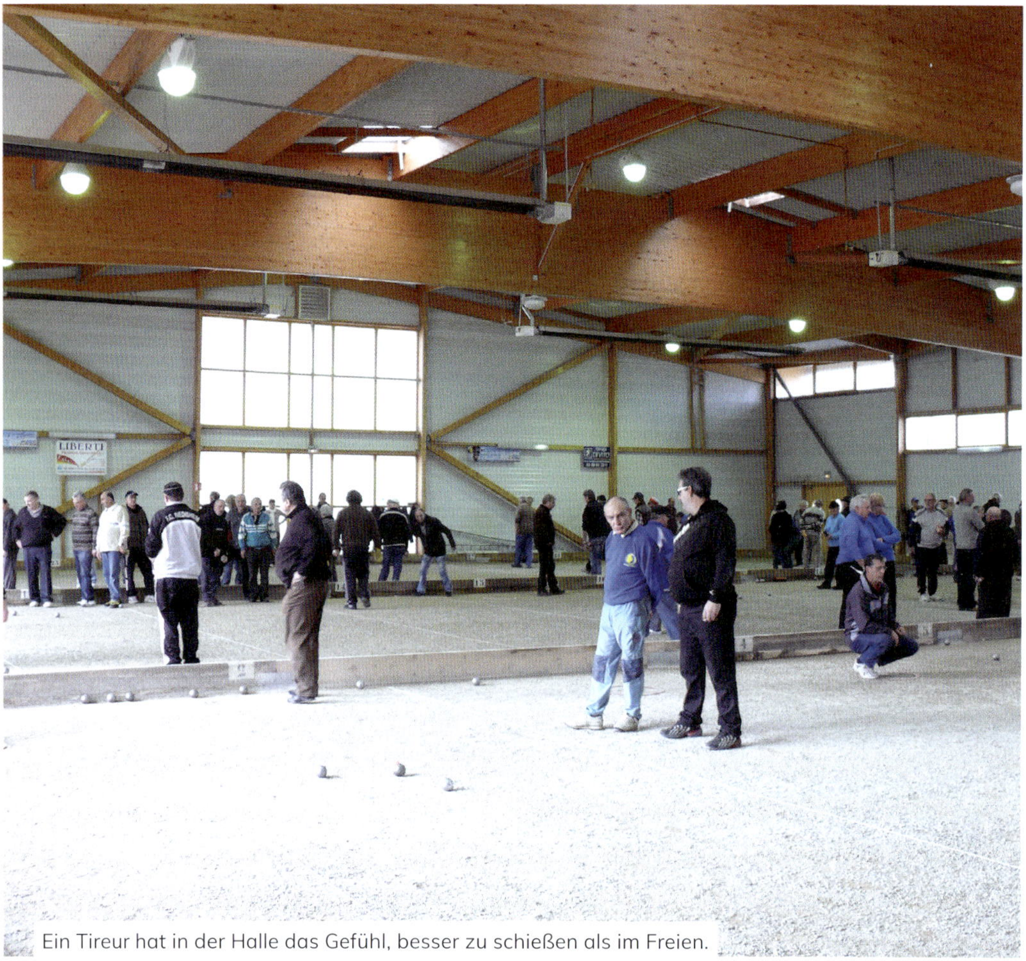

Ein Tireur hat in der Halle das Gefühl, besser zu schießen als im Freien. Das bewirken scheinbar die optischen Grenzen der Halle.

KAPITEL 9
Das mentale Spiel

Wenn eine Mannschaft die richtigen Entscheidungen trifft, selbstbewusst und konzentriert spielt, dann stehen die Gewinnchancen gut. Über die richtigen Entscheidungen haben wir im Kapitel Taktik gesprochen. Was beeinflusst jedoch die Konzentrationsfähigkeit?

Konzentration ist ein hoher Grad der Aufmerksamkeit und der geistigen Anspannung, die auf das Ziel und die Ausführung des Wurfes gerichtet ist. Dabei ist die Wahrnehmung für das Umfeld reduziert, aber nicht abgeschaltet. In dieser Situation ist man empfänglich für Einflüsse von außen und innen. Langfristige Erfahrungen mischen sich mit kurzfristigen Eindrücken und wirken auf den Grad der Konzentration. Hierzu einige Beispiele:

- Ein Spieler steht im Abwurfkreis, dicht hinter ihm steht ein Gegner. Der Spieler empfindet die Anwesenheit des Gegners als Bedrohung. Dies hindert den Spieler daran, sich voll seinem Wurf zuzuwenden, denn es wäre unnatürlich, bei einer empfundenen Bedrohung an etwas anderes zu denken. Der Spieler dreht sich um und bittet den Gegner, die laut Reglement gebotenen zwei Meter Abstand einzuhalten – und hat danach trotzdem noch Konzentrationsprobleme.
- Das Gleiche kann geschehen, wenn der Gegner dem Spieler beim Abwurf unverwandt in die Augen schaut (bei Tieren übrigens häufig ein Signal zum Angriff). Dabei kann man sich nur schwer konzentrieren.
- Am Spielfeldrand gegenüber stehen Anhänger der gegnerischen Mannschaft und schauen dem Spiel zu. Im Moment des Abwurfs macht einer von ihnen eine Handbewegung. Der Spieler wird abgelenkt, und der Wurf geht schief.
- Ebenso untergräbt hörbares Getuschel über vergangene Misserfolge das Selbstvertrauen eines Spielers.

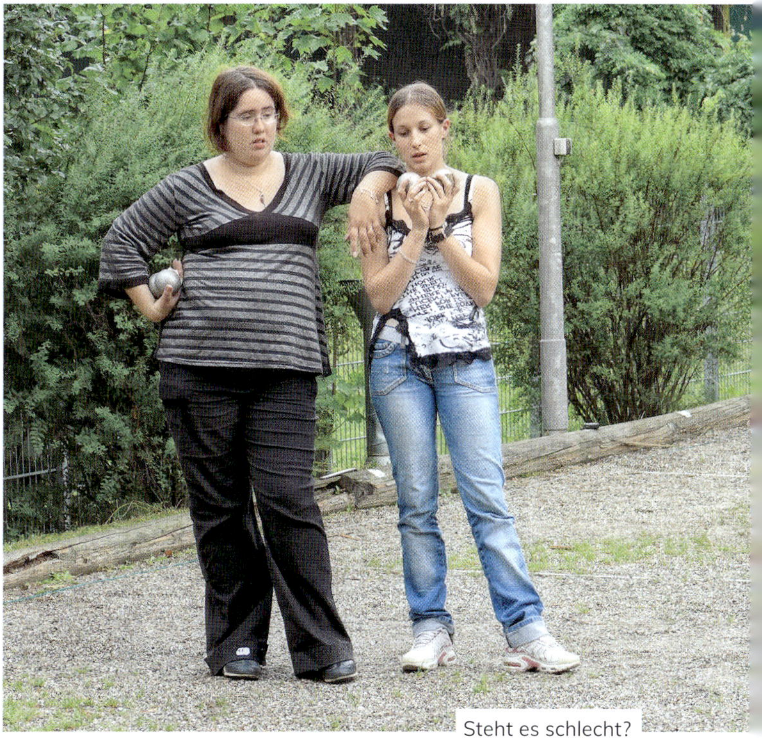

Steht es schlecht?

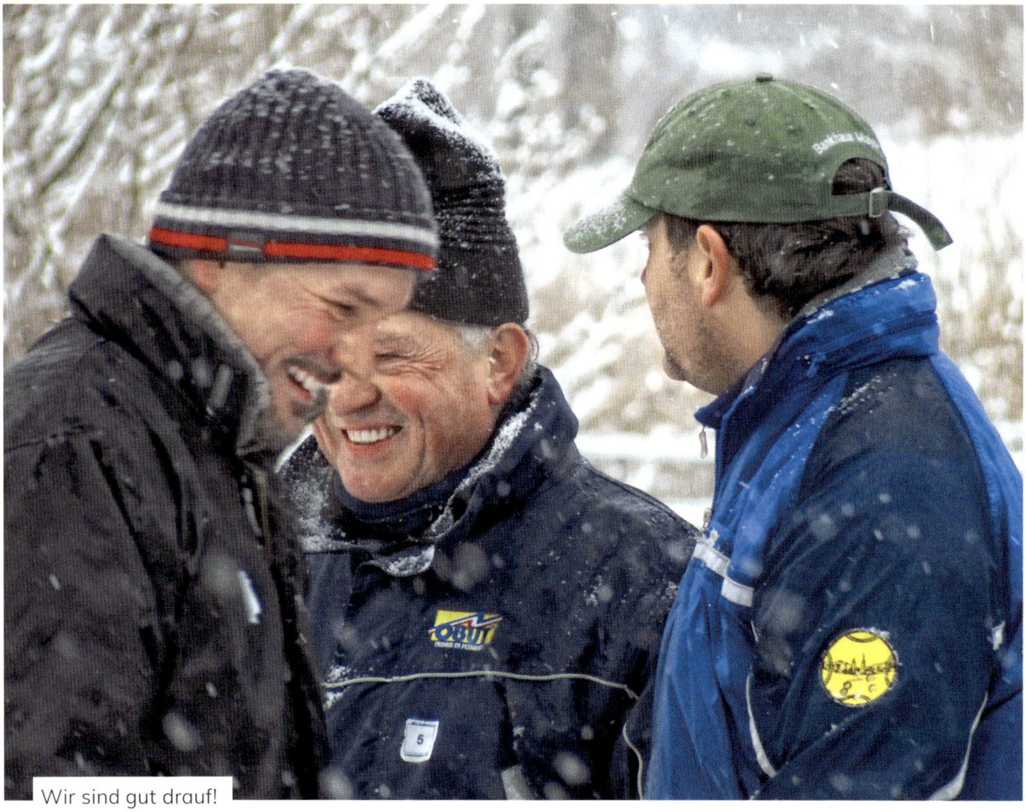

Wir sind gut drauf!

Die oben genannten Störfeuer sind recht brachialer Natur. Es geht auch subtiler:

- Niemand kann einem verbieten, mit seiner eigenen Mannschaft einen eigenen Wurf zu beurteilen. Man kann den Wurf schönreden, und die Chance besteht, dass der Gegner das auch glaubt. (»Die Kugel liegt gut im Weg und stört ordentlich!«) Das lässt den Gegner vielleicht an ein Problem denken, das gar nicht existiert.
- Man kann Gefühle wie Mitleid oder Antipathie erzeugen, indem man zum Beispiel ein Gejammer über das eigene Dauerpech anstimmt oder indem man sich bei der Regelauslegung pedantisch verhält, was enorm nervt und entnerven kann. Bei Mitleid sagt das Unterbewusstsein: Dem darfst du nicht wehtun, und der eigene Wurf geht in die Hose.
- Eine demonstrativ ausgelebte Harmonie mit gegenseitigen Aufmunterungen lässt das eigene Team stärker und gewichtiger erscheinen und nagt am Selbstvertrauen des Gegners.
- Das gleiche kann eintreten, wenn eine Mannschaft eine regelrechte Schau abzieht, um die Zuschauer für sich zu gewinnen. Das macht den Gegner kleiner und wirkt ebenfalls negativ aufs Selbstvertrauen.

Es gibt noch zahlreiche weitere Tricks, die dazu geeignet sind, die Konzentration des Anderen im Spiel zu stören. Vielen von diesen Tricks ist gemeinsam, dass sie unsauber und unsportlich sind. Übrigens wird das eigene Spiel dadurch nicht besser. Interessanter ist jedoch die Frage, wie man sich dagegen zur Wehr setzt.

Das erste und wichtigste Mittel gegen derlei Unsportlichkeiten ist, den Vorgang ins

Bewusstsein zu heben. Wenn man weiß, dass die gegnerische Schau ein Mittel der Beeinflussung sein soll, dann kann man sie ins Lächerliche ziehen und selbst darüber Witze machen. Lächerlichkeit entwaffnet! Dann hat der Gegner ein Problem.

Ein probates (und trainierbares) Mittel gegen solche Dinge ist schlichtweg Abhärtung. Sollte man zum Beispiel verlangen, dass auf den Nebenbahnen jede Aktion einfriert, wenn man den Kreis betritt, dann darf man sich nicht wundern, dass man in Ligaspielen, bei denen nebenan parallel gespielt wird, Probleme bekommt. Wenn der Gegner merkt, dass seine Aktionen ins Leere laufen, weil man ein robustes Nervenkostüm hat, dann lässt er mit der Zeit die Kinkerlitzchen. Das hat natürlich dort Grenzen, wo ganz klar gegen das Reglement verstoßen wird. Also: sich bewusst in schwierige Situationen begeben und lernen, damit umzugehen. Da müssen beim Training die Kameraden als Störer fungieren. Selbstdisziplin kann geübt werden.

Mannschaft infizieren. »Jetzt habe ich schon das vierte Loch in Folge geschossen!« Diese Selbstanklage zieht die anderen mit runter, außerdem ist eine solche Bemerkung auch überflüssig: Wenn man schlecht spielt, sieht das ohnehin jeder. Es ist wichtig, eine gute Stimmung in der eigenen Mannschaft zu erzeugen. Eine nette Geste, ein Lächeln, ein aufmunternder Blick oder die Erinnerung an das letzte gewonnene Spiel können hier Wunder wirken. Schauen Sie sich gute Mannschaften im Spiel an; sie stehen zusammen wie fröhliche Kameraden. Die Spannung ist ihnen nicht anzumerken.

Je nach Spielphase kann die Gemütslage innerhalb einer Mannschaft ganz unterschiedlich sein. Ein erfahrener Spieler weiß das und kann diese auch steuern. Er verhindert leichtsinnige Spielzüge in der Anfangsphase, baut seine Mitspieler im Mittelspiel auf und wirkt im Endspiel entspannend.

Ein gutes Beispiel hierfür ist die »12-Punkte-Falle«. Damit ist gemeint, dass eine Mannschaft nahe dem Gewinn des Spieles oftmals ihr Verhalten ändert. Sie will jetzt die noch fehlenden Punkte »mit der Brechstange« gewinnen und wirft alle guten Vorsätze über Bord. Der Gegner, der in dieser Situation hoch

Es ist im Spiel absolut verboten

- Würfe negativ zu kommentieren, auch die eigenen,
- eine verdrossene Miene zu zeigen,
- sich offen zu streiten (»Warum legst du denn statt zu schießen?« – das ist vor dem Wurf gemeinsam zu besprechen),
- von außen negative Kommentare einzubringen.

Es ist erwünscht

- das Publikum für sich zu gewinnen,
- sich von außen Stehenden anfeuern zu lassen (eigener Verein, Coaching),
- gut gelaunt zu sein,
- positive Aussagen zu machen (»Das ist dir super gelungen!«),
- Kameradschaft zu zeigen (nach dem Wurf mit den Kameraden »abklatschen«),
- auf der Spielbahn dicht beieinander zu stehen und so Zusammenhalt zu demonstrieren.

Aber es ist nicht nur die gegnerische Mannschaft, die unser Spiel beeinflussen kann. Wir selbst üben auf uns den größten Einfluss aus. Wenn man negative Gefühle hat und diese äußert, kann man damit die ganze

konzentriert spielt, denn für ihn geht es um das Vermeiden der drohenden Niederlage, hat dann die Möglichkeit, das undisziplinierte Verhalten der anderen Mannschaft auszunützen und macht Punkt für Punkt gut. Das steigert die Nervosität der Mannschaft, die vorne liegt, noch mehr. Es passiert recht häufig, dass in so einer Situation ein gewonnen geglaubtes Spiel noch verloren geht. Dagegen hilft nur besonnenes, ruhiges Spiel. In Frankreich heißt es, wer 7:0 führt, der verliert (sept à zero, n'en mange pas).

Bei Ligaspielen kann ein Ersatzspieler eingewechselt werden. Wir haben davon schon Gebrauch gemacht, wenn uns die Gesamtsituation unangenehm war, nur um den Gegner zu stressen. Durch einen Wechsel ändert sich die Situation für alle Beteiligten erheblich. Wenn eine Mannschaft »einen Lauf« hat, dann kann man ihn auf diese Weise brechen. Der Gegner muss auf die Spielweise des Neuen eine Antwort finden. Auf diese Weise werden die Karten neu gemischt, und das kann dem Spiel eine Wendung geben. Eine ähnliche Wirkung

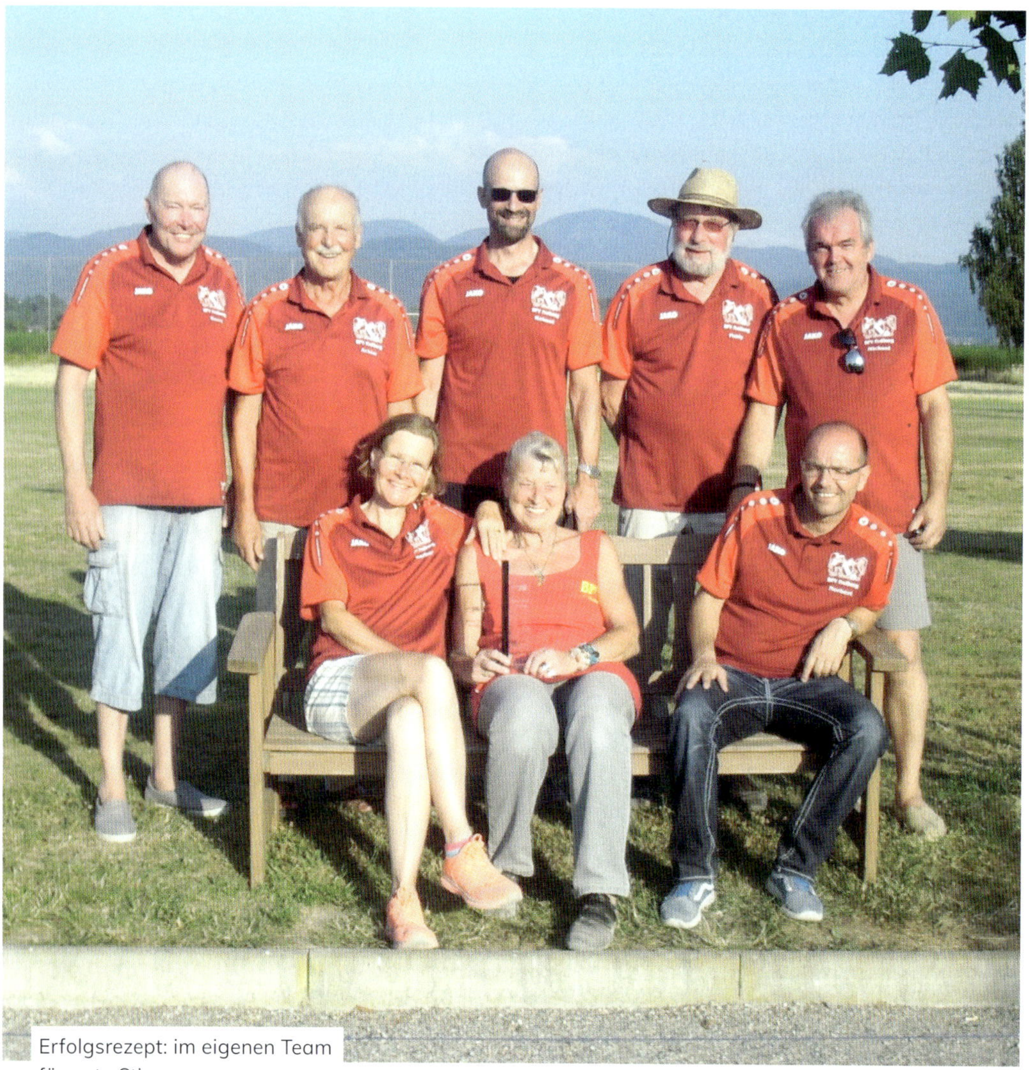

Erfolgsrezept: im eigenen Team für gute Stimmung sorgen.

kann im Spiel auch das Wechseln der Funktionen (»drehen«) innerhalb der Mannschaft haben. Der Leger geht plötzlich als Milieu; das lässt den Gegner nicht kalt.

Die eigene Tagesform ist oft mental bedingt. Natürlich ist man mit einer gerade ausgestandenen Grippe nicht in bester körperlicher Verfassung. Doch in den meisten Fällen gibt es keinen körperlichen Grund, genau heute schlecht zu spielen. Eine Leistung dann abrufen zu können, wenn man sie braucht, das trainieren heutzutage alle Sportler. Man weiß schon einige Zeit im voraus, dass am Tag X die benötigte Leistung zur Verfügung stehen muss und arbeitet darauf hin. Und weil alle wissen, dass das überwiegend im Kopf stattfindet, sind heute im Sport mentales Training und speziell Autosuggestion gang und gäbe. Diszipliniertes positives Denken und positives bildhaftes Vorstellen stärken die Psyche. Der Körper wirkt ebenfalls durch Haltung und Mimik auf die Psyche. Jemand, der sich schlecht fühlt, der steht nicht aufrecht mit geraden Schultern und erhobenem Kopf da. Und sein Gesicht spricht auch Bände. Das lässt sich ändern! Nehmen Sie eine positive gerade Haltung ein und lächeln Sie. Sie werden sich bald besser fühlen. Stellen Sie sich einmal – obwohl Sie gut drauf sind – mit hängenden Schultern, gesenktem Kopf und vergrämtem Gesicht hin. Es dauert nicht lange, dann fühlen Sie sich auch so. Also: Auf dem Bouleplatz sind auch schauspielerische Fähigkeiten gefragt!*

Es sind jedoch nicht nur die Spielparteien, die das Spiel beeinflussen. Das Umgebungsambiente fließt da ebenfalls mit ein. Die Anfahrt, die anderen Spieler auf dem Platz, der Platz selbst, das Wetter, die Restauration, der Schiedsrichter und, und, und. Die gesamte Umwelt trägt zu meinem Empfinden und damit Befinden bei. Auch hier gilt, es nicht bei einem Gefühl zu belassen, sondern genau wahrzunehmen, was einen eventuell stört. Dann kann man dem begegnen, es verändern oder zumindest Verständnis dafür aufbringen. Gefahr erkannt, Gefahr gebannt!

Wenn einmal der Wurm drin ist ...

Wir waren anlässlich eines Regionalligaspiels zu Gast im Schwarzwald. Es regnete den ganzen Tag. Der Boden war ein grauer Brei, der alles überzog. Die nächste Möglichkeit trocken zu sitzen und ein warmes Getränk zu kaufen, war 200 Meter entfernt. Das Flutlicht: eine Funzel. Und in die viel zu kleine Vereinslaube durfte keiner außer dem Gastgeberverein hinein. Wir begannen im Laufe des Tages mit unserem Los zu hadern und alles negativ zu sehen. Das hat natürlich voll auf unser Empfinden durchgeschlagen – und am Ende waren wir wirklich geschlagen.

Abschließend noch eine allgemeine Betrachtung. Boulespieler sind im Normalfall betont höflich zueinander. Dies deshalb, weil sie wissen, dass alle auf dem Platz hoch motiviert sind. Man will kämpfen, den Gegner niederringen, selbst siegen und abends möglichst erfolgreich vom Platz gehen. Das klingt nach Aggressivität, oder? Und dann sehen Sie auf dem Platz eine fast fröhliche, harmonische Spielergemeinde. Nur im Spiel spürt man manchmal, was Sache ist. Das ist das eigentlich Faszinierende am Boule.

* nach James E. Loehr: Die neue mentale Stärke, BLV Verlagsgesellschaft mbH, München, Wien, Zürich, 1994. Ebenfalls lesenswert sind zu diesem Thema Hans Eberspächer: Mentales Training – Das Handbuch für Trainer und Sportler, Copress, München, 2019 sowie Sportpsychologie: Die 100 Prinzipien – Nachschlagewerk für Trainer, Betreuer und Athleten, Copress, München, 2011.

KAPITEL 10
Auf dem Platz

Im Kapitel »Taktik« (siehe Seite 65) wurde über die Anwendung von Fähigkeiten des Spielers zur Zielerreichung gesprochen. Im Kapitel »Das mentale Spiel« (S. 73) sprachen wir über die »Achterbahnfahrt« seiner Gefühle und die Konzentration des Spielers auf ein Ziel. Beides betrifft die Innenansicht des Spielers. Geht der Spieler auf den Platz, so hat er auch eine Außenansicht. Das klingt banal, ist es aber nicht. Unter »außen« verstehen wir, wie die auf dem Platz Anwesenden den Spieler wahrnehmen bzw. wie er sich den anderen darstellt. Das kann für ihn weitreichende Folgen haben: von Sympathie bis Ablehnung, von Respekt bis Lächerlichkeit, von souveränem Verhalten bis Gelbe Karte usw.

Auf dem Platz« bedeutet für den Spieler zweierlei: Wie stelle ich mich auf dem Platz dar und wo positioniere ich mich?

Kommen wir zur Darstellung. Ziel der Selbstdarstellung ist es, das Spiel zu eigenen Gunsten zu beeinflussen, also den Gegner zu beeindrucken. Dazu ist es vorteilhaft Selbstvertrauen und Entschiedenheit auszustrahlen. Bespricht sich z. B. die Mannschaft vor dem Wurf, was zu tun ist, so sind vage Aussagen wie »Ich versuche einen ...« oder »Vielleicht können wir ...« zu vermeiden. Selbstbewusstsein vermitteln Ansagen wie »Ich schieße!« oder »Ich drücke unsere rein!« Geht das in die Hose, bleiben wir cool und verziehen keine Miene. Wir spielen normal weiter, als wäre nichts geschehen. Und vor allem keine Kommentare von wegen »caillou« (= Stein) oder ähnlichem als (schlechte) Entschuldigung für einen Fehlwurf.

Der Spieler entschuldigt sich für sein Spiel niemals und bei Niemandem (außer, man hat sich einen Vorteil verschafft durch unbeabsichtigtes Bewegen der Zielkugel).

So kann man den Gegner selbst mit einem Fehlwurf verunsichern und eigene Stärke demonstrieren (siehe auch das Kapitel »Das mentale Spiel«).

Als Mannschaft steht man wortwörtlich zusammen und demonstriert dem Gegner Geschlossenheit, auch im Verhalten. Dazu gehört natürlich auch, dass, wenn ein Spieler sich exponiert, er von den Kameraden nicht öffentlich zurückgepfiffen wird. Einer für alle – alle für einen. Ein lockerer entspannter Umgang mit den eigenen Mannschaftskameraden hilft eine eventuell vorhandene Nervosität abzubauen. Mit dem Gegner spricht man nur falls notwendig und dann sachbezogen. Es gibt jedoch Equipen die unter sich bewusst eine schlechte Stimmung erzeugen bis hin zum offenen Streit untereinander, um den Gegner negativ zu beeinflussen. Das zerstört natürlich die Schönheit des Spiels dem wir unsere Freizeit widmen.

Da wir jetzt beim Thema Mannschaft sind kommt auch die Position des Spielers auf dem Platz in den Blick. Auf Bouleplätzen zeigt sich dem Betrachter ein buntes und manchmal verwirrendes Bild vom Ablauf der Spiele. Oft sind

z. B. auf Terrain libre die Spieler einer Equipe nicht klar zuzuordnen und auch im Boulodrome wuselt auf dem Feld alles durcheinander. Da stehen manchmal von einer Triplette der Leger im Kreis, der Milieu dahinter und der Schießer hinter der Zielkugel, irgendwo darunter gemischt die gegnerischen Spieler. Soll das den Gegner beeindrucken? Demonstriert man so Zusammenhalt in der Mannschaft, mentale Stärke und Durchsetzungsvermögen?

Selbst, wenn der gute Wille bei den Spielern vorhanden ist, eine geordnete Positionierung während des Turniers konsequent durchzuhalten, so ist in der Spielpraxis oft schon nach relativ kurzer Zeit zu sehen, wie sich eine Mannschaftsformation auflöst. Meist ist das verursacht durch Konzentrationsmängel; z. B. bleibt ein gegnerischer Spieler verträumt zwischen Kreis und Zielkugel stehen, obwohl er da nicht sein darf. Immer wach zu sein und genau zu wissen, wo mein Platz ist, statt den eigenen Gedanken nachzuhängen, das ist Arbeit und Präsenz auf dem Platz.

An dieser Stelle ist über die Anordnung der Spieler auf dem Spielfeld zu sprechen, wozu das Reglement in Artikel 17 klar vorgibt:

Verhalten der Spieler und Zuschauer

Während der regulären Zeit, die ein Spieler benötigt, um seine Kugel zu spielen, müssen die anderen Spieler und die Zuschauer äußerste Ruhe einhalten.

Die Gegner dürfen weder umhergehen, noch gestikulieren oder irgendetwas tun, was den Spieler stören könnte. Nur die Partner des Spielers dürfen sich zwischen der Zielkugel und dem Wurfkreis befinden.

Die Gegner müssen sich seitlich hinter der Zielkugel oder seitlich hinter dem Spieler aufhalten. Sie müssen sowohl vom Spieler, als auch von der Zielkugel einen Abstand von mindestens zwei Meter einhalten.

Die Spieler, welche diese Vorschriften nicht beachten, können vom Wettbewerb ausgeschlossen werden, wenn sie ihr Verhalten nach einer Verwarnung durch den Schiedsrichter beibehalten.

Die Regel gilt für alle Varianten wie Triplette, Doublette oder Tête-à-tête. Im Folgenden wird die Regel am Beispiel der Triplette illustriert.

Zu beachten ist das Wort »seitlich«. Wenn sich ein Gegner direkt vor dem Werfer aufbaut und diesem fest in die Augen blickt um ihn zu verunsichern, dann hat der Werfer ein veritables Problem. Die direkte Sicht des Werfers muss laut Regel frei sein. Ebenso spüren viele Menschen, wenn jemand direkt hinter ihnen steht; das wirkt ebenfalls verunsichernd.

Wenn Sie sich Spiele mit berühmten Spielern anschauen, so fällt Ihnen sofort die disziplinierte Beachtung obiger Regel auf. Alle Spieler auf dem Feld verhalten sich exakt nach Vorschrift. Fast immer sind die Spieler, die sich außerhalb des Abwurfkreises aufhalten, bei der Zielkugel versammelt, denn dort spielt die Musik, da entscheidet sich das Spiel. Dabei stehen die beiden eigenen Spieler vor der Linie, die auf der Höhe der Zielkugel liegt, und die drei Gegner stehen im Anschluss hinter dieser Linie. Alle auf der Seite in einer Reihe hintereinander, mit genügend Abstand zur Sau (siehe Bild rechte Seite). Man achtet dabei genau darauf, vor dem Gegner zu stehen und nicht gegenüber.

Die Mannschaft, die am Zug ist, könnte auf dem Platz stehen wo sie will. Dem Gegner, der nicht am Zug ist, schreibt aber der Artikel 17 Reglement vor, wo er zu stehen hat. Die spielende Mannschaft will, vom Abwurfkreis

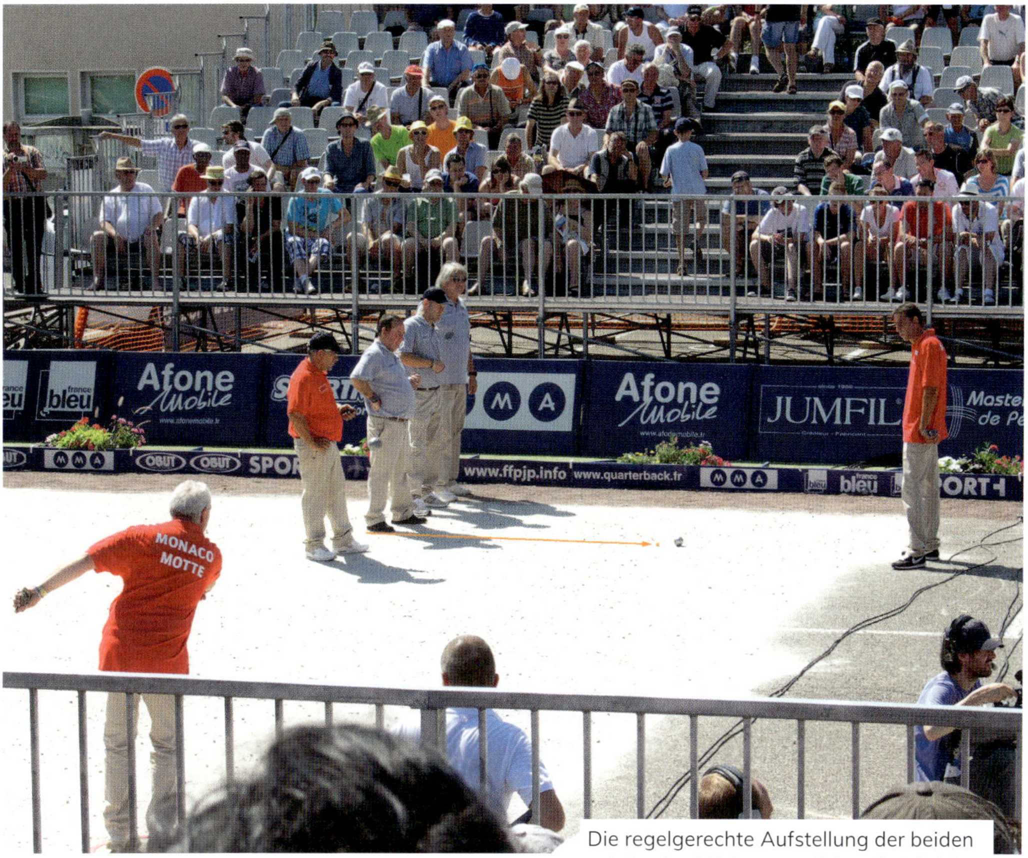

Die regelgerechte Aufstellung der beiden spielenden Tripletten auf dem Spielfeld

her gesehen, den Gegner optisch verschwinden lassen und stellt sich deshalb vor den Gegner.

Will die gegnerische Mannschaft sich gegenüber der spielenden platzieren, so bilden beide Mannschaften eine Gasse um die Zielkugel. Das macht die Distanz zur Sau anschaulicher und ist für den Werfer von Vorteil. Da dies beide Mannschaften wissen, baut sich der Gegner immer hinter der spielenden Equipe auf, wie oben erläutert. Dies kann wiederum die spielende Mannschaft umgehen, indem in der Triplette zwei eigene Spieler sich links und rechts von der Sau positionieren und so die Gasse bilden.

Im Bild zeigt die orange Linie die Trennung der Mannschaften auf Höhe der orangen Zielkugel. Monaco ist am Spiel, deshalb stehen diese Spieler seitlich zwischen Abwurfkreis und Zielkugel. Die Equipe Foyot (graues Shirt) steht hinter der gedachten orangen Trennlinie zwei Meter von der Zielkugel entfernt. Eine professionelle Ordnung gemäß Reglement auf dem Spielfeld.

Bei diesem Aufbau sieht der Werfer im Vordergrund die eigene Mannschaft und nachrangig dahinter den Gegner. Zwischen den eigenen Leuten ist niemand anderes. So wird den eigenen Spielern ein Gefühl der Sicherheit und Zusammengehörigkeit vermittelt und dies demonstriert dem Gegner die eigene Stärke. Ist die eigene Mannschaft nicht am Zug, so stellt sie sich, wie beschrieben, seitlich hinter dem Gegner und der Zielkugel auf – und sonst nirgends.

Natürlich empfindet man anfangs das ständige neu Gruppieren nach jedem Wurf

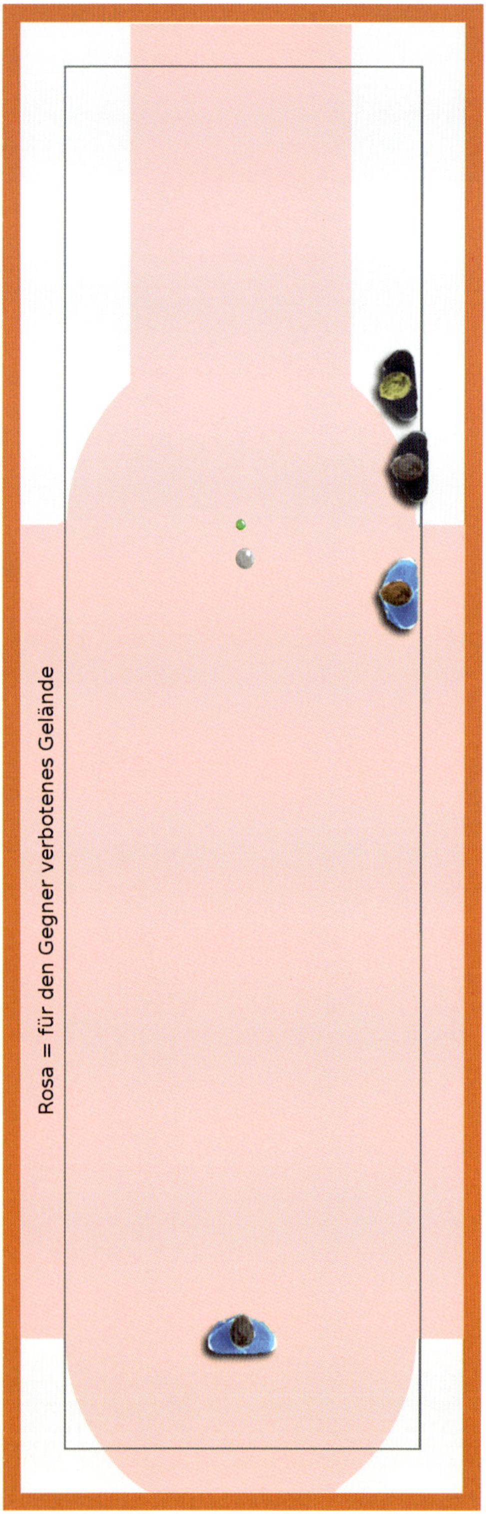

als anstrengend bis lästig. Mit der Zeit geht dieses Verhalten jedoch in Fleisch und Blut über und es wird als normal empfunden. Im Gegenteil, wenn dann eine Mannschaft im Spiel keine ordentliche Formation zeigt, dann wirkt es auf uns eher befremdlich bis laienhaft.

Geht die Mannschaft mit, wenn der Werfer zum Ziel und anschließend zurück zum Abwurfkreis geht, so stellt sie sich vor dem Abwurf in die Position bei der Zielkugel. Dann erst geht der Spieler zum Kreis und wirft die Kugel.

Das gezeichnete Schema verdeutlicht noch einmal die Positionierung der Spieler auf der Spielbahn am Beispiel von zwei Doubletten. Die Bahn ist zwischen den Auslinien 4 m breit. Rosa ist das Gelände dargestellt, in dem sich nur die spielende Mannschaft aufhalten darf. Blau ist am Spiel und darf sich auf dem gesamten Feld bewegen. Schwarz hingegen ist nicht am Zug und darf sich deshalb weder zwischen Abwurfkreis und Ziel, noch in der direkten Sicht des aktiven Spielers, noch näher als 2 m hinter dem aktiven Spieler und vor der Sau aufhalten.

!

Mannschaften, die die oben genannten Regeln leben, verschaffen sich auf dem Platz beim Gegner und bei den Zuschauern Respekt, auch wenn sie nicht siegreich sind.

Die Positionierung zweier Doubletten auf der Spielbahn

KAPITEL 11
Das Training

Man trainiert, um gut zu werden oder es zu bleiben. Ein guter Spieler spielt ohne größere Formschwankungen ein mittleres bis gehobenes taktisches und technisches Niveau. Man sieht immer wieder in den Medien Zusammenfassungen von Spielen, die ausschließlich die spektakulären Spielzüge enthalten. Ein Neuling glaubt dann, so spielen die Spitzenspieler. Dass aber über weite Passagen der Spielverlauf ganz normal ist, das sieht man erst, wenn man große Spiele besucht. Gute Spieler machen in der Hauptsache weniger Fehler als andere und das, zusammen mit einer soliden Wurftechnik, macht sie so stark. Übrigens sind taktische Fehler folgenschwerer als technische.

Das beste Training, so heißt es, besteht aus häufigem Spielen. Genau das ist fraglich. Natürlich ist Spielerfahrung unabdingbar, aber wenn ich einen speziellen Wurf gut beherrschen will, dann muss ich diesen Wurf isoliert üben. Das beste Beispiel dafür ist der Sauschuss, den Sie, wenn überhaupt, vielleicht ein- oder zweimal am Tag versuchen. Auf

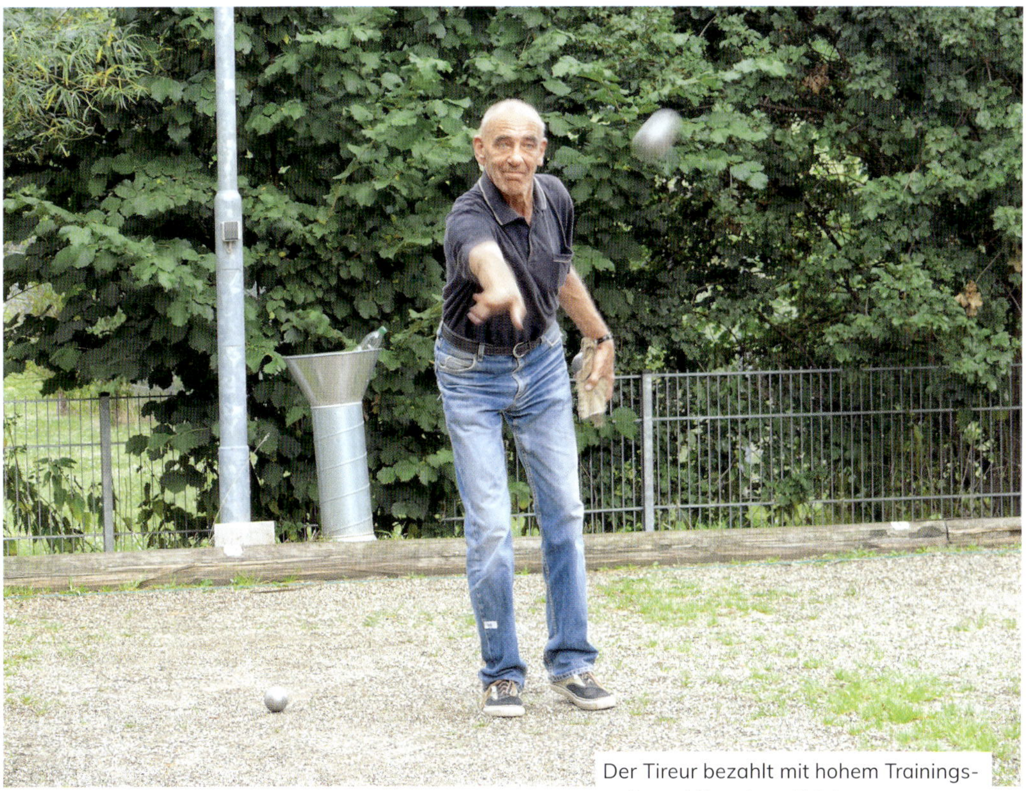

Der Tireur bezahlt mit hohem Trainingsaufwand für seinen Erfolg.

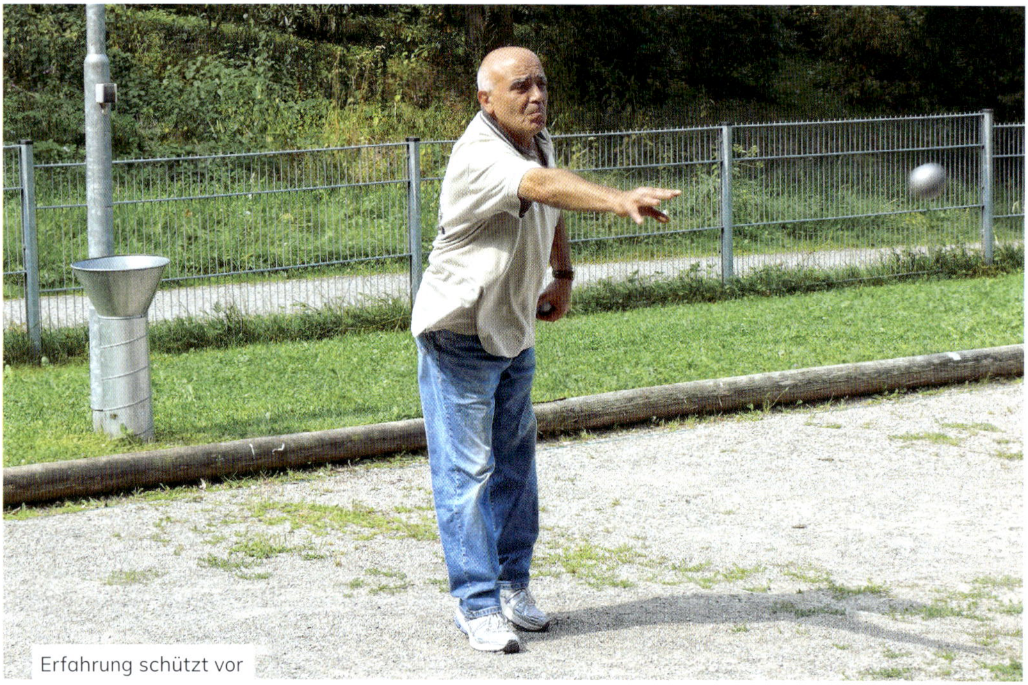

Erfahrung schützt vor Training nicht!

diese Weise können Sie den Schuss auf die Zielkugel nicht lernen. Dazu müssen Sie vielmehr ganze Serien auf die Sau schießen.

Schießer trainieren in der Regel mehr als Leger, weil Schießer ihren Wurf stärker automatisieren müssen als Leger, und das braucht Zeit. Stärkere Automatisierung erhöht die Zielsicherheit. Wichtig ist ein Schuss im Bogen mit ausreichend gehobenem Arm (siehe Bewegungsablauf Seite 51). Wenn eine Legerkugel 8 cm weiter oder kürzer liegt als geplant, dann ist das bei einem Leger meist kein Beinbruch. Wenn ein Schießer 8 cm daneben liegt, dann ist das ein Fehlwurf (Loch).

Die meisten Boulespieler, die ich kenne, trainieren oft genau das, was sie ohnehin gut können. Auf diese Weise vermeiden sie zwar Frust, weil sie der Wahrheit nicht ins Auge blicken müssen, aber sie können sich nicht weiter entwickeln. Angesagt ist die gleichmäßige und systematische Pflege aller Fähigkeiten, die ein Boulespieler haben sollte, unabhängig von der persönlichen Ausprägung. Wenn man sich als Tireur versteht, dann sollte man eben auch das Legen üben, weil man das mit Sicherheit auch brauchen wird. Umgekehrt kann auch ein Leger in die Lage kommen, schießen zu müssen.

Um ein systematisches Training für Sie festzulegen, sollten Sie sich darüber klar werden, welche Fähigkeiten Sie entwickeln wollen und dazu bauen Sie sich einen möglichst regelmäßigen Trainingsplan (z. B. einmal pro Woche für ca. 1,5 Stunden). Es macht keinen Sinn, eine Stunde lang einen bestimmten Wurf auszuführen, das ist ermüdend und macht keinen Spaß. Wechseln Sie alle paar Minuten die Übungen, das erhöht Ihre Flexibilität und den Spaß am Training. Wenn Ihnen Ihr Training keinen Spaß mehr macht, dann brechen sie es ab. Meist ist es motivierender, in der Gruppe zu trainieren, anstatt alleine vor sich hin zu werfen.

Vorab eine Warnung! Man kann sich alleine fehlerhafte Techniken antrainieren, die man nur unter großen Schwierigkeiten wieder loswird – falls man überhaupt bemerkt, dass etwas Falsches trainiert wurde. Man wundert sich dann nur, warum der Erfolg ausbleibt. Wenn man beispielsweise Schwierigkeiten hat, beim Wurf im Kreis stehen zu bleiben, kann das nur ein Haltungsfehler sein. Oder man macht in der Endphase des Wurfes mit der Hand einen fast unmerklichen Schlenker, was zu sehr wechselhaften Ergebnissen führt.

!

Meine Fehler sehen Zuschauer in der Regel sofort, nur ich selbst kann sie nicht erkennen. Das sind gute Gründe, nicht alleine zu trainieren.

Beim Training wird jede Phase des Wurfes betont bewusst ausgeführt. Einfach die Kugeln zu werfen, genügt nicht. Nur durch das wiederholte, sehr bewusste (und langsame) Ausführen des Wurfes wird Bewegung verfestigt. Das führt über die Automatisierung des Wurfes dazu, dass Sie mit der Zeit immer mehr Kleinigkeiten beachten können. Wenn Sie sich noch darauf konzentrieren müssen, Ihre Hand in der Endphase aufzuklappen, dann wird es schwierig für Sie, gleichzeitig auch darauf zu achten, dass Sie Ihre Hand gerade führen um einen ungewollten Effet zu vermeiden.

Fortgeschrittene Spieler halten den Ablauf ihres Wurfes schriftlich fest, überprüfen und verändern dieses Dokument über lange Zeit und lesen es vor jedem Training. Diese Spieler geben sich nicht mit der (teilweise) intuitiven Ausführung eines Wurfes zufrieden. Sie machen sich den Ablauf des Wurfes in allen Phasen bewusst und wollen so die exakte Wiederholbarkeit eines erfolgreichen Wurfes bewirken. Sie wissen, dass das Pétanquespiel hauptsächlich im Kopf stattfindet. Man nennt dieses Verfahren auch Visualisierung. Nachfolgend ein Beispiel für einen schriftlich festgehaltenen Ablauf eines Wurfes:

Der Wurf des Legers (Rechtshänder)

Ich gehe in den Kreis und stehe locker auf den ganzen Füßen. Die rechte Fußspitze deutet auf das Ziel, der linke Fuß ist v-förmig abgespreizt. Ich richte mich auf.

Mit vier geschlossenen Fingern umfasse ich die Kugel. Der Daumen berührt nur den Zeigefinger. Den Druck auf die Kugel üben die Mittelglieder von Mittel- und Ringfinger aus.

Der Arm schwingt weit nach hinten. Am Umkehrpunkt zeigt der Handrücken zum Boden und das Handgelenk klappt so weit wie möglich ein. Der Körper ist jetzt ganz ruhig. Der Arm schwingt zwanglos nach vorne bis zur Schulterhöhe. Die Hand klappt hoch und gibt die Kugel frei. Der Arm ohne Kugel schwingt weiter mit der Handfläche zum Ziel gewandt.

Merkwörter: aufrichten – Mittelglieder – einklappen – auf

Wenn Sie sich an vorgegebenen und gut ausgedachten Trainingsplänen orientieren wollen, dann empfehle ich Ihnen die Website des Deutschen Petanque Verbandes (https://deutscher-petanque-verband.de/dpv-info-center/) auf der Sie unter der Rubrik »Übungsanleitungen« hervorragend gestaltete Trainingsunterlagen von Klaus Eschbach finden. Darüber hinaus ist auf der gleichen Website unter dem Suchbegriff »Sportabzeichen« ein interessanter Prüfungsbogen, den man auch als Trainingsvorgabe benutzen kann, eingestellt (siehe Abbildung auf der nächsten Seite).

Im folgenden Kapitel »Übungen« unterbreite ich Ihnen detaillierte Übungsvorschläge wie man trainieren könnte. Die Abfolge der Übungen stellen Sie sich bitte nach Ihren Vorstellungen zusammen.

Das Boule-Sportabzeichen des Deutschen Pétanque Verband e. V. (DPV)*

Das neue Boule Sportabzeichen (BSA) wurde im Jahr (2020) als Auszeichnung des Deutschen Pétanque Verband e. V. (DPV) eingeführt. Es ist eine Auszeichnung außerhalb des Wettkampfsports und wird als Sportabzeichen im Rahmen des Breitensports verliehen.

Je 3 Lege- und Schießübungen
Es soll mit je 3 Prüfungen im Legen und Schießen zum Mitmachen, zum Wettstreit, aber auch zur Verbesserung der technischen Fähigkeiten aller, in unserem schönen Kugel-Sport beitragen. Hier sind alle Boule-Begeisterten eingeladen, auch außerhalb regulärer Wettkämpfe und mit Spaß an der sportlichen Herausforderung, ihr Können zu zeigen.

Keine Lizenzpflicht – keine Vereinszugehörigkeit
Das BSA ist so angelegt, dass viele Hobbyspieler*innen (auch Neulinge) mit etwas Training das Abzeichen und die Urkunde für Bronze erreichen können. Für den Abschluss in Silber oder Gold werden allerdings selbst Lizenzspieler*innen etwas Vorbereitung brauchen.

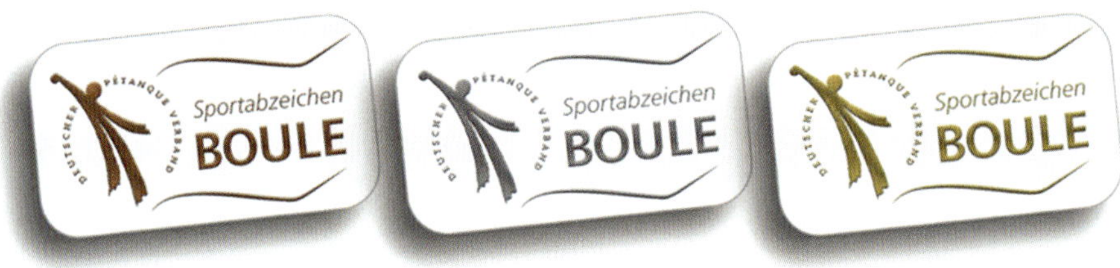

Bronze – Silber – Gold
Man kann in einem Durchgang mit denselben Prüfungen Bronze (ab 45 Punkten), Silber (ab 60 Punkten) und Gold (ab 75 Punkten) erreichen, je nach erreichter Punktzahl, analog zum Deutschen Sportabzeichen. Mit angepassten Distanzen funktioniert dies auch für Kinder und Jugendliche.

Anerkennung durch DOSB beim Deutschen Sportabzeichen
Wer das Boule-Sportabzeichen erhält, kann diese Leistung auch beim DOSB nach Vorlage der Urkunde (im Jahr der Ausstellung) anerkennen lassen, als Leistung für die Disziplingruppe »Koordination« im Rahmen des Deutschen Sportabzeichens.

Was braucht es dafür?
Einige Interessierte, die mitmachen, einen Verein als Ausrichter, im besten Fall vier Boulebahnen und eine*n ausgebildete*n »Boule-Sportabzeichen«-Prüfer*in. Die Prüfungen sind so ausgelegt, dass der Aufwand für den Aufbau minimal ist.

* Quelle: Deutscher Pétanque-Verband e. V., https://deutscher-petanque-verband.de/dpv-bsa-allgemein/

Prüfungen zum Boule-Sportabzeichen*

Allgemeines zu den Legeprüfungen

Spielkugel ist die Kugel, die geworfen wird. Die Spielkugel wird nach Wertung des jeweiligen Wurfs aus dem Spiel genommen. Eine Kugel ist auf der Seite der Linie gültig, auf der sie den Boden berührt, d. h. mehr als die Hälfte der Kugel muss die Linie überschritten haben. Die Farbfelder in den jeweiligen Skizzen zeigen die Wertungsbereiche.

Allgemeines zu den Schießprüfungen

Treffkugel ist die Kugel, die zu treffen ist. Spielkugel ist die Kugel, die geworfen wird. Die Spielkugel wird nach jedem Wurf aus dem Spiel genommen. Eine Kugel ist auf der Seite der Linie gültig, auf der sie den Boden berührt, d. h. mehr als die Hälfte der Kugel muss über der Linie sein.

Die drei Legeprüfungen

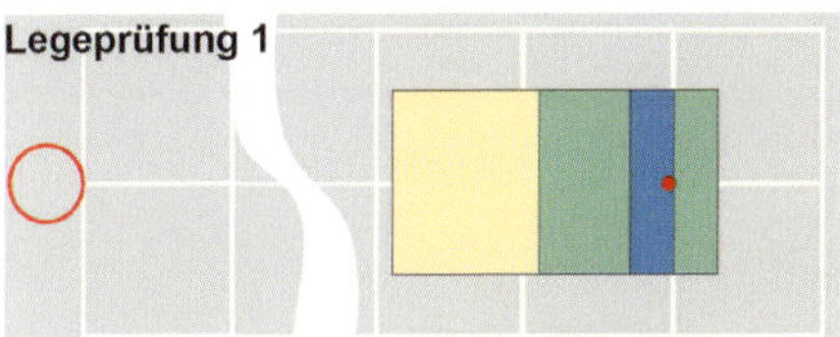

Die Spielkugel wird in 6 Versuchen in den Zielsektor mit unterschiedlichen Wertungsbereichen gelegt. Bleibt die Spielkugel im gelben Wertungsbereich, gibt es 1 Punkt, im grünen 2 Punkte und im blauen 3 Punkte.

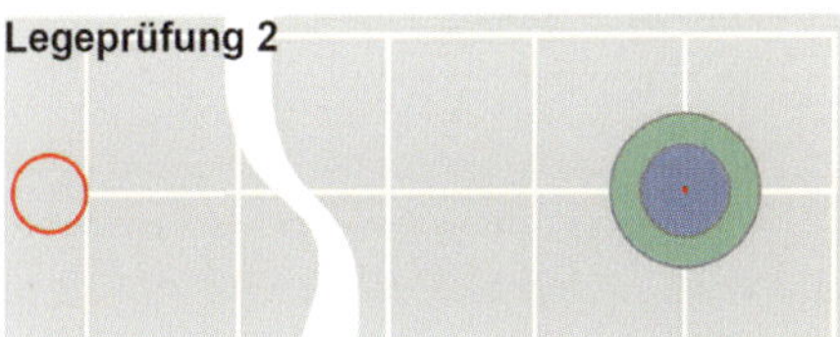

Die Spielkugel wird in 6 Versuchen in den Zielkreis mit zwei Wertungsbereichen gelegt. Bleibt die Kugel im grünen Wertungsbereich gibt es 2, im blauen 3 Punkte.

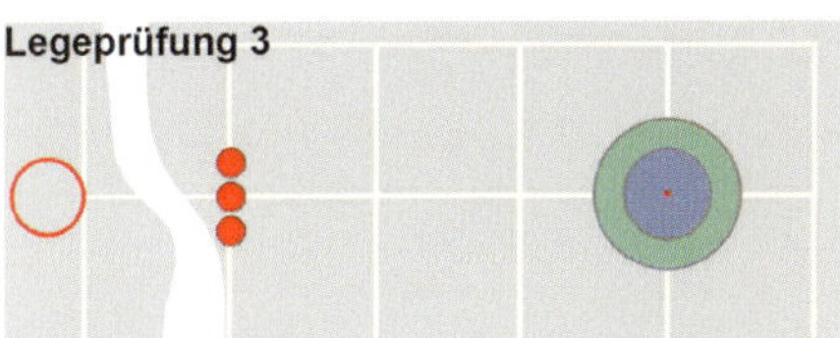

Die Spielkugel wird in 6 Versuchen in den Zielkreis mit zwei Wertungsbereichen gelegt, jedoch darf die Spielkugel erst hinter den Hinderniskugeln aufsetzen. Die Hinderniskugeln liegen auf der Hälfte der Entfernung zwischen Abwurfkreis und Mitte des Zielkreises. Beim Aufsetzen vor den Hinderniskugeln oder bei Berührung derselben gibt es 0 Punkte. Bleibt die Kugel im grünen Wertungsbereich, gibt es 2, im blauen 3 Punkte.

Die drei Schießprüfungen

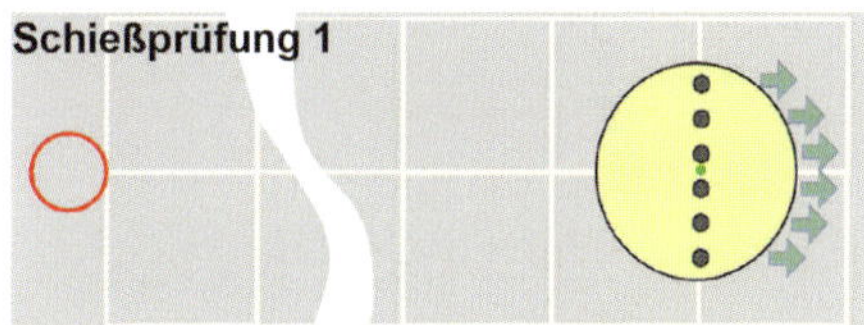

Die Treffkugeln sind mit 6 Kugeln aus dem Kreis zu schießen. Jede Treffkugel, die den Kreis verlässt: 2 Punkte. Verlassen alle 6 den Kreis: 6 Bonuspunkte. Bleibt die Spielkugel im Kreis liegen: 1 Bonuspunkt. Jede nicht benötigte Spielkugel: 1 Bonuspunkt. Es werden keine Kugeln zurückgelegt.

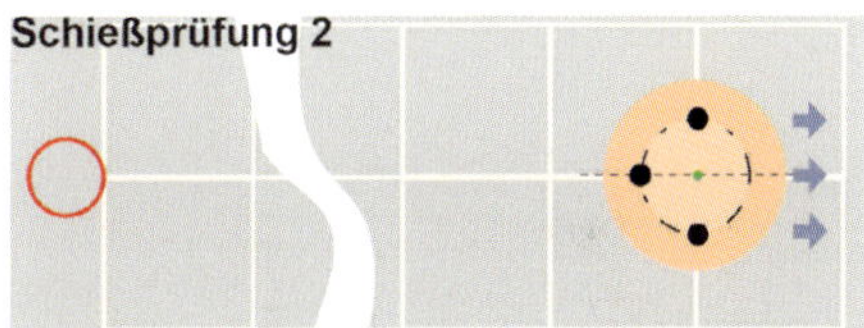

Die Treffkugeln sind mit 6 Kugeln aus dem Zielkreis zu schießen. Verlässt die Treffkugel den Zielkreis: 3 Punkte. Verlässt mehr als eine Treffkugel den Zielkreis: je 3 Punkte. Wird eine Treffkugel nur berührt: 1 Punkt. Nach Treffern werden die Treffkugeln zurückgelegt. Bleibt die Spielkugel im Zielkreis liegen:1 Bonuspunkt. Ist die maximale Punktzahl von 24 erreicht, ist die Prüfung erfüllt.

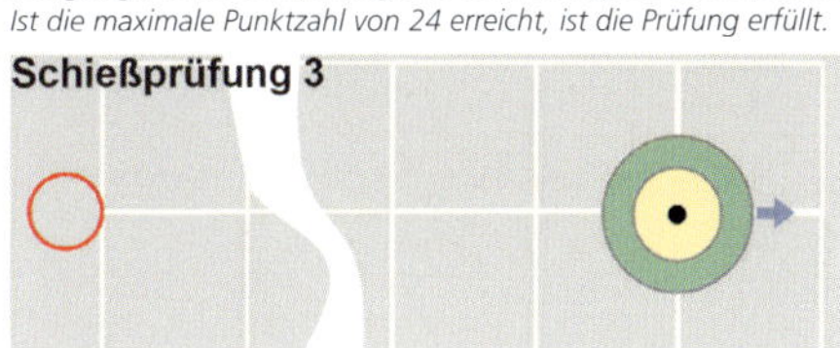

Die Treffkugel ist mit 6 Kugeln aus den Zielkreisen mit zwei Wertungsbereichen zu schießen. Verlässt die Treffkugel beide Wertungsbereiche: 3 Punkte. Bleibt sie im grünen liegen: 2 Punkte. Bleibt sie trotz Treffer im gelben Wertungsbereich liegen: 1 Punkt. Nach jedem Treffer wird die Treffkugel auf ihre Ausgangsposition zurückgelegt. Bleibt die Spielkugel in den Wertungsbereichen liegen: 1 Bonuspunkt.

* Den exakten Prüfungsaufbau zeigt https://deutscher-petanque-verband.de/dpv-bsa-pruefungen/

KAPITEL 12
Übungen

Dieses Buch ist, wie eingangs beschrieben, für Spieler gedacht, die sich grundlegende Techniken des Pétanquespiels aneignen wollen. Hierzu werden wir uns bei den Übungen an folgendem Raster orientieren:

Legen (S. 42 ff)

- Demi-portée (etwa schulterhoher Wurf, der nach ungefähr der halben Distanz den Boden berührt)
- Roulant (rollen auf dem Boden über die ganze Distanz)
- Portée (hoher Wurf über Kopf, die Kugel schlägt 1,5 bis 1 m vor dem Ziel auf)

Schießen (S. 48 ff)

- Raspaille (wuchtiger Flachschuss, der nach der Hälfte der Distanz aufsetzt)
- Tir devant (die Kugel setzt kurz vor dem Ziel auf)
- Tir au fer (die Schusskugel fliegt über die gesamte Distanz und schlägt auf der Gegnerkugel auf)

Taktik (S. 65)

- Petit Port (Spiel auf kurze Distanz)

Das Übungsterrain sollte nicht zu schwer sein. Wir wollen an dieser Stelle nicht »Gelände lesen« trainieren, sondern Spieltechnik. Ein gering nachgiebiger einigermaßen planer Boden mit etwas körnigem Belag ist im allgemeinen gut geeignet.

Die hier dargestellten Übungen sind für das Spiel aus dem Stand beschrieben, etwa wenn der Begriff »schulterhoch« verwendet wird. Falls der Spieler aus der Hocke spielen will muss er die Übungsanweisung übersetzen für die Hocke.

Der Zeitbedarf für die Übungen kann, wenn man ihn nicht bewusst steuert, schnell ausufern. Es ist angebracht sich zu disziplinieren und sich konkrete Inhalte vorzunehmen, beispielsweise »Ich übe heute 30 Minuten Donnée treffen und den geraden Lauf der Kugel.« Die Lust zu trainieren wird auch beeinflusst durch Erfahrungen im Spiel oder Turnier: Wenn es mal wieder richtig schiefgelaufen ist, dann spürt man den Drang, die begangenen Fehler durch selbst verordnete Trainingseinheiten künftig in den Griff zu bekommen.

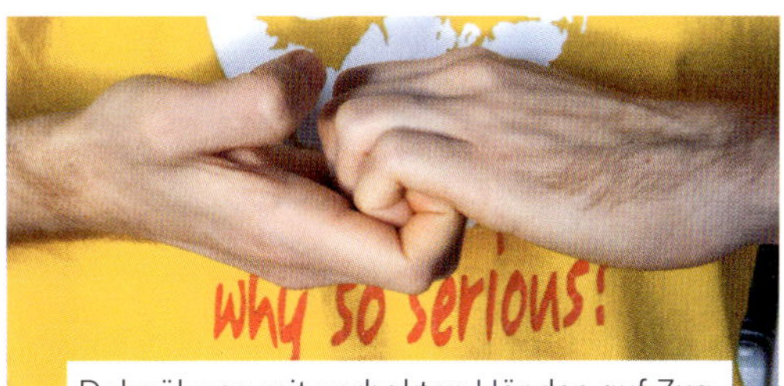

Dehnübung mit verhakten Händen auf Zug

Bevor wir üben machen wir die Schultern ein wenig warm und dehnen sie. Wir beginnen mit Armkreisen 15-mal vorwärts und 15-mal rückwärts. Das kann man auch mit gegenläufigen Armbewegungen machen: Der rechte Arm schwingt nach vorne, der linke zurück und umgekehrt. Zum Dehnen verhaken wir vor dem Bauch die Hände mit geschlossenen Fingern auf Zug und heben dann die Hände weit über den Kopf und zurück vor den Bauch. Dann greifen wir um und haben jetzt den Handrücken der oben war unten und den ehemals unteren oben. Dann wieder über den Kopf und vor den Bauch. Das Ganze 10-mal auf Zug im Wechsel. Danach sind wir bereit zum Üben.

Legeübungen

Zuerst üben wir den »runden« Wurf am Beispiel des Demi-portée. Dazu gliedern wir den Wurf in drei Übungsphasen:

- Der Wurf
- Der Donnée
- Das Ziel

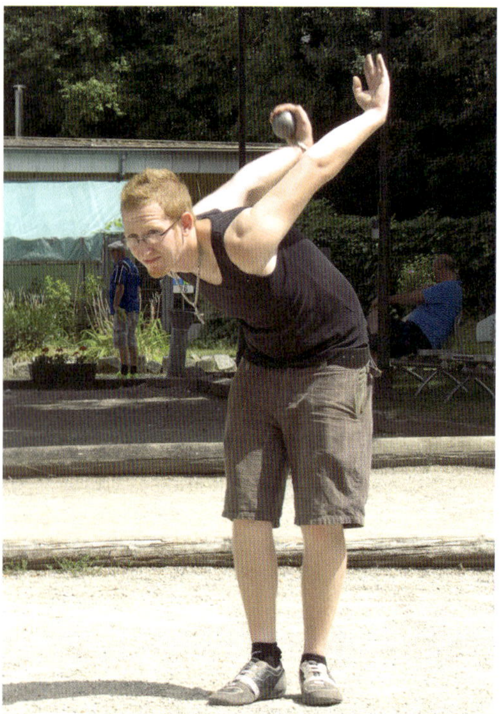

Der Spieler wickelt die Kugel für einen kräftigen Rückwärtsdrall mit seiner Hand regelrecht ein.

Übung runder Wurf:

Wir werfen einfach die Kugel schulterhoch ziellos geradeaus. Dabei holen wir mit gestrecktem Arm weit nach hinten aus und achten darauf, dass die Finger geschlossen sind und das Handgelenk zum Unterarm geklappt ist (siehe Foto). Beim Wurf schwingt der gestreckte Arm nach vorne und die Hand klappt am Ende des Wurfs nach oben und gibt die Kugel frei. Übungsziel: Der Wurf soll nicht kraftvoll reißen, sondern schwungvoll gleiten.

Nach mehr als 20 Würfen sollte man das Gefühl haben, dass die Kugel zwanglos und rund nach vorne fliegt. Zu achten ist dabei darauf, dass man eine gute Haltung einnimmt (siehe S. 40) und dass die Hand mit geschlossenen Fingern ein- und ausklappt. Die saubere Ausführung des Wurfs ist wichtiger als die erreichte Weite.

Übung Donnée treffen:

Jetzt werfen wir schulterhoch auf einen bestimmten Aufschlagpunkt in ca. 4 m Entfernung und achten dabei weiter auf den »runden« Wurf. Diese Übung ist essenziell für den Leger: Wer keinen Donnée treffen kann, ist in steinigem Terrain verloren.

Um den Donnée zu fixieren, legen wir einen Sterilisier-Gummiring von 6 bis 12 cm Durchmesser an die Stelle. Der Gummiring ist weich und beeinflusst bei späteren Übungen kaum das Verhalten der Kugel.

Wir zählen die Treffer auf den Donnée sowie die Würfe. 50 Treffer bei 100 Würfen ergibt eine Trefferwahrscheinlichkeit von 0,5 oder 50 %. Das ist nicht schlecht. Was darunter liegt ist nicht gut, alles darüber ist gut bis sehr gut (80 %). Diese Wahrscheinlichkeit, über längere Zeit gemessen, beschreibt die Qualität des Spielers. Zum Zählen der Würfe kann der Spieler z. B. 100 Büroklammern nehmen und die Treffer in die rechte Hosentasche stecken und die Fehlwürfe in die linke.

Wenn wir davon ausgehen, dass die Zielkugel zwischen 6 und 10 m geworfen wird, dann

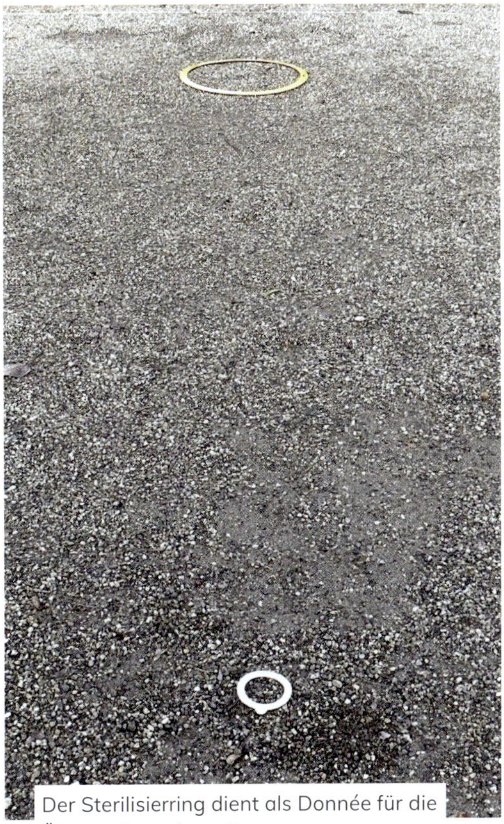

Der Sterilisierring dient als Donnée für die Übung »Donnée treffen«.

liegt der durchschnittliche Donnée zwischen 3 und 6 m. Man sollte den Wurf auf den Donnée also auf 3, 4, 5, und 6 m Distanz üben. Und denken Sie daran, dass das Hauptziel der Übung der »runde« Wurf ist.

Ist eine Trefferwahrscheinlichkeit um die 50 % erreicht, gehen wir weiter zur dritten Phase der Wurfübung.

Übung Zielkugel anspielen:

Jetzt kommt die Zielkugel hinzu. Wir platzieren die Zielkugel auf 7 m vom Abwurfkreis. Den Gummiring legen wir auf 4 m dazwischen. Über die Höhe des Wurfs können wir jetzt seine Länge steuern. Wenn nach ein paar Würfen über den Donnée die Zielkugel ordentlich erreicht ist (ca. 30 cm davor und nicht dahinter!), legen wir wieder besonderen Wert auf die schwungvoll gleitende Ausführung des Wurfs. Wir werfen so weiter, bis die Trefferwahrscheinlichkeit durchschnittlich ist.

Wir können anschließend bei gegebenem Ziel die Lage des Données variieren (3, 4, 5, 6 oder 7 m, je nach Zielweite) und bei gegebenem Donnée (z. B. 4 m) die Weite des Ziels (6, 7, 8, 9 und 10 m) verändern.

Wenn sie diese grundlegenden Übungen des »runden« Wurfs immer wieder einmal durchführen geht diese Übungsweise unmerklich über in die Motorik und Sie müssen sich nicht immer wieder bewusst machen: Finger schließen – Arm nach hinten oben strecken – Hand einklappen – gerade und rund vorschwingen – Hand aufklappen – Kugel freigeben.

Wir haben jetzt auch ganz nebenbei die einwandfreie Ausführung des Demi-portée geübt.

Der gerade Lauf der Kugel

Im Spiel passiert es oft, dass die Kugel nicht wie angestrebt zum Ziel läuft, sondern aus unerfindlichen Gründen seitlich neben das Ziel abläuft. Das kann beträchtlich mehr als 1 m sein. Der Spieler murmelt dann etwas, was wie »caillou« klingt (le caillou = der Kiesel) und spielt weiter. Natürlich können Steine oder unerwartete Geländeformen die Kugel ablenken, aber hier kommt wieder die Wahrscheinlichkeit ins Spiel: Es kann nicht sein, dass auf einem normalen Boden mehr als ca. 30 % der Würfe seitlich stark ausbrechen wegen Steinen o. ä. Hier muss der Werfer sich fragen, ob die Fehlwürfe durch falsche Handhaltung oder einen ungeraden Wurf nicht selbst verursacht sind.

Ein ungerader Wurf ist daran erkennbar, dass er geradlinig am Ziel vorbeiführt. Dies kommt oft dadurch zustande, dass der Spieler den Wurf nicht weit ausholt, sondern nahe am Körper begonnen wird. Dann muss der Wurf mit Kraft »gerissen« werden, damit die erforderliche Weite erreicht wird. Beim kraftvollen

»Reißen« wird der Wurf oft seitlich »verrissen«, der Wurf ist nicht gerade aufs Ziel gerichtet.

Eine falsche Handhaltung ist daran zu erkennen, dass der Wurf zwar gerade gerichtet ist, aber die Kugel nach dem Aufprall sofort (caillou oder starker Effet) verspringt oder im Lauf langsam die Richtung ändert (Effet oder Gelände). Wie gesagt ist hier die Wahrscheinlichkeit der Fehlwürfe ausschlaggebend für das Erkennen eines Fehlers: Es kann nicht sein, dass meine Würfe bei richtiger Handhaltung und präziser Wurftechnik zu einem hohen Prozentsatz ausbrechen. Natürlich ist es möglich, beide Fehler zu kombinieren und sich deren Auswirkungen überlagern.

Wir beginnen mit der Übung zur Handhaltung indem wir bewusst Fehler machen. Oder anders gesagt wir spielen Effet nach rechts und links (siehe S. 47, 3. Absatz).

Übung Effet-Wurf:

Wir legen das Ziel 7 m vor den Abwurfkreis und auf 4 bis 5 m ein Hindernis (z. B. ein Ziegelstein quer). Das Ziel muss vom Abwurfkreis zu sehen sein.

Beim Werfen machen wir alles wie bisher: Finger schließen – Arm nach hinten oben strecken – Hand einklappen – gerade und rund vorschwingen – Hand aufklappen – Kugel freigeben. Nur, dass wir dabei die Hand um ca. 45 Grad abkippen und am Hindernis vorbeispielen. Bei Linkseffet nach rechts, bei Rechtseffet nach links. Die Wurfkugel soll etwa 50 cm vor dem Ziel zu liegen kommen. Je langsamer die Kugel geworfen wird, desto besser nimmt sie den Effet an. Wenn die Kugel mit Effet und voller Kraft geworfen wird, dann läuft sie schnurgerade.

Das klappt meist nicht auf Anhieb und ist sehr übungsintensiv. Die richtige Wahl des Donnée (z. B. 50 cm neben dem Ziegelstein) sowie die Wurfstärke und -höhe können über Versuch und Fehler ermittelt werden. Aber nicht alle drei Variablen gleichzeitig variieren, sondern einzeln.

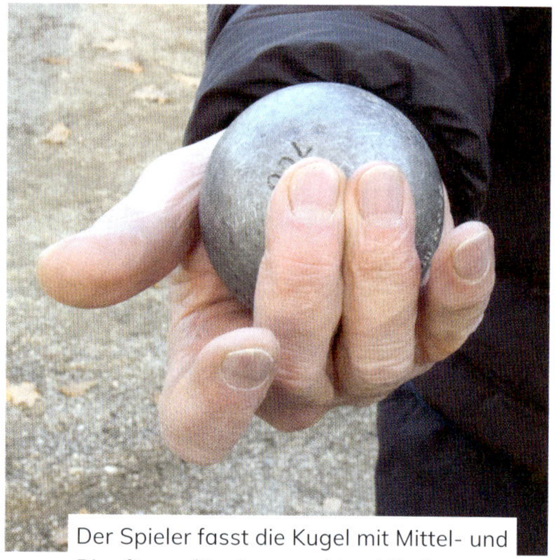

Der Spieler fasst die Kugel mit Mittel- und Ringfinger für einen exakten Wurf.

Übung gerader Lauf der Kugel:

Jetzt wissen wir, wie eine verdrehte Handhaltung wirkt und können uns dem geraden Lauf der Kugel zuwenden. Bei richtiger Handhaltung sind die Knöchel möglichst waagerecht und deshalb ist der Daumen gesenkt. Die Finger sind entweder geschlossen oder die Kugel wird nur von Mittel- und Ringfinger gehalten (dort die Mittelglieder).

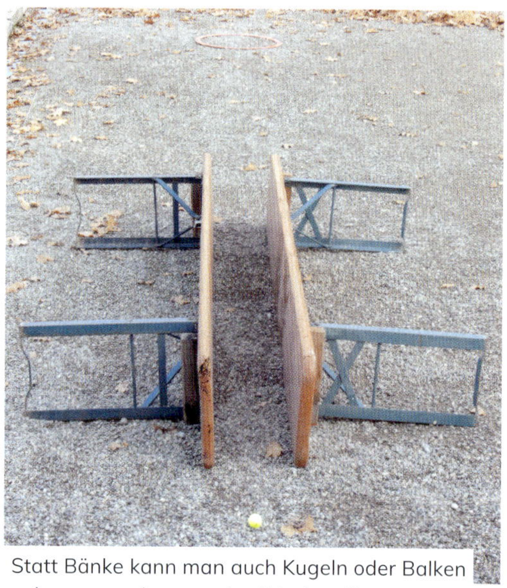

Statt Bänke kann man auch Kugeln oder Balken nehmen, um den geraden Wurf zu üben.

Zum Üben bauen wir uns mit zwei parallelen Biergartenbänken (oder einer anderen Begrenzung, z. B. Kugelreihe, Balken) einen 20 cm breiten Kanal (man kann die Breite des Kanals auch variieren). Am Ende dieses Kanals in 7 m Entfernung liegt eine Zielkugel. Beim Wurf in diesen Kanal soll die Kugel frei vor das Ziel laufen (ca. 30 cm, kein Billard!). Der Wurf kann ein Roulant sein oder ein Demi-portée. Nach 100 Würfen sollen 50 erfolgreich sein.

Übung Roulant:

Unabdingbar für die Wurfart Roulant ist der gerade Wurf, weil sich über Distanzen von um die 10 m jeder kleine Haltungsfehler in eine kapitale Abweichung auswachsen kann, welche über 6 m Entfernung noch kaum ins Gewicht fällt. Das geht natürlich nur auf einem relativ einfach zu bespielenden Untergrund, der nicht noch zusätzliche Unwägbarkeiten hervorruft. Die Schwierigkeit des Roulant liegt jetzt darin, dass es notwendig ist, für die Gerichtetheit des Wurfs hinten weit auszuholen, aber der Schwung genau dosiert werden muss, weil man sonst weit hinterm Ziel landen kann. Deshalb empfehle ich, anfangs bewusst zu kurz zu werfen und sich in weiteren Würfen dem Ziel zu nähern, bis das Gefühl für Schwung und Weite entwickelt ist.

Ein Roulant wird sehr häufig aus der Hocke gespielt (siehe Seite 47). Wir platzieren das Ziel wieder auf 7 m. Der Wurf setzt 1 bis 2 m hinter dem Abwurfkreis auf und soll bis ca. 30 cm vor das Ziel laufen. Der Wurf soll auf 6, 7, 8, 9, und 10 m geübt werden bis 50 Prozent Trefferwahrscheinlichkeit erreicht ist.

Der kurze Lauf der Kugel

Wenn wir einen normal schulterhohen Demi-portée werfen, dann schlägt die Kugel nach ca. der halben Distanz auf und rollt dann auf dem Boden weiter zum Ziel. Das sind bei 7 m Distanz ca. 3,50 m (unsicheres) Rollen auf dem Boden. Dabei ist der gerade Lauf der Kugel gefährdet. Der Werfer kann jetzt alternativ versuchen, die Kugel erst nach 5 m aufsetzen zu lassen und nur 2 m zu rollen. Trotzdem soll die Kugel vor dem Ziel zu liegen kommen. Wie stellt er das aber genau an?

Übung kurzer Lauf Demi-portée:

Der Spieler platziert die Zielkugel auf 7 m und legt den Sterilisierring aus der Donnée-Übung auf 5 m dazwischen. Sie erinnern sich an den Ablauf des Wurfes: Finger schließen – Arm nach hinten oben strecken – Hand einklappen – gerade und rund vorschwingen – Hand aufklappen – Kugel freigeben.

Damit der Wurf gelingt sind jetzt zwei Bedingungen zusätzlich zu erfüllen:

- Hand einklappen soll die Kugel so viel als möglich umfassen für einen starken Rückdrall.
- Hand (ganz weit) aufklappen und Kugel freigeben bedeutet jetzt, die Kugel ohne jeden Zusatzimpuls einfach fallen zu lassen.

Die Kugel rollt jetzt nach dem Aufschlag nur noch 1,5 bis 1 m weit. Bei extremer Ausführung kann die Kugel sogar in der Nähe des Données liegen bleiben.

Diese Übung soll wieder auf 6, 7, 8, 9 und 10 m ausgeführt werden, bis wir eine vernünftige Trefferwahrscheinlichkeit erreicht haben. Dabei soll der Donnée 2 bis 3 m vor dem Ziel angenommen werden, je nach Weite des Ziels.

Übung Portée werfen:

Die logische Weiterentwicklung des kurzen Laufs ist der Portée. Der Portée ist eine anspruchsvolle Wurfart, die Kraft erfordert. Sie

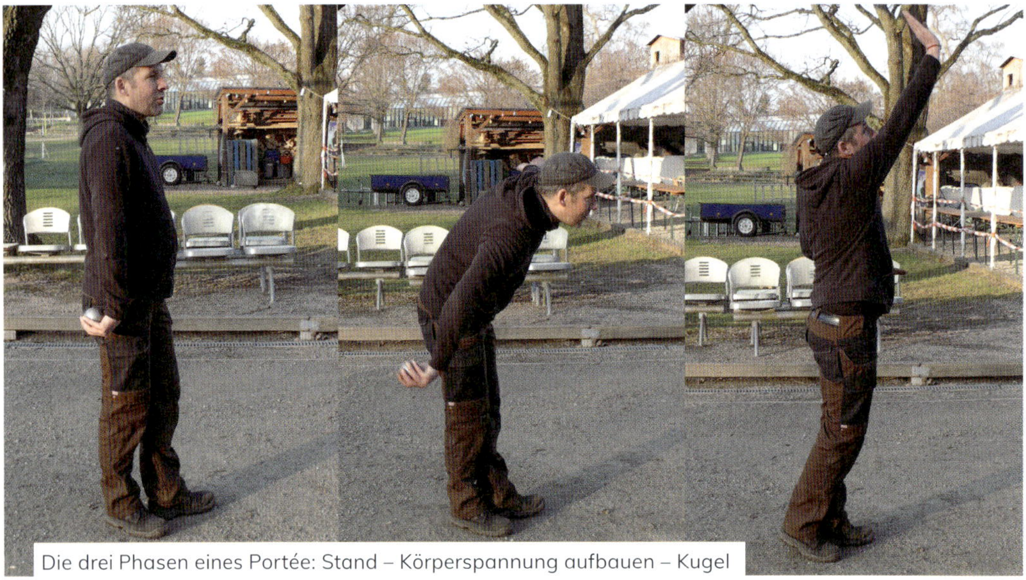

Die drei Phasen eines Portée: Stand – Körperspannung aufbauen – Kugel hoch wegschnellen

weicht ab vom bisher Geübten, weil der Portée mit Kraft über Kopf »gerissen« wird.

Zuerst eine Warnung: Wenn bei kurzen Würfen die Kugel aus Versehen senkrecht hochgeschleudert wird, besteht die Gefahr, dass die Kugel im Fallen den Spieler trifft. Das kann schlimme Verletzungen zur Folge haben!

Der Spieler steht normal im Abwurfkreis. Dann geht er leicht in die Knie und beugt sich ein wenig vor als wolle er sich ducken. Die herunterhängende eingeklappte Hand mit der Kugel ist nach hinten gezogen auf Höhe des Pos. Dann reißt er plötzlich den Arm nach vorne über Kopf, spannt dabei den Körper gerade und klappt die Hand weit auf. Die Kugel wird hoch weggeschleudert zum Ziel, soll bis zu 1 m vor dem Ziel aufprallen und zum Ziel laufen.

Nochmal: Bei dieser Übung muss man aufpassen, dass man nicht von der eigenen Kugel getroffen wird, bis nach ein paar Würfen die Kugel eindeutig in Richtung Ziel fliegt. Kurze und weite Würfe sind schwierig, so dass man zu Beginn die Distanzen 7 oder 8 m übt.

Nur Portée zu üben ist anfangs sehr ermüdend. Man sollte deshalb diesen Wurf in eine Serie anderer Würfe einstreuen.

Legespezialitäten wie Drücken, Sau ziehen und Bec

Übung Drücken (siehe Bild S. 68, Text S. 69):

Drücken heißt eine Kugel so anspielen, dass die gedrückte Kugel sich nach vorne bewegt. Wir können eine Gegnerkugel wegdrücken oder eigene Kugeln Richtung Ziel bewegen. Hierzu ist ein exakt gerader Lauf der Wurfkugel notwendig, der gut dosiert sein muss. Die Verführung liegt darin, dass ein Wurf umso gerader läuft, je stärker ich werfe. So kann undosiertes Drücken plötzlich zum Legeschuss werden zugunsten des Gegners. Ein glatter Boden ist günstig fürs Drücken, ein rauer Belag senkt die Trefferwahrscheinlichkeit.

Wir platzieren das Ziel wieder auf 7 m. Der Wurf setzt etwa nach der Hälfte der Distanz auf und soll gerade auf unser Zielobjekt auflaufen. Der Wurf soll auf 6, 7, 8, 9, und 10 m geübt werden bis mehr als 30 % Trefferwahrscheinlichkeit erreicht ist.

Übung Sau ziehen (siehe Bild und Text S. 69):

Das »Sau ziehen« ist wie Drücken, nur mit einer sehr kleinen Kugel aus Holz oder Kunststoff. Die Winzigkeit der Kugel ist gewöhnungsbedürftig. Kunststoffschweinchen sind schwerer als hölzerne und verhalten sich deshalb anders; ein schwereres Objekt läuft auf dem Boden ruhiger als ein leichteres.

Wir legen das Schweinchen wieder auf 7 m und 20 cm daneben eine Kugel. Die zweite Kugel legen wir 1 m weiter direkt hinter die erste. Unser Wurf setzt wieder nach der Hälfte der Distanz auf und soll die Sau mitnehmen, so dass sie in der Nähe der 2. Kugel zu liegen kommt. Der Wurf soll auf 6, 7, 8, 9, und 10 m geübt werden bis mehr als 30 % Trefferwahrscheinlichkeit erreicht ist. Die Sau soll dabei abwechselnd links und rechts neben die erste Kugel gelegt werden.

Übung Bec (siehe Bild und Text S. 70):

Der Leger spielt eine im Feld liegende Kugel schräg an und bewirkt eine Richtungsänderung der eigenen Kugel. Der Wurf wird benötigt, wenn der direkte Weg zum Ziel versperrt ist.

Wir legen, wie im Bild auf Seite 70, vor das Schweinchen als Sperre einige Kugeln. Die anzuspielende Kugel legen wir so neben die Sperrkugeln, dass es möglich ist per Anspielen mit der Wurfkugel die Sau zu erreichen und den Punkt zu machen.

Wir platzieren das Ziel wieder auf 7 m. Das Arrangement aus Sperrkugeln und der Anspielkugel soll etwa 70 cm vor der Sau liegen. Der Wurf setzt ungefähr nach der Hälfte der Distanz auf und soll von der Anspielkugel umgelenkt werden. Die Wurfstärke soll gerade noch ausreichen, um zum Ziel zu gelangen, nicht stärker. Der Wurf soll auf 6, 7, 8, 9, und 10 m geübt werden bis mehr als 30 % Trefferwahrscheinlichkeit erreicht ist.

Schießübungen

Ich erinnere an den sicheren Stand und den runden Wurf oben. Damit ist eigentlich schon gesagt wie ein guter Schuss gelingt. Wenn ein Schuss »gerissen« wird, ist die Wahrscheinlichkeit hoch, dass er sein Ziel verfehlt. Für einen Schuss holt man weit aus und schwingt »rund« mit Rückdrall in einem hohen Bogen.

Übung hoher Bogen:

Bevor wir in die Schießübungen einsteigen üben wir einen ausreichend hohen Schuss im Bogen, um bei den eigentlichen Schussübungen die Trefferwahrscheinlichkeit zu erhöhen. Ist der Schuss zu flach angesetzt, kommt die Schusskugel oft nicht nahe genug vor der zu treffenden Kugel auf (tir devant) und die Schusskugel hüpft wirkungslos über die Treffkugel. Das Gleiche kann eintreten beim Schuss aufs Eisen (tir au fer), wenn nicht hoch genug geschossen wird.

Wir legen eine Kugel hinter einen Begrenzungsbalken des Spielfeldes und 6 m vor dem Balken platzieren wir einen Abwurfkreis. Dann korrigieren wir die Lage der Kugel hinter dem Balken (Treffkugel) so, dass diese Kugel vom Abwurfkreis aus gerade noch zu sehen ist (ca. 50 cm). Wenn Sie jetzt mit dem Schießen auf die Treffkugel beginnen, dann landet die Schusskugel anfangs meist auf dem Balken oder hinter der Treffkugel. Die Kunst ist jetzt den Wurfbogen so zu wählen, dass Sie hinter dem Balken und auf oder vor der Treffkugel aufschlagen. Das machen sie auf 6 m so lange bis Sie 50 % Trefferwahrscheinlichkeit erreicht haben. Dann verlängern Sie die Wurfdistanz auf 7 m. Wenn Sie bei 8 m angelangt sind, beenden Sie die Übung. Den hohen Wurf sollten Sie dann verinnerlicht haben.

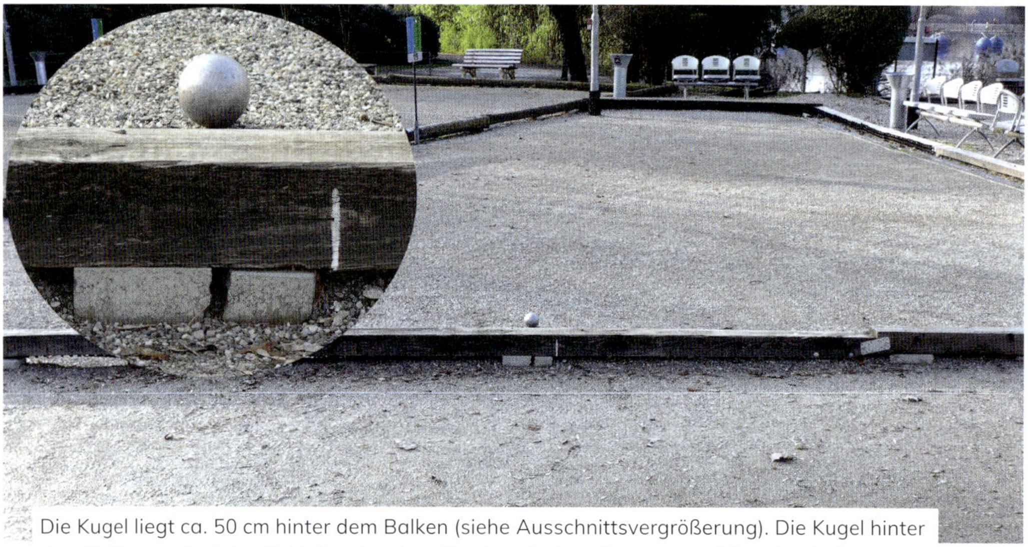

Die Kugel liegt ca. 50 cm hinter dem Balken (siehe Ausschnittsvergrößerung). Die Kugel hinter dem Balken zwingt den Schießer den Arm für einen hohen Bogen ausreichend zu heben.

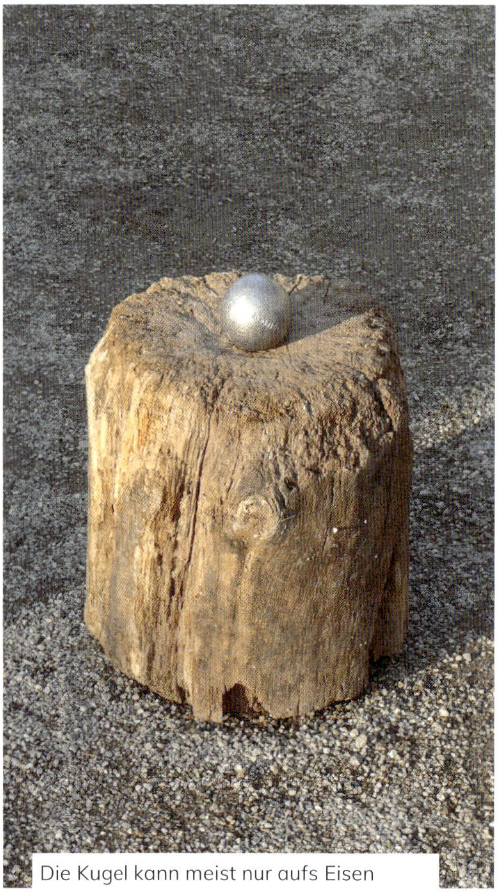

Die Kugel kann meist nur aufs Eisen geschossen werden, weil das Holz federt.

Eine weitere Möglichkeit, den hohen Bogen beim Schuss zu üben, ist ein ca. 50 cm hoher Holzklotz (Baumscheibe) mit einer kleinen Delle in der Mitte, in die man eine Treffkugel legen kann. Den Holzklotz platzieren wir wieder 6 m vom Abwurfkreis. Auf die Treffkugel schießen wir bis 50 % Trefferquote erreicht ist. Dann auf 7 m und danach auf 8 m. Übungsziel ist wie oben die Automatisierung des hohen Schusses.

Übung Tireurwettbewerbe:

Bei den folgenden Schießübungen orientieren wir uns an den Anforderungen des Tireurwettbewerbs zu den Weltmeisterschaften der F.I.P.J.P (Fédération Internationale de Pétanque et Jeu Provençal) und der Deutschen Meisterschaft Tireure (Richtlinie DM Tireure des DPV).

Das klingt anfangs vielleicht etwas anspruchsvoll, doch letztlich sind diese Anforderungen auch für den Anfänger zielführend. Diese Aufgaben beschreiben Situationen wie sie im Spiel gang und gäbe sind. Das kann natürlich mehr oder weniger gut gelingen, die grundlegenden Anforderungen ändern sich aber dadurch nicht.

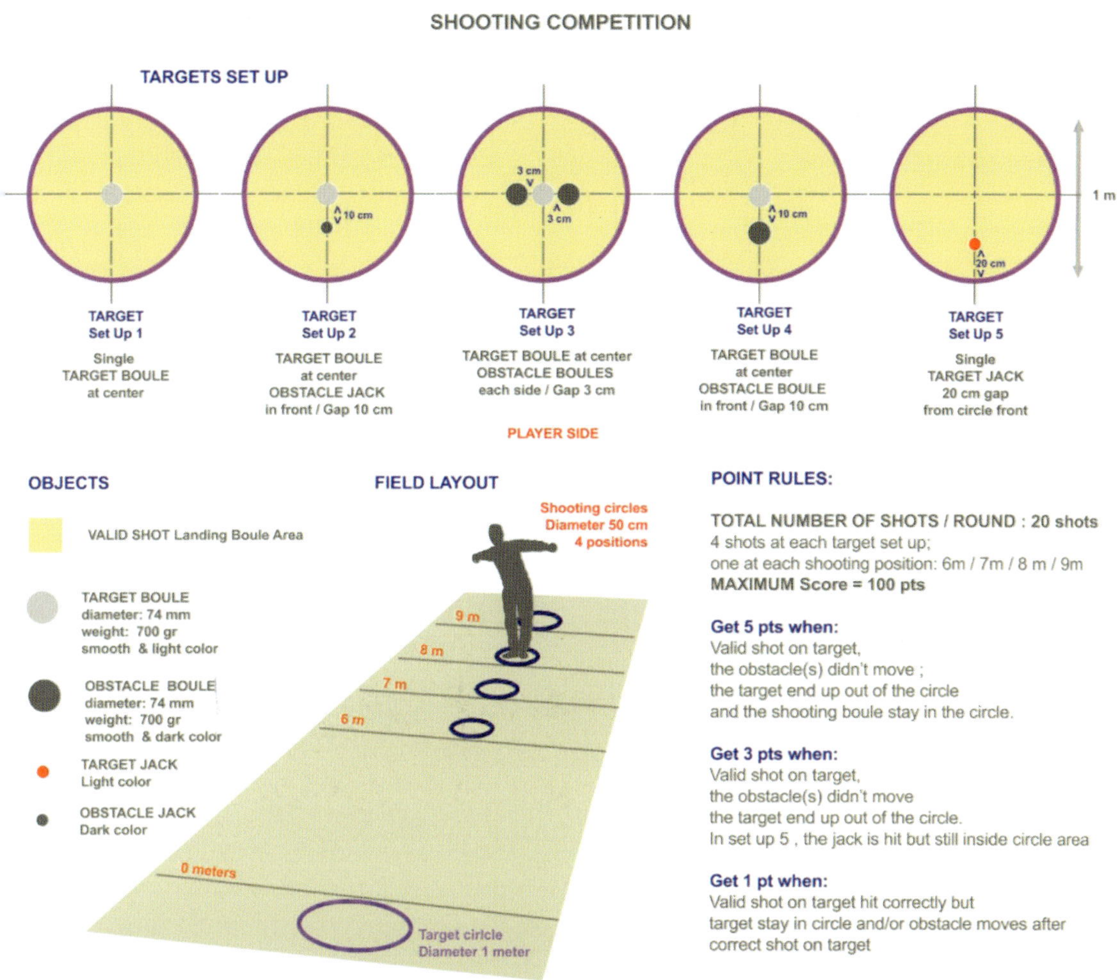

Die Grafik veranschaulicht die Anordnung der Schießaufgaben und die 4 Positionen aus denen geschossen wird. (Original unter https://fipjp.org/index.php/fr/schema-tir-de-precision)

Die Anordnung der Übungsaufgaben

Der Zielkreis, in welchem sich die zu treffenden Zielgegenstände (Treffkugel und Zielkugel) befinden, weist einen Durchmesser von 1 m auf. 4 Wurfkreise mit einem Durchmesser von 50 cm liegen in einer geraden Linie auf 6 m, 7 m, 8 m und 9 m vom Zielkreis entfernt.

Alle Zielojekte der Aufgaben 1 bis 5 befinden sich im Inneren des Zielkreises. Lage und Abstände der Ziele und Hindernisse bei den einzelnen Aufgaben:

Aufgabe 1: (eine einzelne Kugel wird weggeschossen): Die Treffkugel befindet sich im Zentrum des Zielkreises.

Aufgabe 2: (eine Sau liegt vor einer zu schießenden Kugel, die Sau soll liegen bleiben): Die Treffkugel befindet sich im Zentrum des Zielkreises, das Hindernis (Zielkugel) mit einem lichten Abstand von 10 cm vor der Treffkugel.

Aufgabe 3: (3 Kugeln liegen in Linie im Zielkreis, die mittlere ist zu schießen): Die

Treffkugel befindet sich im Zentrum des Zielkreises, die Hindernisse (zwei dunkle Kugeln) mit einem lichten Abstand von 3 cm in gerader Linie links und rechts von der Zielkugel.

Aufgabe 4: (2 Kugeln liegen in Reihe im Zielkreis, die hintere ist zu schießen): Die Treffkugel befindet sich im Zentrum des Zielkreises, das Hindernis (eine dunkle Kugel) mit einem lichten Abstand von 10 cm vor der Zielkugel.

Aufgabe 5: (eine Sau im Zielkreis wird weg geschossen): Die Zielkugel befindet sich aus Sicht des Schützen 20 cm hinter dem vorderen Rand des Zielkreises in gerader Linie zum Kreismittelpunkt, also in 6,20, 7,20, 8,20 und 9,20 m Entfernung.

Gültigkeit der Schüsse

Ein Schuss ist gültig, wenn sich der Abdruck der Schusskugel im Inneren des Zielkreises befindet (tir devant, Sie können auch aufs Eisen schießen).

Die Durchführung und Wertung der Schüsse

Der Schießer gibt eine vollständige Serie von 20 Schüssen auf die Aufgaben 1 bis 5 ab (siehe unten Ergebnisprotokoll).

Übung 1: Einzelne Treffkugel

1 Punkt: Die Treffkugel wird berührt oder getroffen, verlässt aber nicht den Zielkreis

3 Punkte: Die Treffkugel wird getroffen und verlässt den Zielkreis

5 Punkte: Die Treffkugel wird getroffen, verlässt den Zielkreis und die Schusskugel verbleibt im Zielkreis.

Übungen 2 und 4: Treffkugel mit Hindernis

1 Punkt: Die Treffkugel wird berührt oder getroffen, verlässt aber nicht den Zielkreis, oder wenn das Hindernis beim Rückprall der Schusskugel seine Lage verändert, egal, welche Position die Treffkugel, die Zielkugel, die Hinderniskugel sowie Schusskugel einnehmen.

3 Punkte: Die Treffkugel wird allein getroffen und verlässt den Zielkreis

5 Punkte: Die Treffkugel wird allein getroffen, verlässt den Zielkreis und die Schusskugel verbleibt im Zielkreis.

Übung 3: Treffkugel mit Hindernis links und rechts

1 Punkt: Die Treffkugel wird berührt oder getroffen, verlässt aber nicht den Zielkreis oder die Treffkugel wird zuerst getroffen aber eine oder beide Hinderniskugeln werden von der Schuss- oder Treffkugel berührt oder bewegt. Im Regelfall liegt die zuerst getroffene Kugel am weitesten entfernt von der ursprünglichen Position.

3 Punkte: Die Treffkugel wird allein getroffen und verlässt den Zielkreis

5 Punkte: Die Treffkugel wird allein getroffen, verlässt den Zielkreis und die Schusskugel verbleibt im Zielkreis.

Übung 5: Schuss auf die Zielkugel

3 Punkte: Die Zielkugel wird getroffen, verlässt aber nicht den Zielkreis

5 Punkte: Die Zielkugel wird getroffen und verlässt den Zielkreis

Ergebnisprotokoll

Spieler 1 und Spieler 2 gibt es in diesem Ergebnisprotokoll, weil bei deutschen und internationalen Meisterschaften Tireure paarweise gegeneinander antreten.

Spieler 1

Aufgabe 1 Zeit:

6 m	Pkte.	5	3	1	0
7 m	Pkte.	5	3	1	0
8 m	Pkte.	5	3	1	0
9 m	Pkte.	5	3	1	0

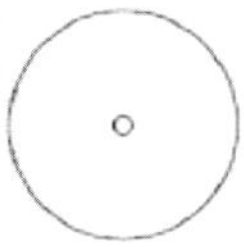

Punkte

Aufgabe 2 Zeit:

6 m	Pkte.	5	3	1	0
7 m	Pkte.	5	3	1	0
8 m	Pkte.	5	3	1	0
9 m	Pkte.	5	3	1	0

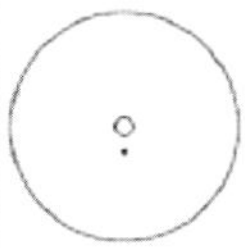

Punkte

Aufgabe 3 Zeit:

6 m	Pkte.	5	3	1	0
7 m	Pkte.	5	3	1	0
8 m	Pkte.	5	3	1	0
9 m	Pkte.	5	3	1	0

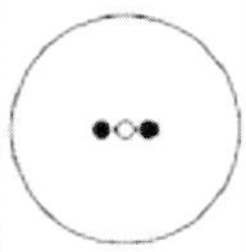

Punkte

Aufgabe 4 Zeit:

6 m	Pkte.	5	3	1	0
7 m	Pkte.	5	3	1	0
8 m	Pkte.	5	3	1	0
9 m	Pkte.	5	3	1	0

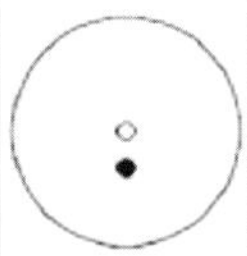

Punkte

Aufgabe 5 Zeit:

6 m	Pkte.	5	3	0
7 m	Pkte.	5	3	0
8 m	Pkte.	5	3	0
9 m	Pkte.	5	3	0

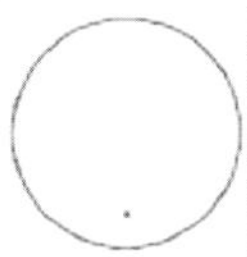

Punkte

Gesamtpunktzahl

Gesamtzeit

Spieler 2

Aufgabe 1 Zeit:

6 m	Pkte.	5	3	1	0
7 m	Pkte.	5	3	1	0
8 m	Pkte.	5	3	1	0
9 m	Pkte.	5	3	1	0

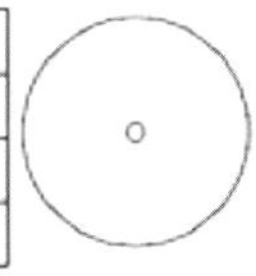

Punkte

Aufgabe 2 Zeit:

6 m	Pkte.	5	3	1	0
7 m	Pkte.	5	3	1	0
8 m	Pkte.	5	3	1	0
9 m	Pkte.	5	3	1	0

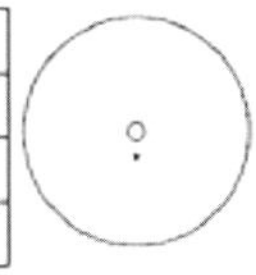

Punkte

Aufgabe 3 Zeit:

6 m	Pkte.	5	3	1	0
7 m	Pkte.	5	3	1	0
8 m	Pkte.	5	3	1	0
9 m	Pkte.	5	3	1	0

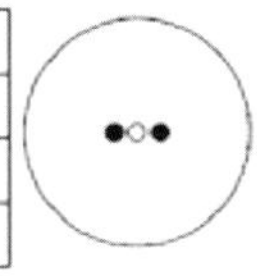

Punkte

Aufgabe 4 Zeit:

6 m	Pkte.	5	3	1	0
7 m	Pkte.	5	3	1	0
8 m	Pkte.	5	3	1	0
9 m	Pkte.	5	3	1	0

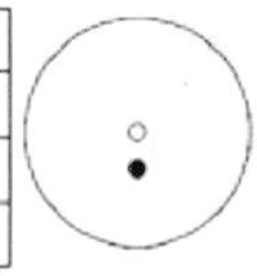

Punkte

Aufgabe 5 Zeit:

6 m	Pkte.	5	3	0
7 m	Pkte.	5	3	0
8 m	Pkte.	5	3	0
9 m	Pkte.	5	3	0

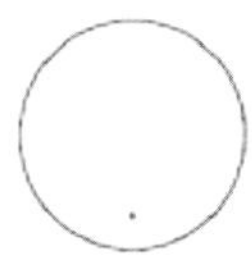

Punkte

Gesamtpunktzahl

Gesamtzeit

Im Höchstfall können 100 Punkte erreicht werden.

Die hier geschilderte Verfahrensweise lässt sowohl den tir devant (sofern der Donnée im Zielkreis bleibt) als auch den tir au fer gelten. Falls Sie den tir au fer speziell üben wollen, können Sie die Aufgabenanordnung auf eine Gummimatte legen, dann springt die Schusskugel beim tir devant aus dem Zielkreis.

Als ich anfing zu schießen habe ich die Übung 3 variiert. Ich habe solange alle 3 Kugeln auf 6 m geschossen, bis ich sie in einem Durchgang wegballern konnte. Dann habe ich so auf 7 m weitergeschossen, bis hinauf auf 9 m. Manchmal habe ich abgebrochen, weil diese Übung einfach zu lange dauerte.

Übung Raspaille:

Die Übung für die Raspaille kann ein Roulant oder ein kräftiger Demi-portée sein. Demi-portée, weil der weitere Vortrag des Donnée das Risiko einer Abweichung minimiert. Wenn die Schusskugel 2 bis 3 m vor dem Ziel aufsetzt, dann springt sie garantiert nicht über die Zielkugel, kann aber bei grobem Belag besser die Richtung halten. Wichtig ist, dass mit Power geworfen wird.

Der Wurf soll auf 6, 7, 8, 9, 10, 11, und 12 m geübt werden bis 50 % Trefferwahrscheinlichkeit erreicht ist. Die Weiten 11 und 12 m, weil die Raspaille der typische Wurf für große

Weiten ist, die mit einem normalen Schuss schwer erreichbar sind.

Taktik

Taktikübung »Petit Port«:

Diese Übung sollen Sie als Tête-à-tête oder Doublette spielen. Sie ist bekannt unter dem Namen »Petit Port« (kleiner Hafen). Sie spielen ganz normal Pétanque bis auf einen Unterschied: Die Zielkugel wird auf 3 bis 4 m vom Abwurfkreis gelegt. Auf diese kurze Distanz gelingt Ihnen technisch (fast) alles – dem Gegner aber auch. Jetzt brauchen Sie Ideen wie Sie Ihr Spiel erfolgreich gestalten.

Das können z. B. sein:

- Sie legen die 1. Kugel 1 m neben die Sau. Wenn dann der Gegner an die Sau legt und Sie schießen, dann haben Sie 2 Punkte liegen. Das erzeugt Druck.
- Sie schießen nicht sofort auf eine gute Gegnerkugel, sondern Sie docken mit Ihrer Kugel an, möglichst mit Punktgewinn. Wenn der Gegner dann schießt kann seine Kugel mitgehen.
- Sie ziehen die Sau zu Ihren Gunsten.
- Sie können, wenn es um die Sau eng wird, einen Bec einsetzen.
- Sie können auch hoch hinter das Feld legen usw.

Das »Petit Port« zwingt Sie, kreativ auf die Aktionen des Gegners zu antworten und ist somit eine gute Taktikschulung. Sie werden sich bewusst, dass die Grenzen, an die Sie glauben zu stoßen, in Ihrem Kopf sind. Wie überhaupt jedes Boulespiel, das Sie spielen, in Ihrem Kopf stattfindet.

Zum Schluss dieses Übungsteils möchte ich Ihnen noch einmal nahelegen, auf die reichhaltige Website des Deutschen Pétanque Verbandes zu gehen und sich dort die Übungen unter der Rubrik »Übungsanleitungen« anzuschauen und herunterzuladen (https://deutscher-petanque-verband.de/dpv-info-center/).

KAPITEL 13
Die Ernährung

Es ist Sonntag auf einem Ranglistenturnier in Süddeutschland. Die zwei ersten Spiele sind gespielt. Eigentlich käme jetzt das dritte Spiel, das entscheidet, ob man im Turnier bleibt oder nach Hause fahren muss. Aber es ist 12.30 Uhr, also Mittagszeit. Der Veranstalter hat gut für Essen gesorgt: Steaks, Pommes Frites, Merguez, Wurstsalat, belegte Brötchen mit Wurst, Käse und Minischnitzel. Alles Essen, das schwer im Magen liegt. Davor ein Jaune (ein Gelber = ein Pastis), dazu ein Bier, vielleicht auch ein Viertel Wein. Der Kaffee hinterher soll es wieder richten. Als es um 14 Uhr in die so wichtige dritte Runde geht, fühlen sich die meisten richtig schlapp. Das fette Essen und der Alkohol tun ihre Wirkung in einer Tageszeit, in der der Körper sowieso ein Leistungstief durchmacht. Die pralle Mittagssonne gibt einem den Rest. Wer jetzt am wenigsten schlecht spielt, der ist davon gekommen aus der Mittagessen-Falle.

Szenenwechsel. Am Rand sitzt ein turniererfahrener Spieler. Er zieht zur Mittagszeit zwei Bananen, einen Apfel und einen Schokoriegel aus der Tasche. In der Thermosflasche hat er Zitronentee mit Magnesium dabei. Nach

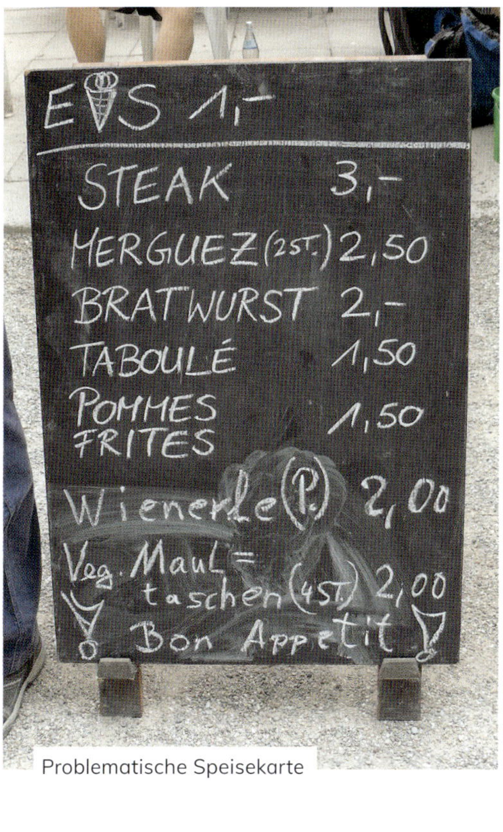

Problematische Speisekarte

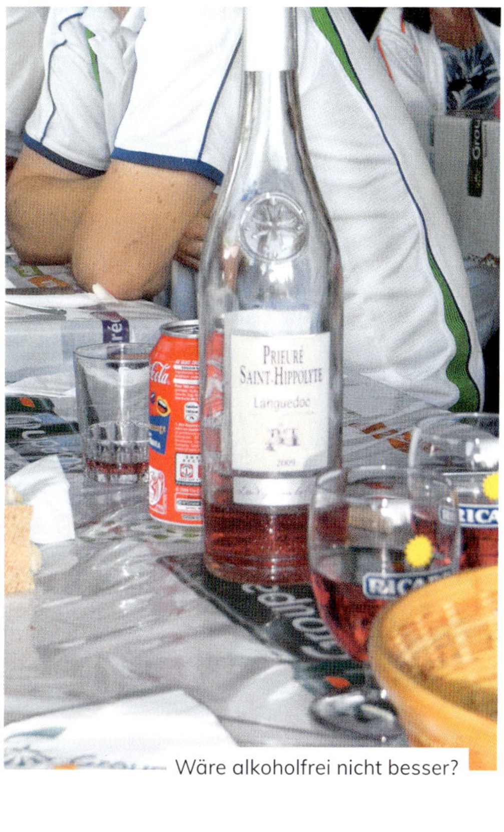

Wäre alkoholfrei nicht besser?

seinem frugalen Mittagsmahl ist er einigermaßen fit und eine enorme Gefahr für seine satten Gegner.

Warum wird auf Bouleplätzen meist nur Nahrung verkauft, die einen leistungsmäßig runterzieht? Weil die Wenigsten in der Bouleszene wissen (wollen), wie man sich beim Sport vernünftig ernährt. Baskenmütze, Baguette, Käse und Rotwein, das ist der Bouliste von anno Tobak, der immer noch herumgeistert. Ein Müsli mit Joghurt, ein Salat, Vollkornbrot, vielleicht Fisch und mageres Fleisch. Was ist daran so schwierig? Ich weiß es nicht.

Ich weiß nur, dass viele Boulespieler noch nicht im Sport angekommen sind. Und wenn ich das, was ich brauche, auf dem Bouleplatz nicht kaufen kann, dann muss ich es eben mitbringen. Sorry. Angesagt sind Proteine, Kohlehydrate und wenig Fett. Tomaten, Paprika und Obst dazu liefern Vitamine. Das ist es, was wir brauchen. Und wenn das Turnier vorbei ist, dann gibt es meinetwegen auch unvernünftige Dinge zu essen; aber die Heimfahrt bitte nicht vergessen!

KAPITEL 14
Vereine und Verbände

Bevor wir uns Turnieren, Ligen und Meisterschaften als Spielformen zuwenden, sehen wir uns erst einmal an, in welche notwendigen Strukturen die Spiele eingebettet sind. Dazu denken wir uns die jetzt existierenden Vereine und Verbände einfach weg.

Boulespieler wollen interessante und spannende Spiele spielen. Dazu treffen sie sich in einem Ort auf einem meist öffentlichen Platz und frönen ihrem Spiel. Vielleicht ist man informiert, dass auch in den Nachbarorten Boule gespielt wird, aber auf weitere Entfernung verliert sich diese Information im Nebel des Ahnens. Es verstärkt sich der Wunsch, über den Zaun zu sehen. Man kann jetzt die Medien benutzen, um über den Heimatort hinaus zu einem Turnier mit neuen interessanten Spielern zu laden, z. B. per Inserat oder Plakat, Internet oder Rundfunk. Dazu muss aber jemand aktiv werden und die Sache in die Hand nehmen. Auch das Turnier ist zu organisieren. Ein Verein wird geboren.

Die Vereine wollen kein isoliertes Dasein fristen, sondern nehmen untereinander Kontakt auf und veranstalten Wettkämpfe gegeneinander. Immer mehr Vereine wollen an den spannenden Wettkämpfen teilnehmen und sich miteinander messen. Das muss irgendjemand aus den Vereinen organisieren, vielleicht ein Komitee von Vereinsabgesandten. Der Verband ist geboren.

Diese Idee des Leistungsvergleichs entwickelt sich von der regionalen Ebene über die nationale bis hinauf in die internationale Welt des Pétanque, wie sie sich heute darstellt. Das ist also keine trockene Funktionärsstruktur, wie manche Individualisten glauben, sondern die lebendige und notwendige Organisation um überhaupt überregional spielen zu können.

Der Verein ist also die Keimzelle aller Organisation. Anders herum gesagt, er ist die unabdingbare Voraussetzung für Verbände. Vereine erfüllen aus Verbandssicht folgende Aufgaben:

- Sie sind über ihre Beiträge die hauptsächliche finanzielle Basis der Verbände.
- Sie beantragen die Spielerlizenzen beim jeweiligen Landesverband.
- Sie melden Ligamannschaften an den Landesverband.
- Sie melden Spieler zu Qualifikationen für Meisterschaften.
- Sie melden Ergebnisse für die Rangliste.
- Sie stellen die Spieler, die auf Wettbewerben die Verbände repräsentieren (z. B. Nationalkader).
- Sie werden zu wichtigen Entscheidungen der Landesverbände gehört und entscheiden parlamentarisch mit.
- Vereine repräsentieren und fördern Pétanque vor Ort durch öffentliche Turniere und die Schaffung einer Pétanque-Infrastruktur für die Allgemeinheit.

Die Spielerlizenz ist die notwendige Eintrittskarte für Spiele der Verbände (Ranglistenturniere, Ligaspiele, nationale und internationale Meisterschaften). Sie kostet etwas und ist somit ein finanzieller Beitrag zu den Aufwendungen für die Verbandsspiele. Sie enthält auch eine Versicherung des Spielers. Eine Lizenz kann jeder haben, sofern er in einem Pétanque-Verein Mitglied ist. Die Vereine und

Verbände wollen, dass die Spieler in die Vereine eintreten, nicht nur weil die Beiträge der Vereinsmitglieder ihre Existenzgrundlage sind. Ein Spieler darf nur eine Lizenz besitzen. Mehrfachlizenzen sind international verboten. Er kann mit der deutschen Lizenz weltweit spielen. In der Öffentlichkeit immer noch weit verbreitet ist die Annahme, dass ein Lizenzspieler besondere Fähigkeiten benötigt. Das ist in Deutschland falsch. Alle deutschen Lizenzen sind gleich, vom Anfänger bis zum Nationalspieler. In Frankreich ist das anders geordnet. Dort bezeichnet die Lizenz drei Qualifikationsstufen des Spielers in Wettbewerben (»elite«, »honneur« und »promotion« mit 90 % der Lizenzen*). Daher stammt vielleicht die obige Idee der Qualifikation, obwohl beide Lizenzsysteme zu 90 % übereinstimmen.

Eine enorm wichtige Funktion des Vereins ist die Möglichkeit, andere Spieler zu treffen. Nirgends ist es leichter, kompetente Mitspieler zu finden. Ein Verein pflegt immer korrektes Pétanque. Man geht hin und kurze Zeit später spielt man mit. Wobei niemand eine sofortige Mitgliedschaft verlangt. Im Normalfall kann man eine geraume Zeit »reinschnuppern« und der Verein lernt so auch Sie kennen. Der Club, in dem ich spiele, öffnet den Platz mittwochs und samstags für Gäste. Samstagsturniere sind dort daher immer Jedermann-Turniere.

In Deutschland sind die Vereine zusammengefasst in 10 Landesverbänden, wovon Baden-Württemberg mit 154 Vereinen der stärkste ist. Die 10 Landesverbände bilden zusammen den Deutschen Pétanque Verband mit 717 Vereinen und 20 994 Mitgliedern, davon 13 988 Lizenzspieler.**

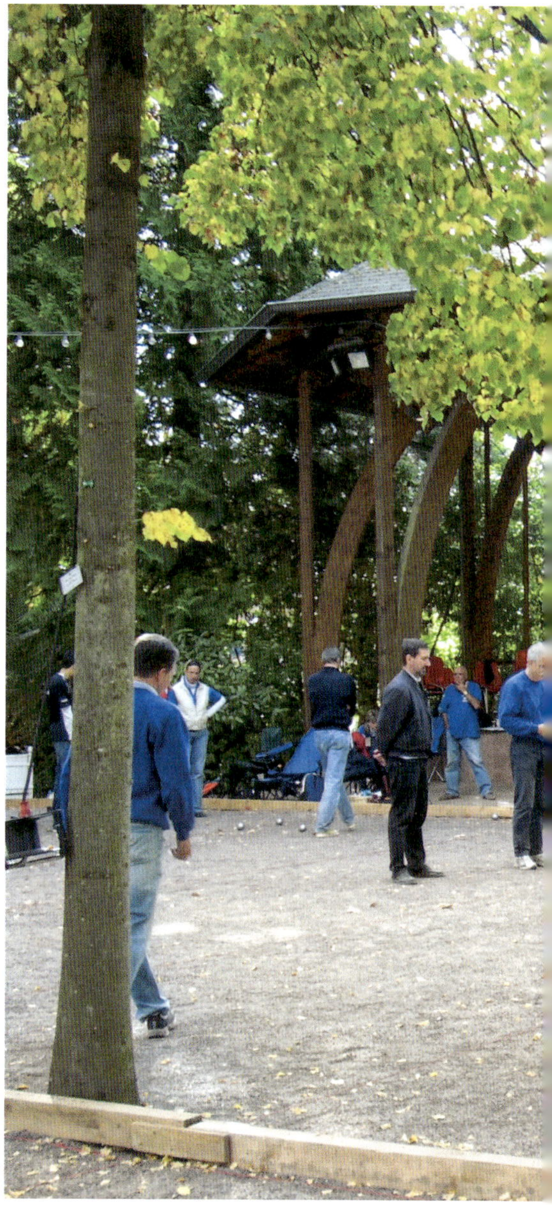

Der Deutsche Pétanque Verband ist wiederum Mitglied in der europäischen CEP (Confédération Européenne de Pétanque), die die Europameisterschaften ausrichtet und in der F.I.P.J.P. (Fédération Internationale de Pétanque et Jeu Provençal), von der die Weltmeisterschaften veranstaltet werden. Außerdem ist die F.I.P.J.P. federführend, was die nationalen Reglements betrifft.

Die Verbände leisten die Ausbildung von Trainern und Schiedsrichtern. Sie unterstützen die Vereine mit vielfältigem Know-how,

* https://ffpjp.org/portail/index.php/reglements-textes/reglements-textes-officiels; dann Classifications;
** Stand: 31. 12. 2020

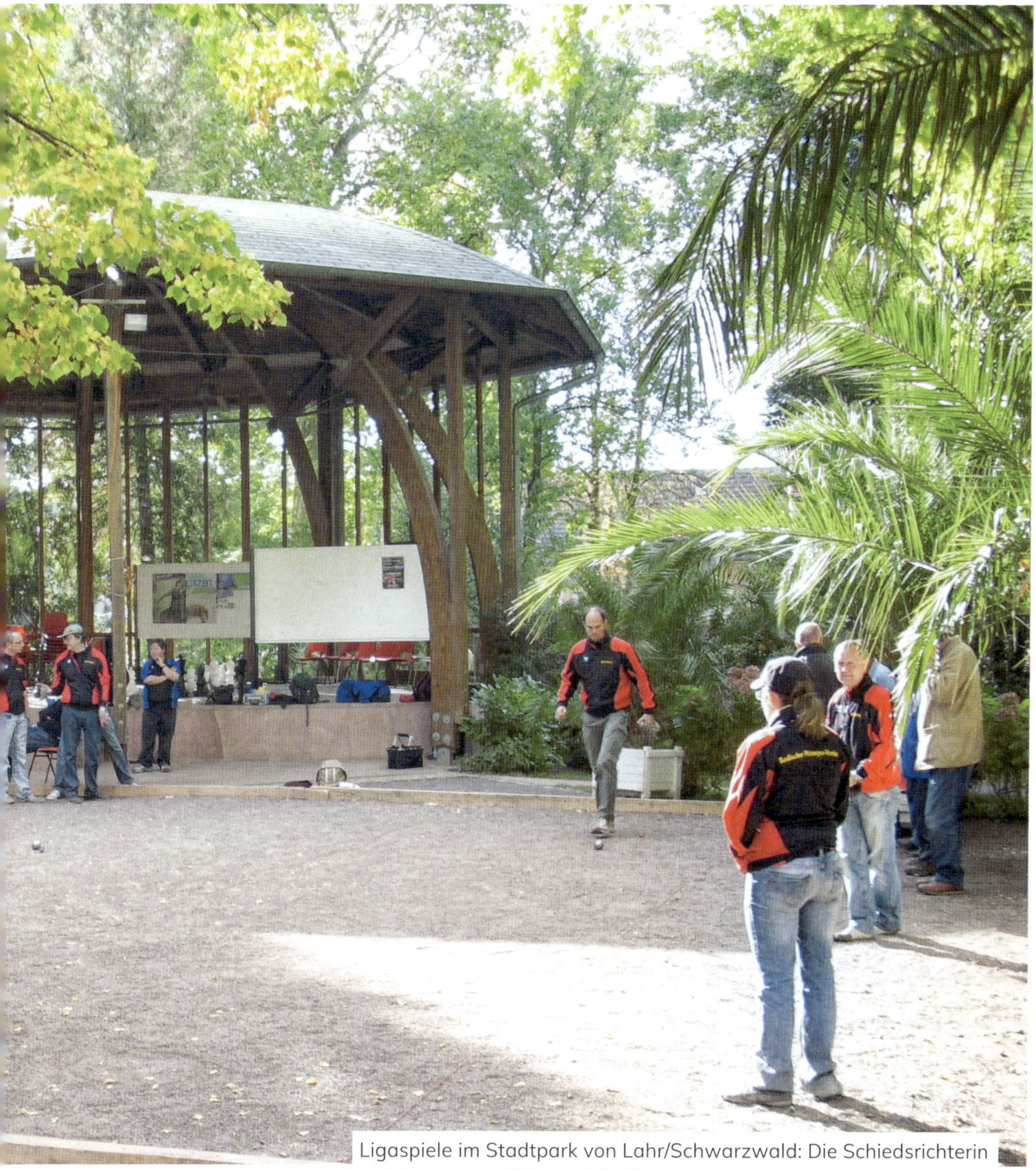

Ligaspiele im Stadtpark von Lahr/Schwarzwald: Die Schiedsrichterin steht unter dem linken Plakat im Pavillon.

angefangen von Trainingsvorschlägen bis hin zu Sachhinweisen zum Bouleplatzbau. Sie schulen Talente, die unsere sportliche Zukunft tragen sollen, und sind ganz allgemein in vielen Feldern tätig, um Pétanque zu fördern und das Spielniveau anzuheben.

Dies zur vertikalen Funktion der Verbände innerhalb des Pétanque. Horizontal wirken alle Ebenen des organisierten Pétanque in die Gesellschaft. Dies ist einerseits dadurch bedingt, dass Pétanque rasant steigende Spielerzahlen aufweist und damit wirtschaftlich attraktiv wird z. B. als Werbemarkt für Sponsoren. Auch ist der Bau von Flutlichtanlagen, Vereinsheimen, Hallen usw., der Bedarf an Ausrüstung und Kleidung der Spieler wirtschaftlich

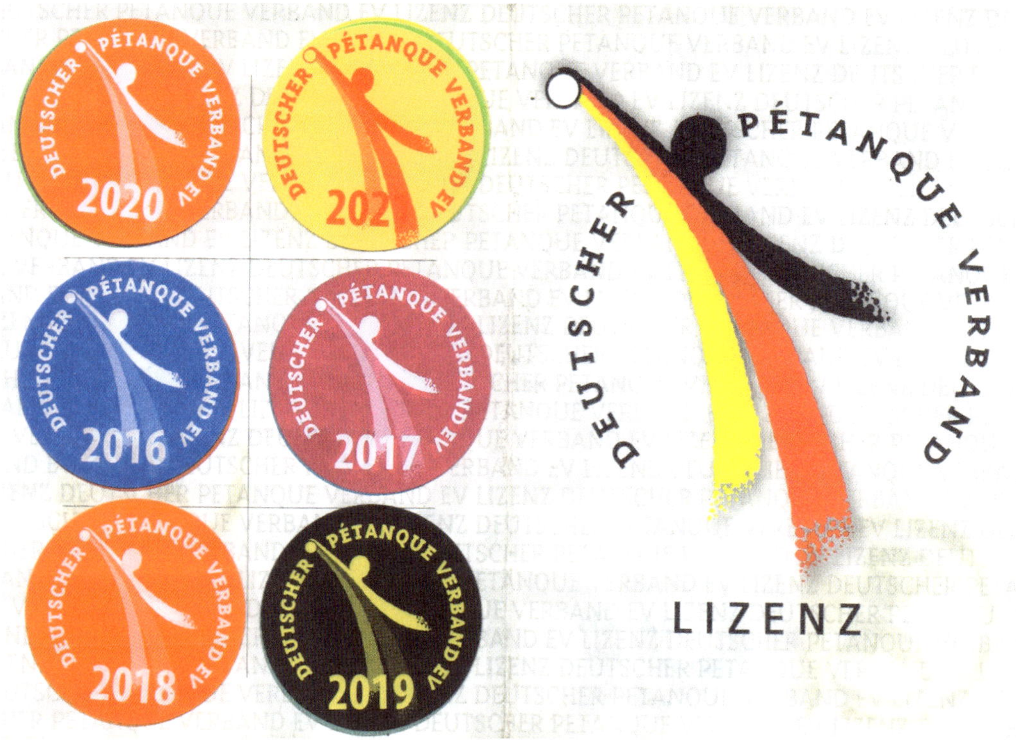

interessant. Z. B. wäre nach meiner Meinung der wachsende Markt für einen potenziellen deutschen Kugelhersteller im Auge zu behalten. Auch die Lobbyarbeit der Boule-Verbände im Chor der Sportverbände ist nicht unerheblich. Man ist daran interessiert, olympische Disziplin zu werden. Nicht zuletzt arbeiten Vereine und Verbände daran, das Bild des Pétanquespielers in der Öffentlichkeit an die heutige Wirklichkeit der Schiedsrichter-Turniere heranzuführen (kein Alkohol, kein Rauchen, ordentliche Sportkleidung, diszipliniertes Training und sportliches Spiel).

Jetzt wissen wir wie die Organisationslandschaft der deutschen Pétanqueszene in etwa beschaffen ist und können uns dem hauptsächlichen Zweck dieser Strukturen, den Wettbewerben, zuwenden.

KAPITEL 15
Die Wettbewerbe

Dem Leser mag dieses Kapitel trocken erscheinen, weil es sich im Grunde immer um die Ablaufschemata von Veranstaltungen dreht.

Falls Sie noch Anfänger sind, werden Sie aus der Darstellung der Wettbewerbe erst Nutzen ziehen können, wenn Sie an solchen Veranstaltungen teilnehmen wollen. Sie können das Kapitel also ruhig erst einmal überblättern.

Im Turnier

Ein Turnier ist schon länger im Internet in verschiedenen Turnierkalendern im Web, auch beim Landesverband, ausgeschrieben. Per E-Mail hat der veranstaltende Verein ihm bekannte Adressen über das bevorstehende Turnier informiert und bewirbt es auch auf seiner eigenen Website mit einem Plakat:

- Einschreibeschluss 9.45 Uhr;
- Doublette Formée, A-C-B-D k. o., lizenzpflichtig;
  (Im Modus A-C-B-D werden nach einem Kaskadensystem aus dem ursprüglichen Turnier A noch 3 weitere Turniere C, B und D abgeleitet. Dies wird in den nächsten Absätzen erläutert.)
- Startgeld 5 Euro pro Spieler, Preisgeld 100 % Cash (das gesamte Startgeld wird für die Preisgelder ausgeschüttet).

Es ist Feiertag, morgens 9 Uhr und noch neblig. Langsam trudeln die Spieler ein. Zum Teil kommen sie von weit her und trinken erst einmal einen Kaffee und nehmen eine Vesper. Die Spieler wollen sich warm spielen und kommen deshalb so früh. Die Mannschaften schreiben ihren Namen und Heimatverein in ein ausliegendes Formular und bringen es mit den Lizenzen zur Turnierleitung. Die Turnierleitung kassiert das Startgeld und gibt der Mannschaft einen Aufkleber mit der Mannschaftsnummer, an der sich die zugelosten Spielpartner gegenseitig erkennen. Der anwesende Schiedsrichter nimmt die Lizenzen entgegen, prüft sie und verwahrt sie in einem Umschlag mit der Mannschaftsnummer. Die Namen und Vereine der Spieler werden in eine später aushängende Einschreibeliste eingetragen. Nach dem Einschreibeschluss (danach darf sich

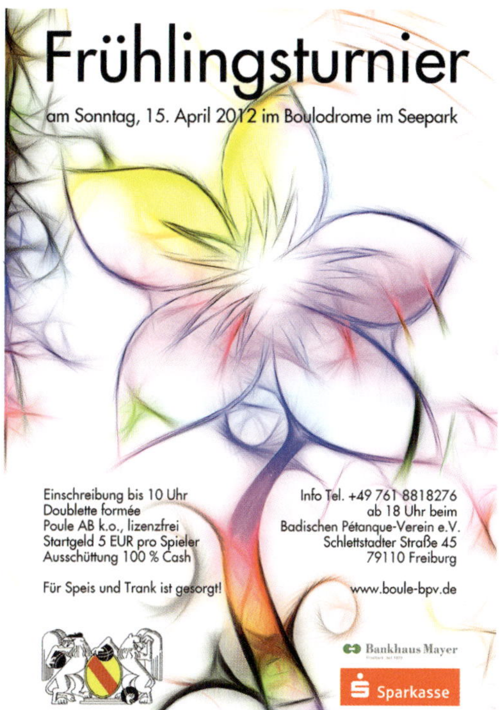

Beispiel für ein Turnierplakat

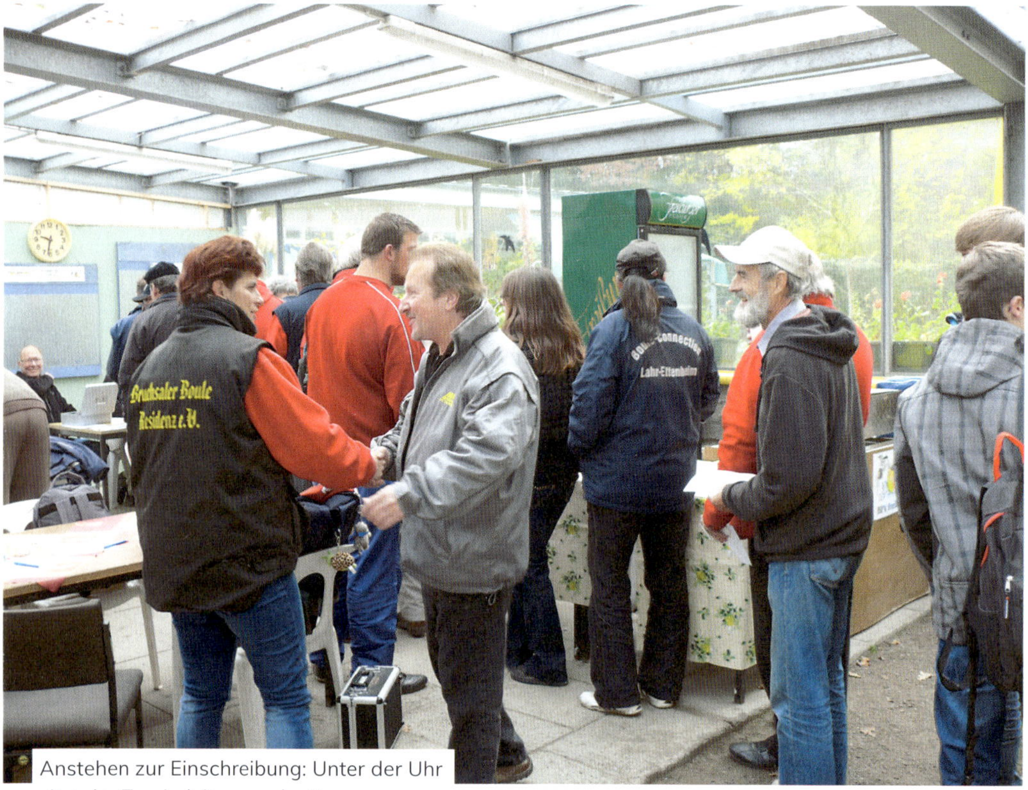

Anstehen zur Einschreibung: Unter der Uhr sitzt der Turnierleiter vor der Kasse.

niemand mehr anmelden) werden die 86 eingeschriebenen Doubletten einander in Mannschaftspaaren zugelost, die Spieler zusammengerufen, die Paarungen verkündet und die erste Runde des Turniers im Modus A-C-B-D beginnt.

Das Turnier beginnt für alle 86 Doubletten im A-Turnier. Nach der ersten Runde verbleiben die Gewinner (43) im A-Turnier, die Verlierer (43) gehen ins C-Turnier (Sie lesen richtig: C-Turnier).

In der zweiten Runde laufen schon zwei Turniere nebeneinander, nämlich A und C. Da bei 43 Doubletten eine nicht spielen kann hat diese einen »Blanc«. Das ist ein Freilos, das Spiel wird mit 13:7 als gewonnen gewertet.

Die 22 Gewinner der zweiten Runde des A-Turniers verbleiben wiederum im A-Feld. Die 21 Verlierer-Doubletten gehen ins Turnier B. Dabei wird angenommen, dass die Verlierer der ersten Runde schwächer spielen als die Verlierer der zweiten Runde. Die Zweitrunden-Verlierer kommen deshalb ins höher dotierte Turnier B.

Noch zweite Runde: Gleichzeitig ist eine Runde im Turnier C mit 43 Doubletten gelaufen. Auch dort gab es einen Blanc. Die 22 Gewinner bleiben in C. Die 21 Verlierer gehen ins Turnier D.

Nach zwei Runden haben wir folgende Situation:

- im A-Turnier sind 22 Doubletten,
- im B-Turnier sind 21 Doubletten,
- im C-Turnier sind 22 Doubletten,
- im D-Turnier sind 21 Doubletten.

Für die jetzt folgenden K.-o.-Runden (wer verliert scheidet aus) wird eine Mannschaftsanzahl 2^n gebraucht, hier also 16 Mannschaften. Um diese Zahl zu erreichen muss eine Cadrage (Ausscheidungsspiel) gespielt werden. Wenn die Turnierleitung bei 22 Doubletten zwölf davon auslost, die gegeneinander antreten müssen (das ist die Cadrage), dann erhält sie sechs Verlierer, die aus dem Turnier sind. Übrig bleiben 16 Doubletten. Bei 21 Doubletten wird analog verfahren. Die Nichtspieler haben derweil ein Freilos.

Danach sind noch vier Spielrunden notwendig (8 gegen 8, 4:4, 2:2 und 1:1 Doubletten), um einen Sieger zu ermitteln. Die Verlierer der ersten beiden K.-o.-Runden (8:8, 4:4) sind aus dem Turnier ausgeschieden. Die Gewinner der dritten K.-o.-Runde (2:2) spielen in der vierten K.-o.-Runde (1:1) um den ersten und zweiten Platz. Während dort um den Sieg gekämpft wird, spielen die Verlierer der dritten K.-o.-Runde um den dritten und vierten Platz. Dieser Modus gilt für alle vier Turniere (A bis D). Die Preisgelder werden ungefähr so verteilt, dass die besten vier des A-Turniers 40 Prozent der Startgeldeinnahmen erhalten, im B gibt es 30, im C 20 und im D 10 Prozent. Im gleichen Verhältnis wird innerhalb der vier Turniere jeweils zwischen Platz eins bis vier aufgeteilt.

Im Laufe des Turniers haben die ausgeschiedenen Verlierer ihre Lizenzen abgeholt und sind nach Hause gefahren oder als Zuschauer dageblieben. Manche organisieren sich auch nebenher in einem Miniturnier mit vier Doubletten und einem vereinbarten Einsatz.

Das gesamte Turnier ist mit der Cadrage über sieben Runden gelaufen, bis die Sieger feststanden. Pro Runde werden ungefähr 1,5 Stunden gerechnet. Die Sieger können also zwischen 20 und 21 Uhr den Heimweg antreten und sind gegen 23 Uhr wieder zuhause. Viele sind morgens zwischen 7 und 8 Uhr losgefahren.

!

Es sind bei Turnieren immer mindestens 3 Spiele garantiert, damit sich die Anfahrt auch lohnt.

Ein Problem bei den Turnieren sind lange Pausen zwischen den einzelnen Runden. Es gibt Spiele, die sind bald fertig und es gibt Spiele, die eine Ewigkeit brauchen. Eine Runde ist dann fertig, wenn das letzte Spiel der Runde gespielt ist. Man kann gegen Ende der Runde das Ganze beschleunigen, indem man bei wenigen noch ausstehenden Ergebnissen bei der Auslosung der nächsten Runde mit Variablen arbeitet. Aber meist bleiben die Langsamen langsam und das Problem holt den Turnierleiter in der nächsten Runde wieder ein. Manche Turniere werden deshalb in den Vorrunden (alles, was vor den K.-o.-Runden liegt, ist Vorrunde) nur bis elf Punkte gespielt, um Zeit zu sparen.

Meist ist die Mittagspause vor oder nach der Cadrage. Die Spieler, die ein Freilos gezogen haben, sitzen dann manchmal über zwei Stunden lang untätig herum, bis für sie die erste K.-o.-Runde beginnt. So eine lange Pause hat schon vielen Spielern die Form gekostet. Es ist angeraten, sich zwischendurch auf einem abseits liegenden Platz spielerisch warm zu halten.

Die Spielergebnisse sind in den ersten Runden sehr stark zufallsabhängig. Wenn das Los zwei Topmannschaften in der ersten Runde zusammenführt, muss eine von beiden zwangsläufig ins C-Turnier, während hingegen eine schwächere Mannschaft im A-Turnier verbleiben kann. Gegen Ende des Turniers nimmt dieser Effekt jedoch ab, weil über alle Doubletten ein Ausleseprozess stattgefunden hat und die Schwachen dann aus dem Spiel sind – aber das wird die Topmannschaft im C-Feld kaum trösten.

Zu erläutern ist noch die Lizenzpflicht im Turnier. Der Landesverband führt eine Rangliste der Spieler, die Ranglistenpunkte erworben haben. Die Ranglisten dienen unter anderem zur Orientierung bei der Kaderbildung, zur Beschickung von Lehrgängen sowie zur Erstellung von Setzlisten für Verbandsveranstaltungen. Ein beim Landesverband angemeldetes

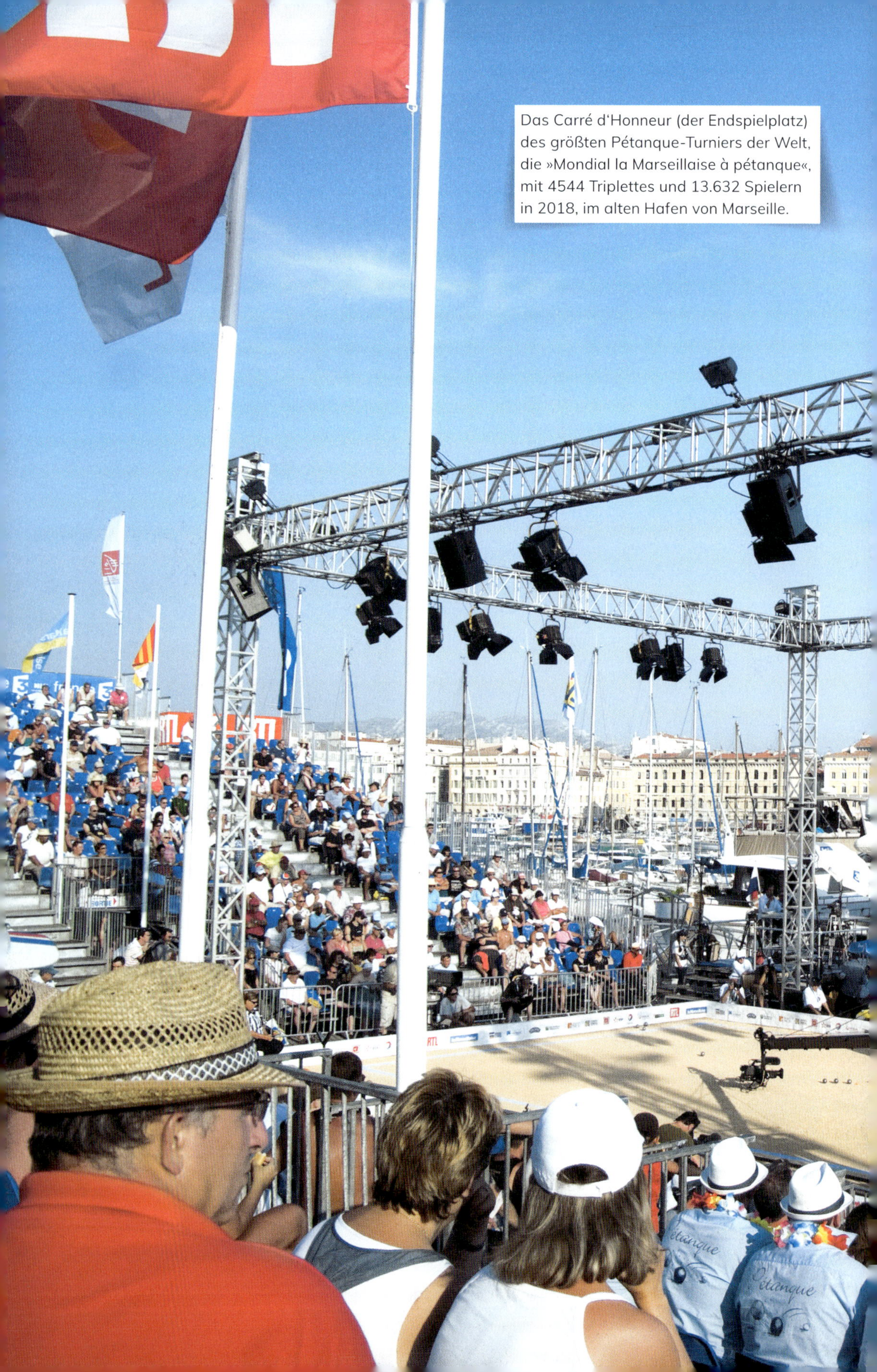

Das Carré d'Honneur (der Endspielplatz) des größten Pétanque-Turniers der Welt, die »Mondial la Marseillaise à pétanque«, mit 4544 Triplettes und 13.632 Spielern in 2018, im alten Hafen von Marseille.

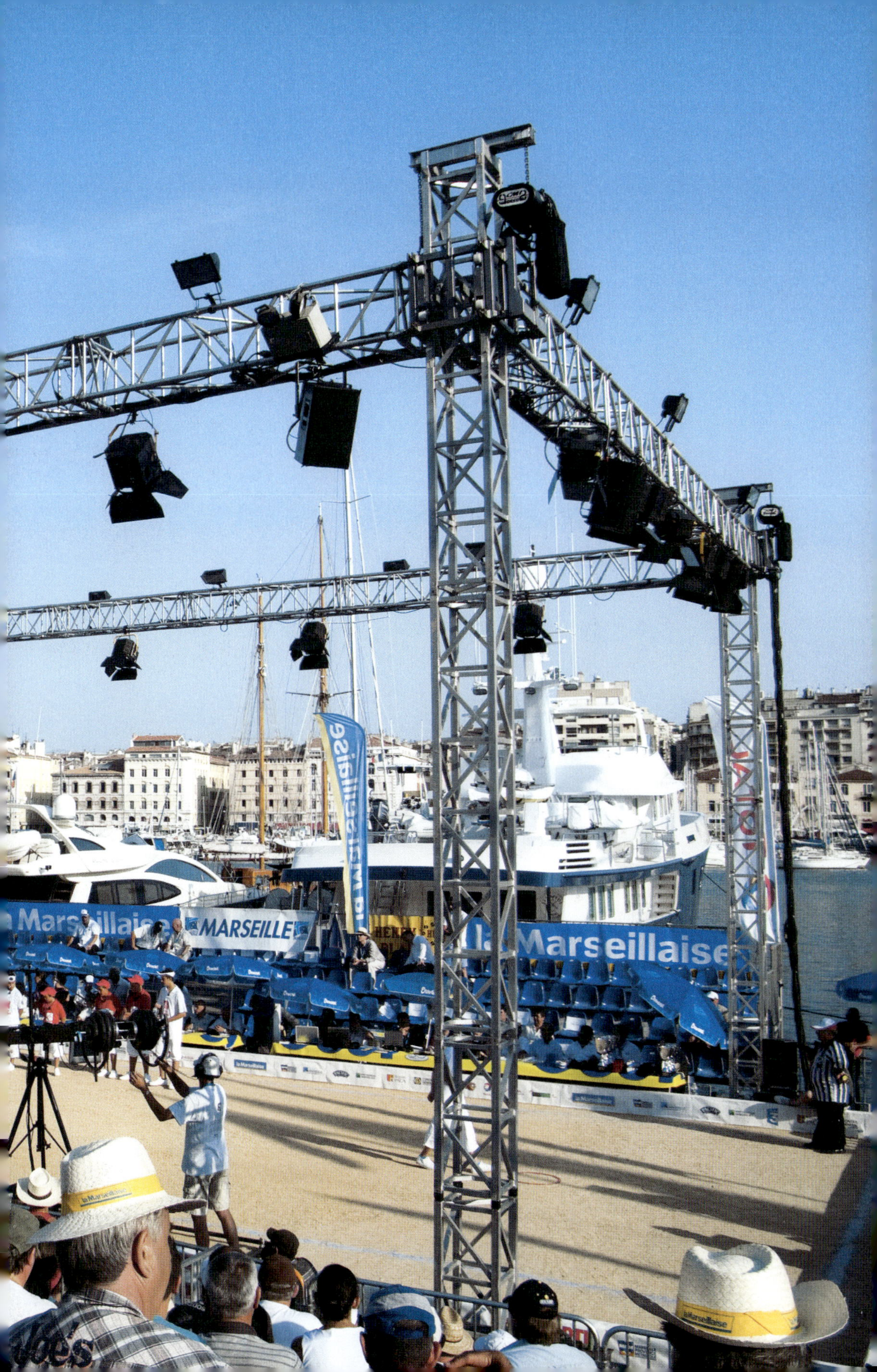
MARSEILLE
la Marseillaise

lizenzpflichtiges Turnier ist dann ein Ranglistenturnier, wenn eine Mindestzahl an teilnehmenden Mannschaften (hier 32) erreicht wird. Die Turniersieger können dann Punkte für die Rangliste sammeln. Lizenzfreie Turniere sind Jedermann-Turniere; diese können zum Teil beachtliche Spielerzahlen aufweisen, z. B. 94 Doubletten.

> Die Lizenz ist, wie bereits erwähnt, die Eintrittskarte der Spieler zu Aktivitäten der Verbände. Eine Lizenz kann nur ein Verein beantragen. Ein Spieler ohne Lizenz muss keinem Verein angehören. Ein lizenzloser Spieler soll deshalb nicht an Leistungen der Verbände partizipieren, weil der Verein die Existenzgrundlage des Verbandes ist. Die Spieler sollen in die Vereine eintreten.

Nachfolgend wird der Turniermodus »Poule A-B k. o.« erläutert. Bei Lizenzpflicht kann dies ein Ranglistenturnier sein. Poule ist das französische Wort für Pool. Ein Poule besteht aus vier Mannschaften, die gegeneinander spielen (das können z. B. zehn Poules sein). Das Poule liefert immer folgendes Ergebnis: Nach der 1. Runde gibt es 2 Sieger und 2 Verlierer. In der 2. Runde spielen die Sieger gegeneinander und die Verlierer auch. Danach haben wir eine Mannschaft mit 2 Siegen, die nach Turnier A geht, und eine Mannschaft mit 2 Niederlagen, die nach B geht. Die übrigen beiden Mannschaften haben je einen Sieg errungen und eine Niederlage eingesteckt. Diese müssen in einer dritten Runde noch ein Entscheidungsspiel spielen: die Barrage (Absperrung). Der Gewinner der Barrage geht nach A, der Verlierer nach B. Am Ende des Poule sind zwei Mannschaften im Turnier A und zwei im B.

Meistens muss danach noch eine Cadrage gespielt werden, um bei der Zahl der Mannschaften auf eine Zweier-Potenz zu kommen (in der Regel acht oder 16 Mannschaften). Danach werden die zwei Turniere A und B im K. o.-Modus weitergespielt, bis die Sieger feststehen (siehe oben).

!

Eine Barrage findet immer im Poule der vier Mannschaften statt und nur dort. Sie ordnet die Mannschaften mit je einem Sieg und einer Niederlage den Turniergruppen A und B zu. Die Cadrage dagegen reduziert die Zahl der Mannschaften auf eine Zweier-Potenz (8, 16, 32 ...) für die K.-o.-Runden.

Im »Poule A-B k. o.« kann es vorkommen, dass eine Mannschaft weder Barrage noch Cadrage zu spielen hat und deshalb eine extrem lange Spielpause in Kauf nehmen muss. Die Preisgelder werden jedoch nur unter zwei Turniergruppen aufgeteilt (statt in vier wie beim A-C-B-D). Der Modus A-C-B-D k. o. wird bei weniger als 64 Mannschaften meistens umgewandelt in Poule A-B k. o., selbst wenn es zuvor anders ausgeschrieben wurde.

Sollten Sie sich entschieden haben an einem großen Turnier teilzunehmen, so können Sie einfach losspielen und schauen, wie weit Sie kommen. Sie können sich aber auch ein Ziel setzen und versuchen dieses zu erreichen. Einen Sieg im A-Turnier anzusteuern ist für die meisten Spieler illusorisch, zumal dann, wenn die Einschreibeliste Spitzenspieler aufweist. Also schaut man vielleicht eher, wie weit man im B-Turnier kommt. Ein Sieg im B-Turnier bringt ungefähr so viel Preisgeld wie der 2. Platz im A-Turnier. Um aber gezielt ins B-Turnier zu kommen, muss man den Ablauf des Turniers kennen. Will ich bei Poule A-B k. o. ins B-Turnier, dann sollte ich entweder die ersten beiden Runden verlieren oder zumindest die Barrage. Dann lande ich in den K.-o.-Runden im B-Turnier. Will ich jedoch im Modus A-C-B-D k. o. ins B-Turnier, dann sollte ich die ers-

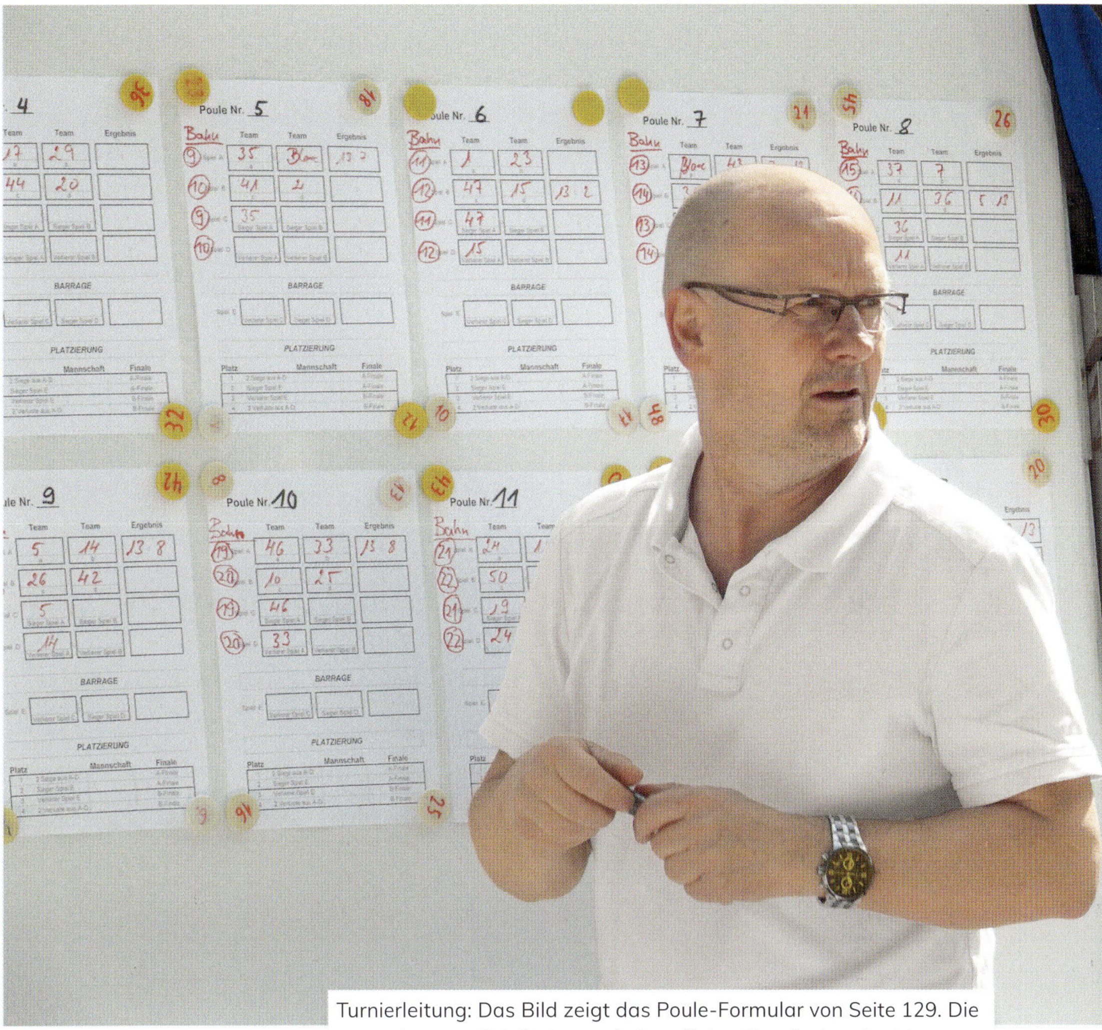

Turnierleitung: Das Bild zeigt das Poule-Formular von Seite 129. Die zugewiesenen Spielbahnen sind am linken Rand rot umkreist.

te Runde gewinnen und die zweite verlieren. Dann habe ich es auch ins B-Turnier geschafft. Für die meisten Spieler gilt: Wer im A-Turnier bleibt kann nach der 3. oder 4. Runde nach Hause gehen. Der Text dieses Absatzes soll Ihnen zeigen, dass für eine gezielte Turnierteilnahme der Spieler die Struktur des Turniers kennen muss.

Zu erwähnen ist noch das Schweizer System. Ich erwähne es deshalb, weil das Schweizer System gern für Qualifikationsspiele eingesetzt wird. Die Grundidee der Fairness des Schweizer Systems, das mit Buchholzpunkten arbeitet, ist, möglichst gleichwertige Gegner gegeneinander antreten zu lassen und so die Fatalität der Zufallssysteme auszuschalten. Für die Berechnung der Buchholzpunkte werden die Gegnerpunkte erfasst. Wenn man gegen schwächere Gegner spielt, erhält man wenige Buchholzpunkte und umgekehrt. Ein Spieler mit mehr Buchholzpunkten ist besser platziert als ein Spieler mit weniger (unabhängig vom Ergebnis der Spiele), weil er ja in diesem Turnier gegen stärkere Gegner gespielt hat. Nach der ersten ausgelosten Runde wird eine Rangliste nach

Buchholzpunkten erstellt, die in den nächsten Runden fortgeschrieben wird. Es treten die direkten Ranglisten-Nachbarn gegeneinander an. Bei manchen Turnieren werden für die Wertung anstelle oder ergänzend zur Buchholz-Wertung erzielte Siege und Punkte-Differenzen verwendet. Das ganze Turnier wird von allen Spielern über eine festgelegte Rundenzahl gespielt (niemand fällt aus dem Turnier), oft auch auf Zeit, um einen gleichmäßigen Ablauf des Turniers zu erreichen. Am Ende zählen Siege und dann Punkte für einen Sieg oder Platz. Das Schweizer System gibt die tatsächliche Spielstärke auf den vorderen und hinteren Rängen recht genau wieder; die Rangordnung im Mittelfeld hängt jedoch stark vom Zufall ab. Das genaue Verfahren hier zu schildern, wäre an dieser Stelle jedoch zu weitschweifend.

So kann es auch laufen ...

Das Turnier lief im Schweizer System. Wir bildeten eine Triplette aus zwei gestandenen Spielern und einer sehr guten Spielerin. In den ersten beiden von fünf Runden konnten wir deutlich gewinnen, weil wir auf relativ schwache Gegner gestoßen waren, aber dann hat uns das System »gebissen«: Wir standen plötzlich vor einem Deutschen Meister, einem Vizemeister und dem Ranglistensechsten des Landesverbandes. Immerhin brachten wir sieben Punkte zusammen und waren so die besten Verlierer gegen diese Toptriplette, die ihrerseits alle fünf Spiele gewann.

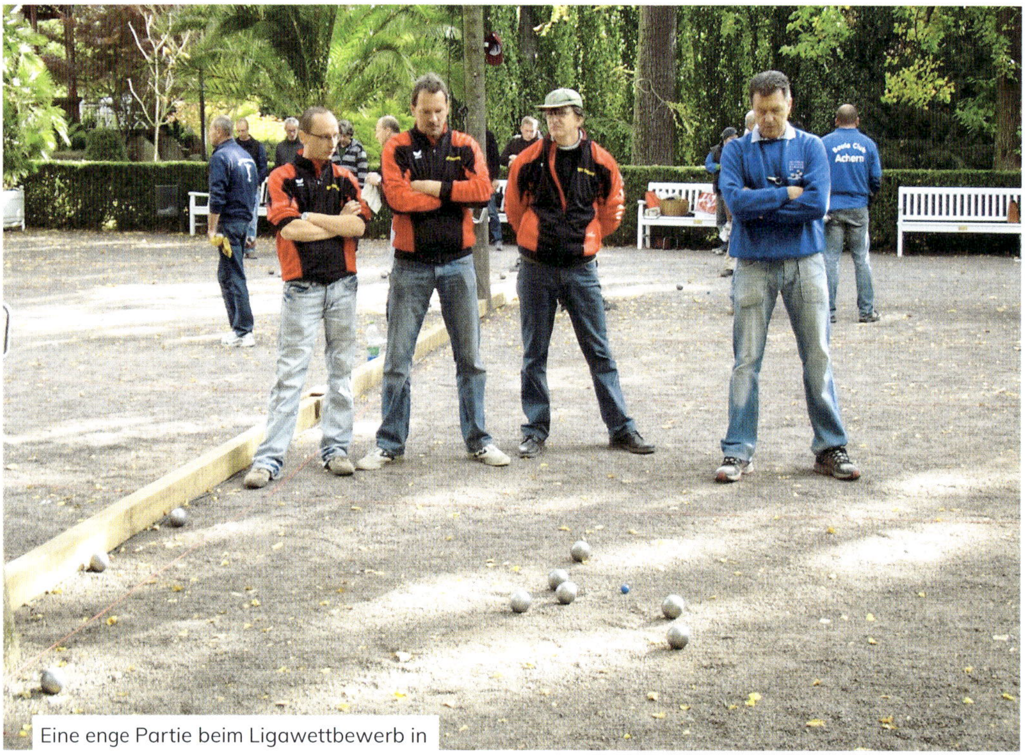

Eine enge Partie beim Ligawettbewerb in Lahr/Schwarzwald.

Das Ligaspiel

Die Ligen werden in mehreren Großspieltagen (alle Mannschaften spielen gleichzeitig an einem bestimmten Ort) veranstaltet mit jeweils 8 bis 12 Mannschaften pro Ligastufe. Je nach Landesverband wird mit und ohne Rückspiel gespielt oder ein Gruppensystem. Die Ligasaison beginnt Ende März und endet im Oktober. An einem Großspieltag wird gegen bis zu 3 andere Mannschaften gespielt. Ligaspieler müssen im Besitz einer Lizenz sein.

Die höchste Spielklasse in Deutschland ist die Bundesliga des Deutschen Pétanque Verbandes mit zwölf Mannschaften. Sie setzt sich zusammen aus den besten Mannschaften der Landesverbände.

Darunter kommt die oberste Liga der Landesverbände, z. B. NRW-Liga oder BaWü-Liga. Unter diesen liegen unterschiedliche landeseigene Ligastrukturen. Hier ein Vergleich:

Baden-Württemberg	Nordrhein-Westfalen	Niedersachsen	Hessen
BaWü-Liga	NRW-Liga	Niedersachsen-Liga	1. Hessenliga
Regionalliga	Regionalliga	Regionalliga	2. Hessenliga
Oberliga	Bezirksliga	(Bezirksoberliga)	3. Hessenliga
Landesliga	Bezirksklasse	Bezirksliga	4. Hessenliga
Bezirksliga	Kreisliga		
Kreisliga			

unterschiedlich starke Gegner). Eine Mannschaft kann in der Liga-Tabelle (das ist ein Ranking) sehen, wie sie in ihrer Ligastufe eingeordnet ist. Ist sie dort schwach, dann spielt sie gegen den Abstieg. Ist sie stark, dann spielt sie um den Aufstieg in die nächst höhere Ligastufe.

Das Ligaspiel ist ein Spiel der Vereinsteams im Gegensatz zu den individuellen Mannschaftsformationen der Turniere. Natürlich spielen Ligaspieler auch auf Turnieren.

Eine Vereinsmannschaft besteht aus mindestens sechs Spielern, weil in der Liga in zwei Runden einmal zwei Tripletten und dann drei Doubletten gegen die gleiche Aufstellung einer anderen Vereinsmannschaft spielen. Weil pro Spiel ein Spieler ausgewechselt werden darf, braucht man auch Ersatzspieler. Eine funktionsfähige Ligamannschaft besteht folglich aus sechs bis neun Spielern. Darunter

Das Ligaspiel hat (unausgesprochen) den Zweck, die Spielqualität der Spieler über den Wettbewerb in der Liga immer weiter anzuheben. Das Ligaspiel hat gegenüber den Turnieren die Eigenheit, dass in den einzelnen Stufen der Liga auf etwa gleichem Niveau gespielt wird (im Turnier trifft man zufällig auf

muss eine Frau sein, weil eine Triplette Mixte und eine Doublette Mixte in den oberen Ligen zum Programm gehört (es muss mindestens ein Spieler ein anderes Geschlecht haben). Eine Mannschaft nimmt ihren Endplatz im jährlichen Ranking der Ligatabelle als Startplatz mit in die nächste Ligasaison.

Eine Mannschaft hat eine Begegnung mit einer anderen Vereinsmannschaft gewonnen (1 Punkt), wenn sie von den zwei Tripletten und drei Doubletten, die gespielt werden, mindestens drei Spiele (3:2) gewinnt. Hinter dem Gewinnpunkt einer Begegnung können folglich drei bis fünf gewonnene Spiele stehen (3:2, 4:1 oder 5:0). Es werden zunächst gewonnene Begegnungen und danach gewonnene Spiele gewertet.

Ligaspiele sind Vereinsspiele. Es gewinnt Rastatt und nicht der Rainer. Dementsprechend nimmt der Verein am Schicksal der Ligamannschaft teil und macht auch seinen Einfluss geltend. Wenn eine Mannschaft den Aufstieg vor Augen hat, wird der Verein in der Regel alles tun, um diese Chance wahrzunehmen. Auch bereiten sich Vereine auf die nächste Saison und auf ihre Ziele vor, indem sie versuchen attraktive Spieler zu werben. Vorbereitungen zum Erreichen eines anvisierten Zieles können sich über mehrere Spielzeiten erstrecken. Mitunter schlägt ein Abstieg der 1. Ligamannschaft im Verein hohe Wellen und kann Austritte von Mitgliedern und Rücktritte von Verantwortlichen nach sich ziehen.

Liga-Mannschaften stehen daher unter einer besonderen mentalen Belastung, weil das Ergebnis ihrer Anstrengung erst am Saisonende feststeht. Ein Turnierspieler hingegen muss seine Motivation nur für die Dauer des Turniers aufrechterhalten. Ins nächste Turnier, das er besuchen will, kann er unbelastet gehen. Ein Ligaspieler nimmt seine gute oder schlechte Leistung aus einem Ligatag mit und richtet sich mit diesem »Erbe« auf den nächsten Großspieltag ein. Hierbei spielen Mannschaftserwartungen an den Spieler eine große Rolle. War er schlecht, dann wird er sich vor der Mannschaft rechtfertigen. War er gut, dann lastet auf ihm die Erfolgserwartung der Mannschaftskameraden. Und der Verein schaut auch hin.

Meisterschaften und Pokale der Verbände

Alle nachfolgend beschriebenen Veranstaltungen sind lizenzpflichtig.

Die Landesverbände streben über die Qualifikation zur Deutschen Meisterschaft und durch die Teilnahme an der Meisterschaft eine deutliche Steigerung der sportlichen Qualität an.

Deutsche Meister werden ermittelt in den Formationen:

- Doublette
- Triplette
- Doublette Mixte
- Tête-à-tête und Tireur
- Triplette 55+ (die Spieler sind mindestens 55 Jahre alt oder älter)
- Triplette Frauen und Tireur Frauen

Die Deutschen Meisterschaften bestehen aus zwei Wettbewerben: In den Landesverbänden wird eine Qualifikation gespielt, eine bestimmte Anzahl von guten Spielern wird auch gesetzt. Ein Landesverband hat ein Kontingent von Startplätzen zur Deutschen Meisterschaft, das er per Qualifikation und Setzliste füllt (gesetzte Spieler müssen sich nicht qualifizieren). Dieses Kontingent tritt zur eigentlichen Deutschen Meisterschaft an und kämpft in diesem Wettbewerb um Sieg oder Platz.

Die Qualifikation wird in sieben der zehn Landesverbände nach Schweizer System ausgetragen, die anderen drei Verbände spielen Poule, z. T. mit Cadrage auf die Startplätze oder eine K.-o.-Runde dazu. Die Verlierer der Poules scheiden dabei aus.

Bei allen Deutschen Meisterschaften außer der DM Tireur wird ein einfaches Vierer-Poule-System mit anschließendem K.-o.-System gespielt. Im Kapitel »Wettbewerbe« (Seite 112) wurde die Turnierform »Poule A-B k. o.« vorge-

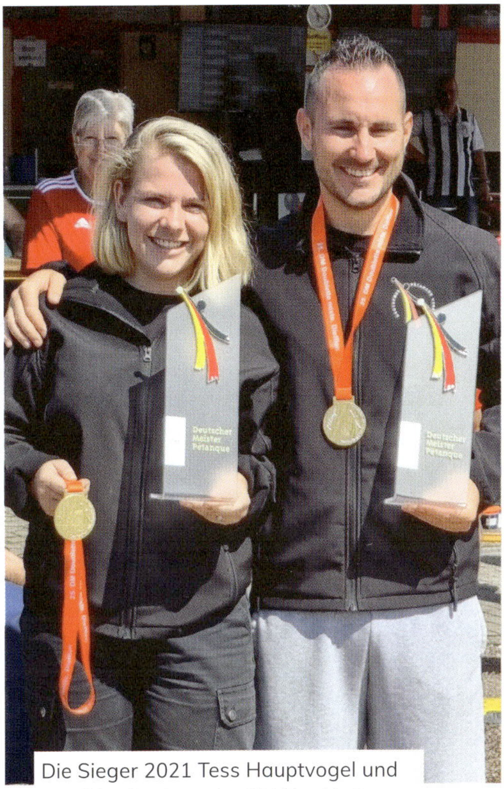

Die Sieger 2021 Tess Hauptvogel und Matthias Laukart der DM Doublette mixte (BaWü) in Diefflen (Saar); Quelle: Deutscher Pétanque-Verband DPV

stellt. Dieses System findet hier leicht modifiziert auch Anwendung. Der Erstplatzierte des Poules und der Gewinner der Barrage (Zweitplatzierter des Poules) spielen weiter um die Deutsche Meisterschaft. Die beiden übrigen Mannschaften spielen im B-Turnier weiter. Der Deutsche Meister gewinnt 5 oder 4 K.-o.-Runden.

Die Deutschen Meisterschaften Tireur und Tireur Frauen werden über zwei Wettkampftage begleitend zu der Tête-à-tête-Meisterschaft wie folgt organisiert: Je angefangene 1000 Mitglieder können die Landesfachverbände einen Bewerber für die DM »Tireur« entsenden, je angefangene 300 weibliche Mitglieder können sie je eine Bewerberin für die DM »Tireur Frauen« entsenden. Am ersten Wettkampftag findet die Qualifikation statt. Jeder Bewerber gibt unter Aufsicht fünf unterschiedliche Serien à 20 Schüsse ab. Eine Serie ist eine bestimmte Aufgabenstellung (siehe Kapitel »Übungen«: Schießübungen). Die besten acht Tireure ermitteln am zweiten Tag im K.-o.-System in drei Runden den Deutschen Meister Tireur.

Analog ermitteln die Landesverbände in den oben genannten Disziplinen ihre Landesmeister. Die verwendeten Spielsysteme sind jedoch unterschiedlich, z. B. direktes K. o., Poule A-B k. o. oder Schweizer System.

Der Deutsche Pétanque Verband lobt alljährlich einen »Deutschen Länderpokal« aus. Der Länderpokal wird seit 1992 ausgetragen. Beim Länderpokal treten Auswahlmannschaften der zehn Landesverbände gegeneinander an. Eine Mannschaft besteht aus fünf Triplettes (zwei Senioren- und je ein Espoirs-, Frauen- und Jugend-Team). Jede Landesverbandsmannschaft trägt gegen jede andere eine Begegnung aus. Jede Begegnung zweier Landesverbandsmannschaften besteht aus fünf Partien: Senioren 1 gegen Senioren 1, Senioren 2 gegen Senioren 2, Frauen gegen Frauen, Espoirs gegen Espoirs und Jugend gegen Jugend. Der Landesverband, der drei oder mehr dieser Partien gewinnt, hat die Begegnung gewonnen. Über die Platzierungen entscheidet eine Tabelle. Die Rangfolge ergibt sich aus:

a. der größeren Zahl gewonnener Begegnungen und bei Gleichheit
b. der größeren Zahl gewonnener Partien und bei Gleichheit zweier Teams
c. dem direkten Vergleich zwischen diesen beiden Mannschaften.

Der Sieger ist Gewinner des »Deutschen Länderpokals«, das ist ein Wanderpokal.

Die Pokale der Landesverbände werden nach völlig verschiedenen Systemen ausgetragen. Zum Teil in Anlehnung an den Deutschen Länderpokal bis hin zum Schweizer System. Die Wettbewerbe sind Wettbewerbe der Vereine. Bemerkenswert ist, dass die Pokale oft in den Formationen Tête-à-tête, Doublette und Triplette ausgetragen werden, wobei Spiele Mixte sein können. Die Formation Tête-à-tête hat dadurch, dass sie im Ligageschehen keine Rolle mehr spielt, ziemlich an Boden verloren. Sie wird auch selten auf Turnieren gespielt. In den Meisterschaften und Pokalen lebt sie weiter.

Auf der Website des Deutschen Pétanque Verbandes finden Sie unter »Der Verband« den Unterpunkt »Landesverbände« (https://deutscher-petanque-verband.de/dpv-home-2/verband/#landesverbaende). Wenn Sie auf ein Logo klicken, kommen Sie auf die Startseite des jeweiligen Landesverbandes. Die Landesverbände stellen ihre Richtlinien für Landesmeisterschaften und Pokale ins Internet. Dort können Sie genau nachlesen, wie die einzelnen Landesverbände ihre Wettbewerbe handhaben. Dies gilt natürlich auch für die Wettbewerbe des Deutschen Pétanque Verbandes.

KAPITEL 16
Der Schiedsrichter

Mit der Zunahme des wettkampfmäßigen Pétanque wächst auch der Bedarf an Schiedsrichtern und Schiedsrichterinnen. Alle Ranglisten-, Liga-, Meisterschafts- und Pokal-Turniere müssen von einem vom Landesverband ausgebildeten Schiedsrichter überwacht werden. Das hat dazu geführt, dass an die Vereine mit Ligamannschaften die Forderung gestellt wird, mindestens einen, wenn nicht gar mehrere Schiedsrichter in den eigenen Reihen zu haben. Der Deutsche Pétanque Verband hat eigene Schiedsrichter, die auch bei internationalen Wettbewerben eingesetzt werden können.

Ein Problem bei Schiedsrichtern ist, dass sie selbst mit Leib und Seele Spieler sind und deshalb ungern zuschauen wie andere spielen. Selbst wenn der Verband theoretisch über ausreichend viele Schiedsrichter verfügt, so ist es in der Praxis viel Arbeit, diese zu mehr Einsätzen als unbedingt notwendig zu motivieren.

Schiedsrichterspiele sind Spiele nach Reglement. Dabei entscheiden die Spieler über Situationen auf dem Platz dennoch weitgehend selbst. Natürlich ahndet ein Schiedsrichter grobe Regelverstöße, die er von sich aus

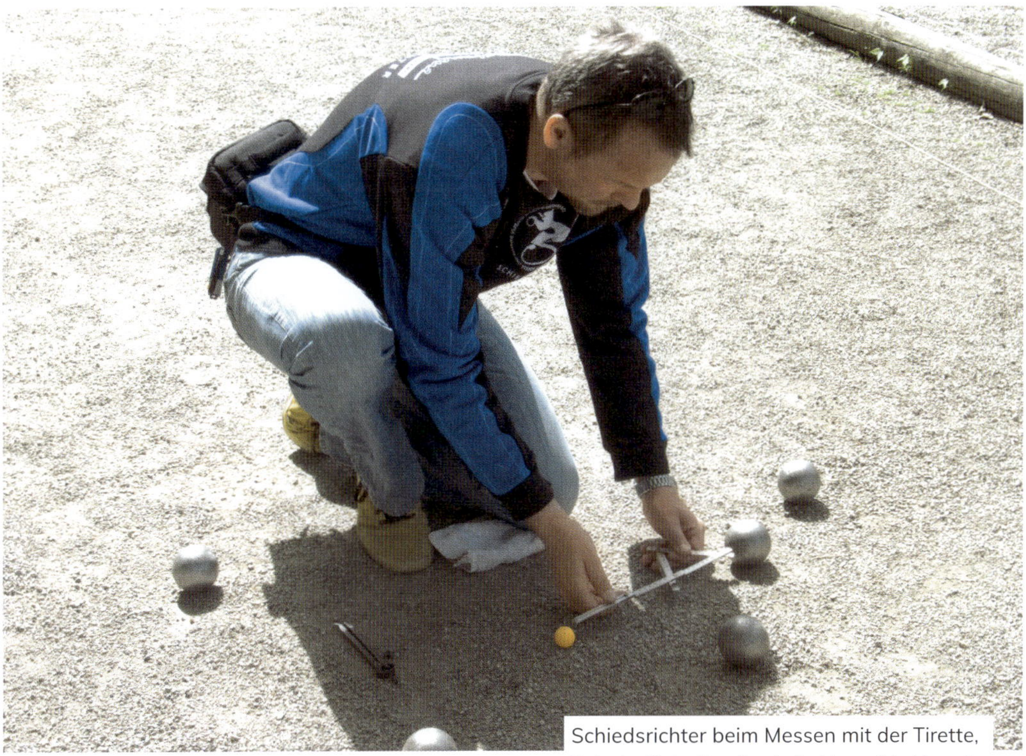

Schiedsrichter beim Messen mit der Tirette, links im Schatten liegt ein Messzirkel bereit.

Ein Schiedsrichter entscheidet nach der Situation, wie sie sich auf dem Spielfeld darstellt, und nur danach.

Dazu ein Beispiel: Der Vorleger einer Mannschaft wirft das Cochonnet auf 9,50 m. Dann legt er die erste Kugel und zieht versehentlich das Cochonnet auf 10,50 m. Die gegnerische Mannschaft behauptet, sie hätte ebenfalls das Recht, zu Beginn der Aufnahme zwischen 6 m und 10 m zu spielen (was allerdings falsch ist). Der Schiedsrichter wird gerufen. Er misst die Sau auf 10,50 m und entscheidet, dass das Cochonnet neu geworfen werden muss. Hätte ein Spieler die ursprüngliche Lage der Sau markiert, so hätte der Schiedsrichter diese ursprüngliche Lage erkennen können. Er hätte dann entschieden, dass weitergespielt wird, weil die Aufnahme bei 9,50 m regelkonform begonnen hat. »Profis« markieren die Lage von Kugeln und Cochonnet grundsätzlich.

Noch ein Beispiel: Ein Spieler oder ein Zuschauer bewegen unglücklicherweise eine ruhende Kugel im Spiel und verändern dadurch deren Lage. Sie kann, wenn sie markiert ist, auf ihren ursprünglichen Platz zurückgelegt werden. Ist die Kugel nicht markiert, so entscheidet der Schiedsrichter, dass die Kugel liegen bleibt wo sie ist.

wahrnimmt. Aber in den weitaus meisten Situationen rufen ihn Spieler, um bei Unklarheiten Entscheidungen zu treffen. Schiedsrichterentscheidungen sind nicht angreifbar, auch wenn sie falsch sind. Deshalb ist es einem Schiedsrichter untersagt, sich vor Spielern zu rechtfertigen. Er ist angewiesen den Ort des Geschehens nach der Entscheidung umgehend verlassen.
Während eines Turniers erfüllt ein Schiedsrichter folgende Aufgaben:

- Der Schiedsrichter muss prüfen, ob alle Spieler über eine gültige Lizenz verfügen.
- Er überwacht die Auslosung und stellt sicher, dass diese vor jeder Runde ordnungsgemäß vorgenommen wird.
- Während des Wettbewerbs hat er besonders darauf zu achten, dass die Spieler sich sportlich verhalten (er darf niemals zögern, Verstöße gegen die sportliche Fairness angemessen zu bestrafen) und die Spielregeln eingehalten werden.
- Bei schlechtem Wetter sollte er den Wettbewerb nur dann abbrechen, wenn es für ihn als sicher gilt, dass die Witterungseinflüsse den Boden unbespielbar machen (z. B. Gewitter).

Schiedsrichter sind im Allgemeinen nicht unter 21 und älter als 65 Jahre (es gibt Ausnahmen). Sie werden von den Landesverbänden ausgebildet und laufend geschult. Die Ausbildung umfasst

- Theoretische Regelunterweisung zur Regelsicherheit und -festigkeit,
- Rolle und Funktion des Schiedsrichters; Auftreten des Schiedsrichters bei einer Veranstaltung,
- Umgang mit den Messutensilien,
- weitere Aufgaben des Schiedsrichters (Sportordnung, Dopingbekämpfung, ...),
- Verhaltensstrategien in Konfliktsituationen,
- Praktische Unterweisung auf dem Platz.

Schiedsrichter sind an ihrer einheitlichen Kleidung erkennbar (oft blau/schwarz mit Landeswappen, DPV-Schiedsrichter tragen das international übliche senkrecht schwarz-weiß-gestreifte Shirt).

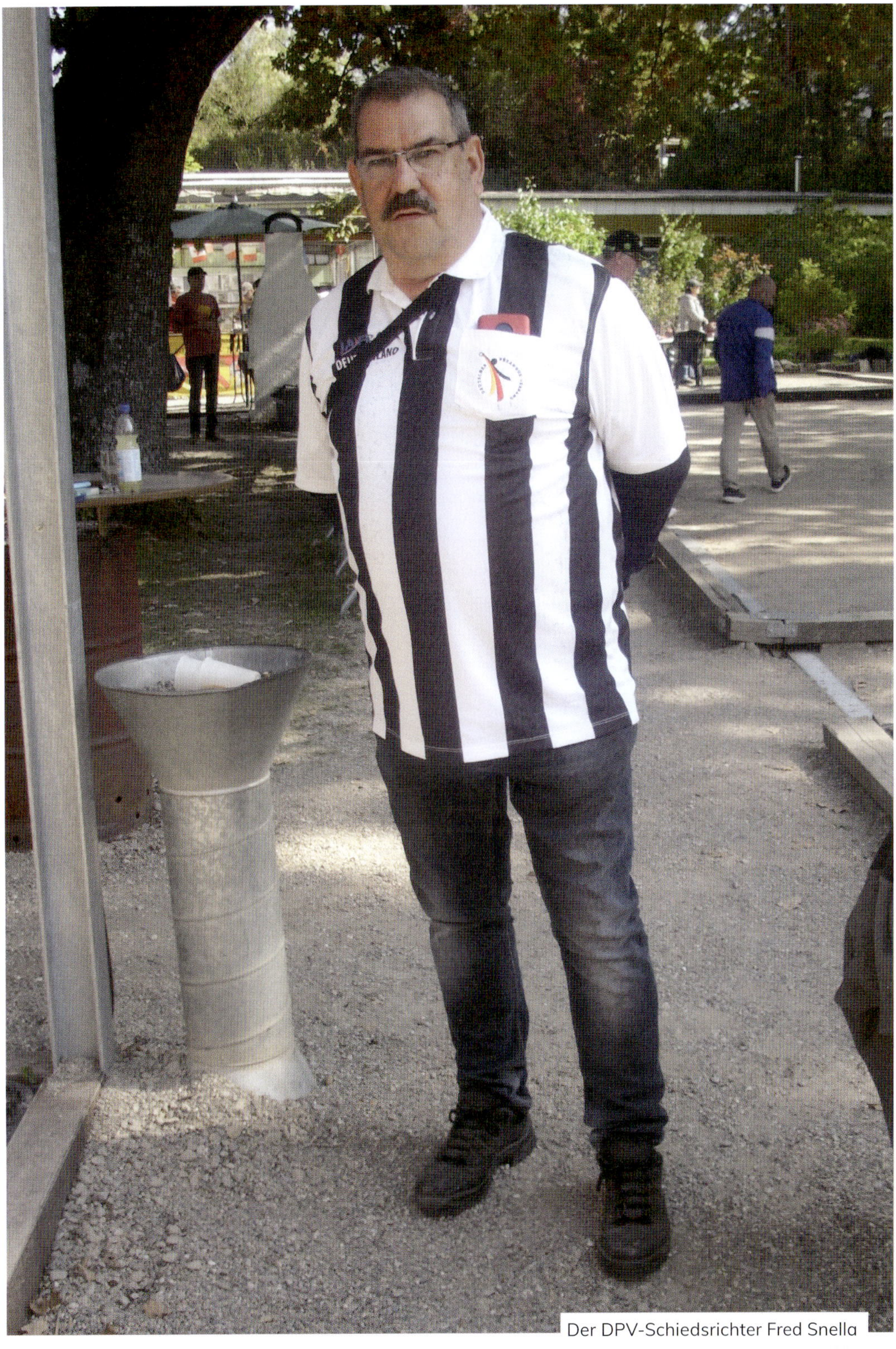

Der DPV-Schiedsrichter Fred Snella

KAPITEL 17
Selbst ein Turnier veranstalten

Dieses Kapitel ist, ähnlich wie das Kapitel »Wettbewerbe«, nicht für den direkten Anfänger gedacht. Sie können es vorerst getrost überblättern. Wenn Sie solche Turnier-Informationen brauchen, dann werden Sie sich diese bei Bedarf hier holen.

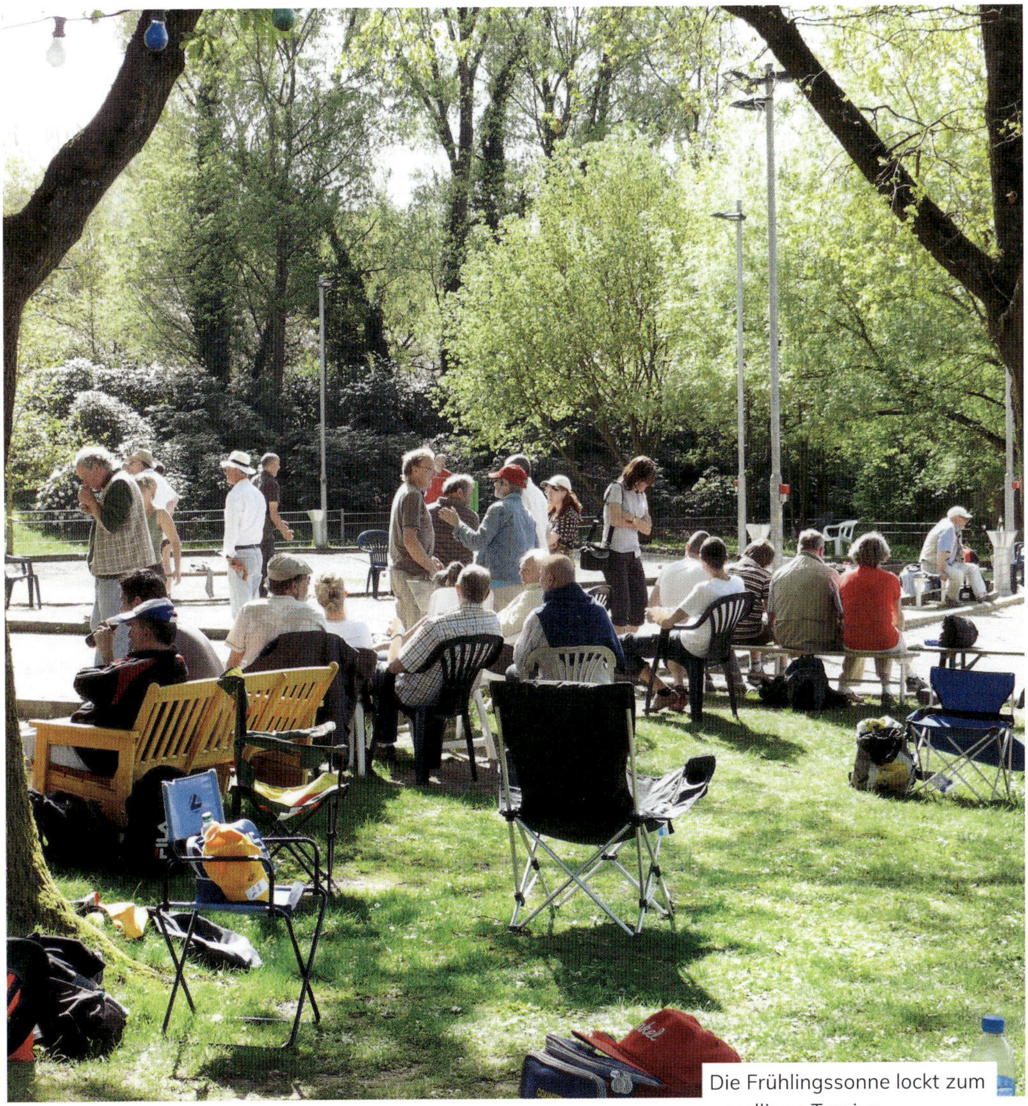

Die Frühlingssonne lockt zum geselligen Turnier.

Rundenturnier

Wenn sich Spieler auf dem Platz treffen, dann formieren sie sich zu Mannschaften und spielen Pétanque. Häufig entstehen so spontan kleine Turniere. Die Spieler setzen dann einen kleinen Geldbetrag ein (zwei bis drei Euro), der von den Turniersiegern gewonnen wird.

Diese spontanen Turniere können jederzeit entstehen, wenn genügend Spieler (ab ca. 12 Spielern) auf dem Platz sind. Ein Spieler übernimmt dann die Turnierorganisation – und ab geht die Post.

Die Turniere gehen meist über drei bis vier Runden plus ein oder zwei Finalrunden. Gespielt wird überwiegend Doublette Super-Mêlée oder Formée. In die Finalrunden gelangen die Spieler oder Mannschaften mit den meisten gewonnen Spielen und Gewinnpunkten.

Wie gewonnen wird, das muss vorher vereinbart werden. Die Geldbeträge, die man gewinnen kann, sind minimal. Deshalb steht im Vordergrund der Spaß am Spiel mit wechselnden Partnern und vielleicht die Ehre der Platzierung. Manchmal allerdings werden nach einem gelungenen Turnier ein Pastis oder gar zwei getrunken und die Geldbörse ist dann beim Heimgehen genau so dünn wie bei der Ankunft.

Das Rundenturnier ist die einfachste Turnierform. Es treffen sich z. B. 14 Spieler und vereinbaren ein Turnier Doublette Super-Mêlée. Es sollen drei Runden und dann ein Finale gespielt werden. Man rechnet knapp anderthalb Stunden pro Runde, also dauert das Turnier etwa fünf Stunden. Wenn ein Turnier um 15 Uhr beginnt, ist es folglich ungefähr um 20 Uhr beendet. Wer kein Finale spielt, der kann schon zwischen 18 und 19 Uhr zum Abendessen gehen.

Für das Turnier werden zwei einfache Listen erstellt. Zunächst eine Einschreibeliste, in der jedem Spieler eine Spielernummer zugewiesen wird und in der dann die persönlichen Ergebnisse festgehalten werden. (Im Fall einer Doublette Formée sind unter einer Nummer zwei Namen erfasst.) Die Ergebnisse werden als Differenzpunkte festgehalten: endet die Begegnung mit 13:7 Punkten, dann erhalten die beiden Sieger je +6 Punkte, die beiden Verlierer –6 Punkte.

Hier die Einschreibeliste, in die auch die Ergebnisse eingetragen werden (Erläuterung unten). Natürlich wird im Turnier die Tabelle Runde um Runde gefüllt. Es sind unten nur einige beispielhafte Einträge für den Spieler Gerd, um den Sachverhalt klarer darzustellen.

Nr.	Name	Runde 1 Punkte	Runde 2 Punkte	Runde 3 Punkte	Summe	Anzahl Siege
1	Hans		–5			
2	Marianne					
3	Werner	–4				
7	Angelika	+4				
8	Hermann		+5			
12	Joachim		–5			
13	Hanna	+4		–9		
14	Gerd	–4	+5	+9	+10	2

Von den 14 Spielern wird für eine zweite Liste ausgelost (mit Zetteln, Chips, ...), wer mit wem gegen wen spielt. Man vermeidet dabei, dass die gleiche Begegnung zweimal stattfindet. Es gibt einen Blanc (Freilos) oder ein Tête-à-tête für eine Doublette, weil sieben Doubletten nicht teilbar sind.

Runde 1	Runde 2	Runde 3	Finale
(4 + 5) : (1 + 8)	(8 + 14) : (1 + 12)	(5 + 11) : (9 + 12)	
(11 + 12) : (6 + 10)	(3 + 4) : (6 + 9)	(1 + 6) : (2 + 4)	
(7 + 13) : (3 + 14)	(5 : 10) : (2 + 13)	(7 + 10) : (3 + 8)	
2 : 9	7 : 11	13 : 14	

Gerd (14) und Werner (3) haben in Runde eins die Begegnung mit 9:13 Punkten verloren. Sie erhalten also –4 Punkte. Angelika (7) und Hanna (13) sind Sieger mit +4 Punkten.

In der zweiten Runde gewinnen Gerd (14) und Hermann (8) mit 13:8 Punkten gegen Hans (1) und Joachim (12). Gerd und Hermann erhalten +5 Punkte, Hans und Joachim verlieren –5 Punkte.

In der dritten Runde spielt Gerd (14) gegen Hanna (13) ein Tête-à-tête und gewinnt mit 13:4 Punkten. Gerd erhält +9 Punkte, Hanna verliert –9 Punkte.

Gerd hat in den drei Runden ein Ergebnis von zwei gewonnenen Spielen und +10 Punkten erzielt.

Für die Teilnahme am Finale mit vier Spielern werden zuerst die gewonnenen Spiele gewertet. Haben mehrere Spieler z. B. drei Runden gewonnen, so werden die Punkte zur Wertung herangezogen. Sind auch diese gleich, so wird ein Stechen über eine Aufnahme durchgeführt. Die Zuordnung der Finalteilnehmer zu den beiden Doubletten wird wieder ausgelost.

Falls der Einsatz pro Spieler 2 Euro beträgt, dann sind bei 14 Spielern 28 Euro im »Topf«. Die Finalsieger erhalten davon 60 Prozent, also 16,80 Euro, gerundet 16 Euro. Die Finalzweiten gewinnen 40 Prozent des Topfes, gerundet 12 Euro. Ein Spieler der Finalsieger hat 8 Euro gewonnen. Die Gewinnrelation ist vorher zu vereinbaren. Manche teilen auch im Verhältnis 70/30, um den Reiz zu erhöhen das Endspiel auch wirklich zu spielen, anstatt ungespielt zu teilen und nach Hause zu gehen.

Wenn Rundenturniere öfter gespielt werden, dann lohnt es sich, Vordrucke der Listen zu erstellen und zu kopieren oder auszudrucken. Man kann auch beide Listen auf einem DIN-A-3-Blatt zusammenfassen. Für das Losverfahren besorgt man sich kleine runde Chips aus Holz oder Kunststoff, die einseitig mit Nummern beschrieben werden (Marker). Vielleicht dazu noch ein kleines Eimerchen, damit die Pétanque-Glücksfee die Chips zufällig ziehen kann. Falls nicht, dann kann man die Chips auch verdeckt auf den Tisch legen, mischen und dann ziehen lassen. Und fertig ist das Samstagsturnier. Das kann man im Wechsel dann Formée oder Super-Mêlée spielen, je nach Laune.

Eine Bemerkung noch: An einem spontanen Turnier nehmen meist ganz unterschiedliche Charaktere teil. Die einen spielen das Turnier erfolgshungrig mit Biss, sie spielen »scharf«. Für andere wiederum sind Geselligkeit und Spaß das Hauptmotiv, das Spielergebnis ist für sie nachrangig. Dieser Gegensatz in der spielenden Gruppe kann zu Verwerfungen führen: »Der nimmt alles so bierernst!« – »Die

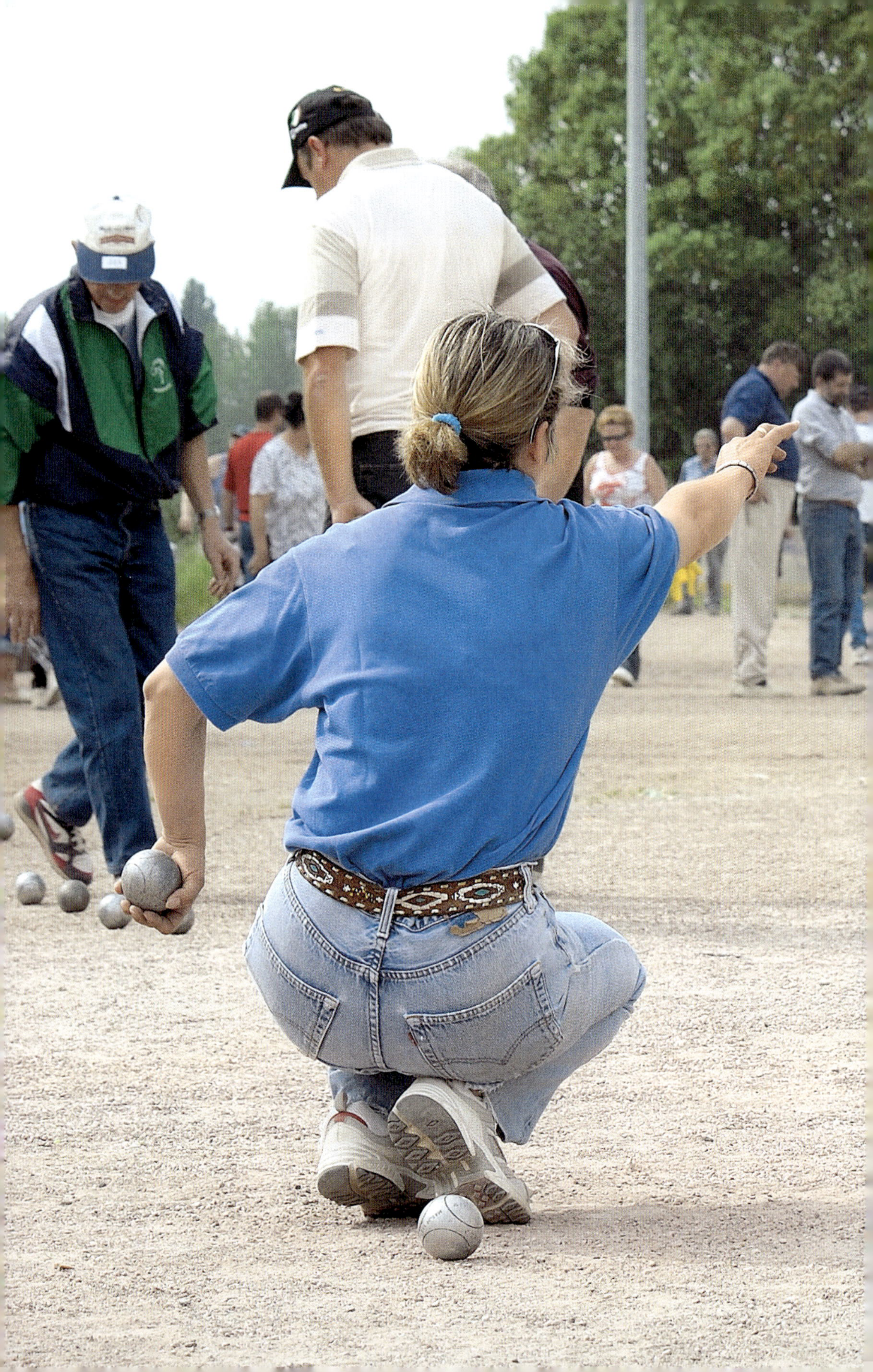

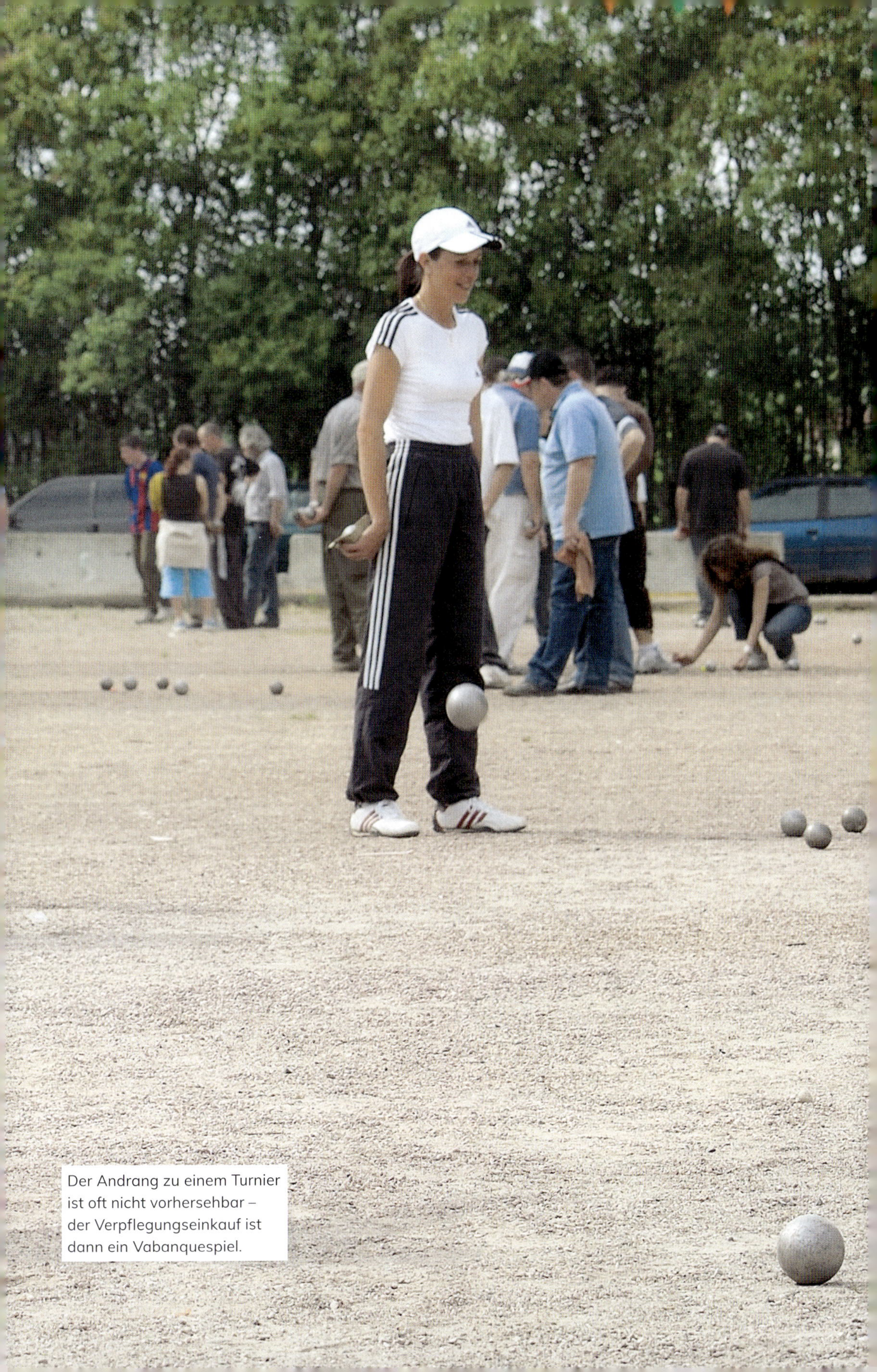

Der Andrang zu einem Turnier ist oft nicht vorhersehbar – der Verpflegungseinkauf ist dann ein Vabanquespiel.

ist so was von lasch!« Die Lösung liegt wie so oft in der Mitte. Die einen sollen sich lockern und die anderen sollen sich ein wenig disziplinieren.

Poule A-B k. o.

Wenn die Teilnehmerzahlen am Turnier steigen, ist ein reines Rundensystem nicht mehr geeignet. Dann kommt der Poule-Modus zum Einsatz, der bereits auf Seite 112 ausführlich dargestellt wurde.

Nehmen wir an, zu einem Turnier Doublette Formée haben sich 58 Mannschaften eingeschrieben. Darunter zwei Vereine, einer mit zwölf, der andere mit acht Teams. Es ist natürlich nicht Sinn der Sache, Poules rein zufällig auszulosen mit dem Risiko, dass einige Poules hauptsächlich mit den Mannschaften aus einem Verein besetzt sind. Um so etwas zu vermeiden, werden Doubletten in die Poules »gesetzt« (viele Spieler akzeptieren allerdings nur den Zufall und lehnen lenkende Eingriffe ab). Bei 58 Mannschaften gibt es 15 Poules, zwei davon mit einem Blanc. (In einem Poule darf immer nur ein Blanc sein.) Wir setzen vorab die zwölf Mannschaften des einen Vereins in verschiedene Poules, dann setzen wir die acht Mannschaften des anderen in acht Poules. Erst dann werden die übrigen 38 Mannschaften hinzugelost. Am Ende haben wir 13 Poules mit je vier Mannschaften und zwei Poules mit je drei Mannschaften. In den Poule-Spielen können nunmehr keine Mannschaften aus demselben Verein aufeinander treffen. Das Verfahren bietet sich auch für amorphe Gruppen an, z. B. Franzosen und Schweizer. Es muss im Falle eines Lizenzturniers mit dem Schiedsrichter abgesprochen werden.

Die Durchführung funktioniert wie folgt: Zuerst brauchen wir wieder eine Einschreibeliste, in der den 58 Mannschaften in der Reihenfolge ihrer Einschreibung Nummern zugeordnet werden. Die Einschreibeliste enthält Vorname, Nachname und Verein des Spielers (wenn das Turnier lizenzfrei ist, den Wohnort). Es liegen Anmelde-Zettel aus, in die die Spieler sich eintragen (Kugelschreiber nicht vergessen!). Diese Anmelde-Zettel werden in die Einschreibeliste übertragen und gleichzeitig wird das Startgeld kassiert, meist 5 Euro pro Spieler.

Für den Poule wird ein Formular verwandt für alle 15 Poules. Unten ist beispielhaft der Poule 4 dargestellt. Die Kleinbuchstaben (a, b, c, d) bezeichnen die 4 Mannschaften. Am linken Rand sehen Sie die Spiele A bis E. Die erste Runde umfasst die Spiele A und B, die zweite Runde die Spiele C und D. In der zweiten

Turnier am .... [1:1] [2:2] [3:3]

Anmeldung Nr. ....

1. Name / Nom ....
   Vorname / Prénom ....
   Verein / Club ....

2. Name / Nom ....
   Vorname / Prénom ....
   Verein / Club ....

3. Name / Nom ....
   Vorname / Prénom ....
   Verein / Club ....

Platzierung ....

Bei der Anmeldung ausliegende Zettel

Runde spielen die Sieger aus den Spielen A und B gegeneinander (Spiel C) und die Verlierer ebenso (Spiel D). Mannschaft 20 hat in den ersten beiden Runden zwei Spiele gewonnen und kommt ins Turnier A. Die Mannschaft 17 hat in den ersten beiden Runden zwei Spiele verloren und geht ins Turnier B. Die Mannschaften 4 und 32 haben je ein Spiel gewonnen und verloren und spielen die dritte Runde, die Barrage (Spiel E). Die Barrage gewinnt Mannschaft 32, die nach Turnier A geht, die

Mannschaft 4 muss nach B. Als Ergebnis des Poule sind die Doublettes 32 und 20 im A und die Mannschaften 4 und 17 im B.

Ist in einem Poule ein Blanc (drei Mannschaften und ein Blanc ergeben einen Poule), so wird der Blanc wie eine Mannschaft behandelt, die immer verliert. In einem Pool mit einem Blanc kommen zwei Mannschaften ins Turnier A und eine nach B. In einem Poule darf immer nur ein Blanc sein.

Nach den Poules und vor der Cadrage sind 30 Mannschaften im A-Turnier und 28

Poule Nr. 4

	Team		Team	Ergebnis
Spiel A	32 a	:	17 b	13 : 4
Spiel B	4 c	:	20 d	7 : 13
Spiel C	32 Sieger Spiel A	:	20 Sieger Spiel B	8 : 13
Spiel D	17 Verlierer Spiel A	:	4 Verlierer Spiel B	6 : 13

BARRAGE

	Team		Team	Ergebnis
Spiel E	32 Verlierer Spiel C	:	4 Sieger Spiel D	13 : 5

PLATZIERUNG

Platz		Mannschaft	Finale
1	2 Siege aus A-D	20	A-Finale
2	Sieger Spiel E	32	A-Finale
3	Verlierer Spiel E	4	B-Finale
4	2 Verluste aus A-D	17	B-Finale

Ausgefülltes Beispiel-Formular mit integrierter Gebrauchsanweisung

im B. Wir brauchen aber in beiden Turnieren die nächst niedere Zweier-Potenz, das sind 16 Mannschaften, um die K.-o.-Runden spielen zu können.

Im A-Turnier müssen 14 der 30 Mannschaften ausscheiden. Folglich müssen 28 der 30 Mannschaften für die Cadrage ausgelost werden. Zwei Teams haben Pause. Im B-Turnier sollen von 28 Mannschaften 12 ausscheiden. Es spielen deshalb 24 von 28 Doubletten gegeneinander. Vier Mannschaften haben Pause.

Man kann das Pferd auch anders herum aufzäumen und in A und B zwei bzw. vier Blanc vergeben, während der Rest spielen muss. Das ist aber einerlei, weil die Begegnungen in der Cadrage so oder so ausgelost werden. Es werden dann die Spielpaarungen entsprechend gelost, aufgeschrieben und natürlich ausgehängt, damit sich die Spieler orientieren können.

Nach der Cadrage sind im A- und B-Turnier je 16 Mannschaften übrig, die die Finalrunden bestreiten. Auf der folgenden Seite ist ein K.-o.-Runden-Baum zu sehen, in den die 16 Mannschaften gelost werden. Dann laufen die vier Spielrunden ab bis der Turniersieger feststeht.

In die oberen beiden Felder trägt man die Mannschaftsnummer ein. In das größere Feld mit dem Doppelpunkt kann man das Spielergebnis eintragen. Das hat aber nur Erinnerungswert, weil im Entscheidungsbaum nur Sieg oder Niederlage zählt. Es genügt also um die Sieger einen Kreis zu machen, das ist auch schön übersichtlich. Die Sieger kommen weiter, die Verlierer scheiden aus.

Soweit der Turnier-Ablauf, jetzt müssen wir über Geld reden. Ein Turnierspieler nimmt teil, weil er gewinnen will. Wenn er zu Plätzen vorstoßen kann, auf denen es Bares gibt, dann hat er sein Turnierziel erreicht. Doch wer gewinnt? Betrachten wir die 58 Mannschaften aus unserem Beispiel. Wir haben im A- und B-Turnier je vier Gewinnplätze. Also gehen von 116 Spielern 100 ohne Gewinn nach Hause. Die meisten Spieler gehen – was das finanzielle betrifft – als Verlierer vom Platz. Das ist die Realität.

Die Gewinnsummen sehen bei 58 Mannschaften folgendermaßen aus. Meist wird in der Ausschreibung eine 100-Prozent-Ausschüttung angekündigt. Das bedeutet, dass das gesamte Startgeld, im Jahr 2021 in der Regel fünf Euro pro Spieler, an die Gewinner ausgezahlt wird. Die Summe der Ausschüttung beträgt bei 116 Spielern also 580 Euro.

Vorgesehen ist der Austragungsmodus »Poule A-B k. o.« Zur Erinnerung: Im Poule wird in Vierergruppen ausgespielt, wer in das Hauptturnier A darf und wer in das Subturnier B muss. Für das A-Turnier werden üblicherweise 60 Prozent der Ausschüttung, also 348 Euro vorgesehen, für B 40 Prozent, das sind 232 Euro.

Innerhalb der Gruppen A und B wird bei den meisten Turnieren die Ausschüttung aufgeteilt mit 40 Prozent für den ersten Platz, 30 Prozent für den zweiten Platz, 20 Prozent für den dritten Platz und 10 Prozent für den vierten Platz. Die Geldpreise für die Plätze werden anschließend gerundet.

Die gerundete Gewinntabelle des Turniers, die während des Turniers ausgehängt wird, sieht also so aus:

	A-Turnier	B-Turnier
1. Platz	140 Euro	100 Euro
2. Platz	100 Euro	70 Euro
3. Platz	70 Euro	40 Euro
4. Platz	40 Euro	20 Euro

Ein Spieler der Siegermannschaft geht also mit 70 Euro nach Hause. Davon hat er fünf Euro Startgeld bezahlt, von der Verpflegung beim Turnier und den Fahrtkosten ganz zu schweigen. Wenn man nur aufs Geld sieht, dann könnte man also getrost daheim im Sessel sitzen bleiben. Aber da ist noch etwas, das

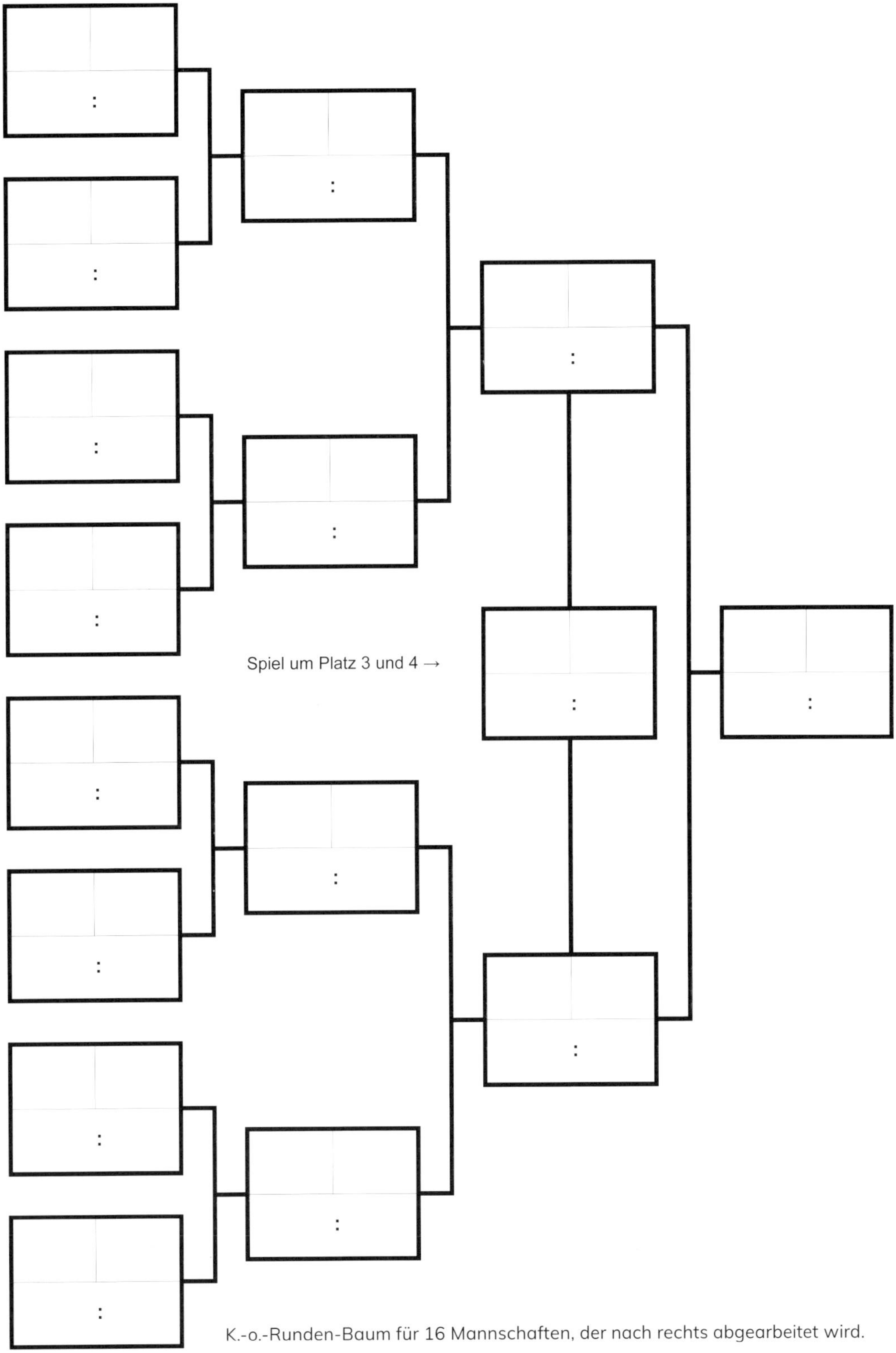

K.-o.-Runden-Baum für 16 Mannschaften, der nach rechts abgearbeitet wird.

man nicht in Geld bewerten kann: Die Spannung, die interessanten Spiele auch gegen berühmte Gegner, das Ambiente des Turniers und letztlich die alten, weitgereisten Bekannten, die man trifft und mit denen die interessanten Neuigkeiten der Bouleszene besprochen werden: Hast du schon gehört ...

Idealerweise sind Sie jetzt in der Lage, ein Turnier im Modus Poule A-B k. o. selbst auf die Beine zu stellen. Zur Durchführung gehören aber noch ein paar Dinge mehr:

- mit dem Grundstücksverwalter klären, ob Sie da ein Turnier veranstalten dürfen,
- wo verrichten die Spieler ihre Notdurft?
- eventuell Gastronomie organisieren um die Spieler zu verpflegen,
- ein Revers unterschreiben lassen, dass die Spieler auf eigenes Risiko spielen und der Veranstalter nicht haftet,
- der Anmeldezettel für die Spieler (siehe oben),
- die Einschreibeliste mit Nummer, Namen und Vereinen,
- die Preisgeldliste für die ersten vier Plätze im A- und B-Turnier,
- 20 Poule-Formulare (oben),
- eine Liste für die Auslosung zur Cadrage für A und B, es werden nur Nummernpaare eingetragen,
- den Entscheidungsbaum der K.-o.-Runden (siehe oben) für A und B,
- Nummerchips und ein Eimerchen für die Losverfahren, Schreibzeug, Papier und Tesafilm,
- falls sich jemand verletzt einen Erste-Hilfe-Set und eine Arzt-Adresse besorgen (Telefon Notarzt),
- und vergessen Sie nicht Ihr Turnier frühzeitig bekannt zu machen, sonst kommt niemand.

Alle Listen und Formulare sollen gut sichtbar aber wettergeschützt ausgehängt werden (das Anmeldeformular natürlich nicht).

Die obige Checkliste kann natürlich nur unverbindliche allgemeine Angaben enthalten. Auf spezielle Situationen zugeschnittene Maßnahmen können hier nicht dargestellt werden und müssen vom Veranstalter berücksichtigt werden (z. B. Verkehrssituation, Sicherheit auf öffentlichen Plätzen usw.).

Falls Sie ein Poule-Turnier planen, so rate ich Ihnen, zuerst einige derartige Turniere zu besuchen und den Turnierleitern über die Schulter zu schauen. Diese Leute sind ansprechbar und auch bereit Auskunft zu geben, denn wir sind alle an der Verbreitung des Pétanquespiels interessiert. (Wenn eine Runde läuft, dann hat der Turnierleiter Zeit.) Auch ist der Stressfaktor bei einer Turnierleitung nicht zu unterschätzen – irgendetwas geht immer schief. Und wenn Sie dann von den Spielern befragt werden, dann tritt Ihnen der Schweiß auf die Stirn. Ein Problem mit kompetenten Leuten im Verein abzuklären, ist weitaus einfacher als alleine vor Publikum zügig entscheiden zu müssen.

Anhang

Nützliche Internet-Adressen

Deutsche Verbände

Deutscher Pétanque Verband EV	https://deutscher-petanque-verband.de/
Boule, Boccia und Pétanque Verband Baden-Württemberg e. V.	www.petanque-bw.de
Bayerischer Pétanque Verband e. V.	www.petanque-bayern.de
LandesPétanqueVerband Berlin e. V.	www.petanque-berlin.de
Hessischer Pétanque Verband e. V.	www.hessenpetanque.de/
Niedersächsischer Pétanque-Verband e. V.	www.npv-petanque.de
Deutscher Pétanque Verband –Landesverband Nord e. V.	www.petanque-nord.de
Boule und Pétanque Verband Nordrhein-Westfalen e. V	www.boule-nrw.de
PVRLP – Petanque Verband Rheinland-Pfalz e. V.	www.pvrlp.com
Saarländischer Boule-Verband e. V.	www.petanque-sbv.de
Pétanqueverband Ost e.V.	www.pv-ost.de

Internationale Verbände

Fédération Internationale de Pétanque et Jeu Provençal (F.I.P.J.P.)	www.fipjp.org/index.php/fr/
Confédération Européenne de Pétanque (CEP)	www.cep-petanque.com
Fédération Suisse de Pétanque	www.petanque-fsp.ch
Secteur alémanique de Pétanque	www.petanque-sap.ch
Österreichischer Pétanque Verband	www.boule.at

Bezugsquellen für Bouleartikel

Boule-Maus	www.boule-petanque.de
Boules Matz	www.boulesmatz.de
Boule Partner	www.boule-partner.de
Boule au fer	www.bouleaufer.de
Boule und Wein Frank Höfer	www.bouleundwein.de

Boule.ch	www.boule.ch
Bouli.de	www.bouli.de
DPV-Shop	https://ww-boule.de/

Bouleschulen

boulekurse.de	www.boulekurse.de
au fer	http://boule.de/Training.php
Bernd Wormer	www.bernd-boule.de
Daniel Dias	www.boule-training.de
Michael Rieck	www.boulemittrainer.de

Die Links sind zum Zeitpunkt des Erscheinens dieses Buches gültig. Sollten sich Änderungen ergeben, so empfehle ich eine Suche über die URL des Deutschen Pétanque Verbandes zu beginnen.

Glossar

avantage: im Kugelvorteil sein

baiser la Fanny: die Fanny küssen, ein Spiel mit Null Punkten verlieren (0:13)
barrage: (Absperrung), Ausscheidungsspiel im Poule von zwei Mannschaften mit je einem Gewinn- und Verlustspiel
bec: (Schnabel), anspielen einer Kugel zur Richtungsänderung der Spielkugel
belle, faire la: Entscheidungsspiel bei Gleichstand aus zwei Spielen
bouchon: (Korken), Zielkugel
boule: Kugel
bouliste: Boulespieler
boulodrome: angelegter Bouleplatz
boulomanes: Boule-Freaks
but: (Ziel), Zielkugel
biberon: (Schnuller), Kugel und Zielkugel berühren sich

cadrage: (Format, Umrahmung), eine Anzahl von Mannschaften wird per Ausscheidungsspiel auf eine Zweier-Potenz reduziert
caillou: (Stein), eine Legerkugel verspringt wegen eines (imaginären?) Steins
carambolage: (Zusammenstoß), mehrere Kugeln werden durch einen Wurf bewegt
carreau: (Platte, Fliese, Kachel) eine Schusskugel bleibt nahe (bis 50 cm) am ursprünglichen Platz der geschossenen Kugel (Seeleute haben früher mit Münzen auf ein quadratisches Brett geworfen; das Spiel ist in Frankreich heute noch zu sehen)
carreau sur place: die Schusskugel nimmt exakt den Platz der geschossenen Kugel ein
carré: (Viereck), die Feldbegrenzung ist Auslinie, gibt es nur bei Zeitspielen
casquette: (Mütze), beim Schuss die Kugel auf dem oberen Pol treffen
cercle: (Kreis), der Abwurfkreis
cochonnet: (Schweinchen), Zielkugel
complémentaire: (Zusatzwettbewerb), Wettbewerb für bereits ausgeschiedene Mannschaften
concours: (Wettbewerb, -kampf), Turnier
consolante: (tröstlich), Trostrunde
cornichon: (Gürkchen), Zielkugel

demi-portée: Legewurf, die Kugel setzt ungefähr in der Hälfte zwischen Abwurfkreis und Ziel auf
devant: vor der Zielkugel liegen (boule devant, boule d'argent: die Kugel davor ist Geld wert)
donnée: (die Gegebenheit), der Aufschlagpunkt der Legerkugel
doublette: Mannschaft aus zwei Spielern mit je drei Kugeln

éclaircier le jeu: (das Spiel entwirren), mit einem (Zufalls-)Schuss einen Kugelhaufen trennen
effet: (Wirkung), die Kugel bekommt beim Abwurf eine seitliche Drehung, der Effet wirkt umso stärker, je langsamer die Kugel wird

fanny: → baiser la fanny
fer, tir au: beim Schuss »auf das Eisen« treffen

gagner: (gewinnen, verdienen) den Punkt, das Spiel gewinnen
gros-bras: (großer Arm), ausgezeichneter Spieler, auch »quel bras« (was für ein Arm)

jouer: spielen

lisses, boules: glatte Kugeln ohne Riffelung

marquer les boules: (markieren), die Lage von Kugeln und Zielkugel mit zwei Strichen anzeichnen
mêlé: (gemischt), Spielpartner werden einander zugelost
mène: (Aufnahme, auch bei Fotos), eine Aufnahme im Spielablauf
mètre: (Meter), das Metermaß
milieu: Spielfunktion in der Triplette, der Milieu schießt und legt
mixte: (gemischt) ein Spieler in der Mannschaft ist vom anderen Geschlecht

nocturne: (nächtlich), Turnier mit Spielbeginn um den Einbruch der Dunkelheit

oreilles: (Ohren), damit sind die Kugelseiten angesprochen – linkes Ohr, rechtes Ohr

palet: (puck, Wurfscheibe), carreau
palet roulant: die Kugel rollt noch etwas nach dem carreau
petit: (klein), Zielkugel
plomber: (hier fallen wie Blei), die Kugel wird in hohem Bogen geworfen (portée) und läuft nach dem Aufprall nur wenig
point: der Punkt
pointer: (punktieren), legen
pointeur: (Punktierer), der Leger
portée: der Leger wirft die Kugel in hohem Bogen nahe zum Ziel
préparer la donnée: der Leger glättet den Donnée

rabaille, rabaillette: Flachschuss
raclette, rafle: Flachschuss
raspaille: Flachschuss
rétro: die Schusskugel rollt nach dem Treffer zurück
rond: (rund), Abwurfkreis
rouler, roulette: (rollen), die Kugel nahe dem Abwurfkreis aufsetzen und zum Ziel rollen lassen

stries: (Streifen), Riffelung der Kugel
super-mêlée: Turnier, bei dem zu jedem Spiel die Partner neu gelost werden

tête-à-tête: (Kopf an Kopf), Spiel eins gegen eins mit je drei Kugeln
tirer: schießen
tir au fer: Schuss aufs Eisen, die Kugel berührt den Boden nicht
tirette: Klappmeter mit einer ausziehbaren Zunge
tireur: der Schießer, schießt störende Kugeln weg
toucher: (berühren), treffen
trou: (Loch), der Schießer schießt daneben